AUTORIZAÇÕES LEGISLATIVAS E CONTROLO PARLAMENTAR DO DECRETO-LEI AUTORIZADO

O Caso Angolano

ADÃO DE ALMEIDA

Assistente da Faculdade de Direito da Universidade Agostinho Neto
Mestre em Direito

AUTORIZAÇÕES LEGISLATIVAS E CONTROLO PARLAMENTAR DO DECRETO-LEI AUTORIZADO

O Caso Angolano

AUTORIZAÇÕES LEGISLATIVAS E CONTROLO PARLAMENTAR
DO DECRETO-LEI AUTORIZADO

AUTOR
ADÃO DE ALMEIDA

EDITOR
EDIÇÕES ALMEDINA, SA
Av. Fernão Magalhães, n.º 584, 5.º Andar
3000-174 Coimbra
Tel.: 239 851 904
Fax: 239 851 901
www.almedina.net
editora@almedina.net

PRÉ-IMPRESSÃO | IMPRESSÃO | ACABAMENTO
G.C. – GRÁFICA DE COIMBRA, LDA.
Palheira – Assafarge
3001-453 Coimbra
producao@graficadecoimbra.pt

DEZEMBRO, 2009

DEPÓSITO LEGAL
296823/09

Os dados e as opiniões inseridos na presente publicação
são da exclusiva responsabilidade do(s) seu(s) autor(es).

Toda a reprodução desta obra, por fotocópia ou outro qualquer
processo, sem prévia autorização escrita do Editor, é ilícita
e passível de procedimento judicial contra o infractor.

Biblioteca Nacional de Portugal – Catalogação na Publicação

ALMEIDA, Adão de

Autorizações legislativas e controlo parlamentar
Do decreto-lei autorizado: o caso angolano.
(Estudos de direito africano)
ISBN 978-972-40-3882-7

CDU 342

Às minhas quatro mulheres:

Tieta (minha mãe)
por tudo o que, estou certo, nunca te conseguirei pagar

Cláudia (minha esposa)
pelo amor, pela compreensão e pela permanente companhia

Karina Lueji (minha filha)
pelo brilho acrescido que trouxeste à minha vida,
num momento em que esta tese ainda não passava de um sonho

Chelsea Lwini (minha sobrinha)
a mais nova estrela da família

Ao **Sávio Kevanu** (meu filho)
pelo incentivo necessário no momento em que a tese
mais precisava de inspiração

PREFÁCIO

1. O mérito da presente dissertação de mestrado em Ciências Jurídico-Políticas, discutida na Faculdade de Direito da Universidade Agostinho Neto – em curso que traduziu a fraterna colaboração com a minha Faculdade –, foi já reconhecido pelo júri, ao atribuir-lhe, por unanimidade, a elevada classificação de Bom com Distinção.

Tive a honra de a orientar e de integrar o júri que sublinhou o seu mérito e posso atestar o acerto da escolha do tema, a probidade da investigação, a seriedade do labor científico, o critério da sistematização, a sensatez das pistas avançadas, a prudência no lidar com perspectivas de *iure condendo*, a importância do contributo para a jovem e promissora doutrina constitucional angolana.

Tal como posso confirmar a maturidade, o equilíbrio e a solidez – feita de inteligência, mas também de humildade judicativa – do seu autor, o ora Mestre Adão Correia de Almeida.

Espero que, tão breve quanto possível, avance para o doutoramento, antes que tentações não académicas o desviem ou dispersem, risco quase inevitável no quadro actual das solicitações do seu país.

2. Mas, esta dissertação, além de merecer a devida palavra de encómio, permite saudar o dinamismo da Escola em que nasceu – Escola essa sabiamente gerida pelo decano Professor Doutor José Octávio Van Dumen –, bem como acentuar o papel solidário da Faculdade de Direito da Universidade de Lisboa, sob a visão acertada do Professor Doutor Dário Moura Vicente, Presidente do Instituto de Cooperação Jurídica.

A colaboração expressa no curso de Mestrado em que se inseriu a feitura da presente dissertação representa, aliás, um sinal de entre muitos outros da estimulante convergência educativa, científica e pedagógica entre as Universidades e as sociedades angolana e portuguesa.

3. Finalmente, uma palavra acerca do cerne temático desta obra.

As autorizações legislativas são um dos institutos jurídico-constitucionais mais interessantes no relacionamento entre Governos e Parlamentos. Que o mesmo é dizer, no funcionamento dos sistemas de governo.

Em democracia, por elas passam muito do que significa a divisão de poderes – ou seja, separação e interdependência entre eles –, e, portanto, a limitação global do poder político e a efectiva garantia dos direitos fundamentais. Para além, é claro, da prossecução dos fins, da segurança, da justiça e do bem estar económico, social e cultural.

Por outras palavras, conhecer este instituto – na sua proclamação nominal e na sua prática – abre caminho à aferição da vivência do próprio sistema de governo democrático, da sua capacidade de afirmação e consolidação.

Eis, pois, uma razão adicional para saudar a tarefa a que lançou mão o Mestre Adão Correia de Almeida: sedimentar cientificamente uma indagação teórica e prática, que pode e deve iluminar trilhos relevantes do constitucionalismo angolano do presente e do futuro.

A Universidade é, por definição, universal na sua vocação e na sua liberdade de busca e de criação. Mas mergulha sempre as suas raízes numa sociedade concreta, cujos desafios não pode ignorar ou minimizar.

É essa salutar ponte entre o universal e o nacional que esta dissertação procura estabelecer.

No tempo adequado. Do modo que corresponde ao retrato do autor. Bem vinda seja.

Celorico de Basto, 23 de Abril de 2009

Marcelo Rebelo de Sousa

NOTA PRÉVIA

O texto que agora se dá à estampa corresponde, no essencial, à dissertação apresentada para a obtenção do grau de mestre em Direito (área de ciências jurídico-políticas) no final do primeiro semestre de 2008 e defendida a 26 de Janeiro de 2009, perante um júri constituído pelos Professores Doutores José Octávio Serra Van-Dúnem (presidente), Marcelo Rebelo de Sousa (orientador), Pedro Daniel e Fernando Loureiro Bastos (arguente), no âmbito da cooperação entre a Faculdade de Direito da Universidade Agostinho Neto e a Faculdade de Direito da Universidade de Lisboa.

O processo de elaboração desta tese identifica-se muito com o meu percurso de vida. Muitas dificuldades e muitos apoios para transpô-las. É de elementar justiça, por isso, abrir aqui um espaço para manifestar a todos (e são muitos) o meu mais profundo agradecimento.

À Faculdade de Direito da Universidade Agostinho Neto e ao seu Decano, Professor Doutor José Octávio Van-Dúnem, pelo permanente apoio e incentivo para que esta tese chegasse ao fim.

Ao Professor Doutor Marcelo Rebelo de Sousa, meu orientador, pela amizade demonstrada, pelo exemplo de incansável académico e pela dedicação com que me brindou durante a elaboração desta dissertação.

Aos professores com quem trilhei, enquanto monitor, primeiro, e assistente, depois, os primeiros caminhos no ensino do Direito Constitucional: Adérito Correia, Raul Araújo, Rui Ferreira e Agostinho Santos. Ainda neste âmbito, uma nota de agradecimento especial dirijo ao Dr. Bornito de Sousa, pelo incondicional apoio de sempre e pelos conselhos e incentivos transmitidos.

Ao Professor Virgílio de Fontes Pereira, por ter sempre acreditado.

À Faculdade de Direito da Universidade de Lisboa e ao seu Instituto de Cooperação Jurídica, pelo apoio facultado durante as várias estadias para investigação em Portugal. Aos Professores Doutores Dário Moura

Vicente e Fernando Loureiro Bastos, os meus agradecimentos pelos conselhos amigos. Pelo empenho pessoal e institucional emprestado à presente publicação, dirijo também os meus agradecimentos ao Professor Doutor Manuel Januário da Costa Gomes, Coordenador da Colecção Estudos de Direito Africano do Instituto de Cooperação Jurídica da Faculdade de Direito de Lisboa.

Esta publicação foi possível graças ao patrocínio do Banco de Poupança e Crédito, por intermédio do Dr. Paixão Júnior, Presidente do Conselho de Administração, a quem estendo os meus agradecimentos.

Pelos apoios e incentivos, merecem também uma palavra de agradecimento o Dr. Manuel Gonçalves, Presidente do Conselho de Administração da ENSA e o Dr. Fernando Gomes, Directos Geral da AVIS.

Um espaço muito especial é aqui aberto para agradecer apoios de sempre e para sempre. Ao tio Roberto, por ter sempre confiado em mim e pelos exemplos de conduta de vida que sempre me deu como um verdadeiro pai. Ao Murtala, o exemplo acabado de irmão sempre disposto para o que der e vier, fica igualmente vincado de modo indelével o meu muito obrigado. Ao tio Bento, por tudo, é igualmente justa uma palavra de agradecimento.

Ao António Paulo, ao Cremildo Paca e ao Atandel Chivaca, colegas, companheiros e camaradas das árduas empreitadas de investigação para elaboração da tese, ficam também expressos os meus agradecimentos. Valeu a pena.

Por fim, mas não menos especial, endereço os meus agradecimentos aos demais familiares e amigos (a extensão da lista não me permite citá--los), pelos diferentes e constantes apoios. Continuo a contar com todos vocês.

Luanda, Março de 2009

Adão Francisco Correia de Almeida

PLANO DE TRABALHO

Introdução

PARTE I
Caracterização dos Sistemas de Governo

Capítulo I – Generalidades
Capítulo II – O Sistema de Governo no Direito Constitucional Comparado
Capítulo III – O Sistema de Governo Angolano. Passado e Presente

PARTE II
A Função Legislativa

Capítulo I – Generalidades
Capítulo II – A Função Legislativa no Direito Constitucional Comparado
Capitulo III – A Função Legislativa no Direito Constitucional Angolano

PARTE III
As Autorizações Legislativas e o Controlo Parlamentar
do Decreto-Lei Autorizado

Capítulo I – Autorizações Legislativas
Secção I – Introdução e Conceitos Gerais
Secção II – Autorizações Legislativas no Direito Constitucional Comparado
Secção III – As Autorizações Legislativas no Direito Constitucional Angolano

Capítulo II – Controlo Parlamentar do Decreto-Lei Autorizado
Secção I – Controlo Parlamentar do Decreto-Lei Autorizado no Direito Constitucional Comparado
Secção II – O Controlo Parlamentar do Decreto-Lei Autorizado no Direito Constitucional Angolano

"Cabe salientar que essas mesmas razões que estimularam a prática das delegações são responsáveis pelo fortalecimento do Poder Executivo em detrimento do Poder Legislativo. À medida que este abdicava de exercer na plenitude as suas funções, crescia aquele que, prazerosamente, as assumia. Hoje, em todo o mundo, mais "legisla"o Executivo do que o dito Legislativo. E dificilmente este poder recuperará o terreno perdido".

MANOEL GONÇALVES FERREIRA FILHO,
Curso de Direito Constitucional, 31.ª edição,
Editora Saraiva, 2005, pág. 157.

PRINCIPAIS ABREVIATURAS

BFDUC	– Boletim da Faculdade de Direito da Universidade de Coimbra
BNA	– Banco Nacional de Angola
CB	– Constituição da República Federativa do Brasil
CRP	– Constituição da República Portuguesa
DJAP	– Dicionário Jurídico da Administração Pública
EC	– Emenda Constitucional
ESC	– Estudos Sobre a Constituição
FNLA	– Frente Nacional de Libertação de Angola
FAPLA	– Forças Armadas Populares de Libertação de Angola
LC	– Lei Constitucional
LCA	– Lei Constitucional da República de Angola
OGE	– Orçamento Geral do Estado
PALOP	– Países Africanos de Língua Oficial Portuguesa
RDES	– Revista de Direito e de Estudos Sociais
REDC	– Revista Española de Derecho Constitucional
RFDUAN	– Revista da Faculdade de Direito da Universidade Agostinho Neto
RFDUL	– Revista da Faculdade de Direito da Universidade de Lisboa
RFDUNL	– Revista da Faculdade de Direito da Universidade Nova de Lisboa
RIAN	– Regimento Interno da Assembleia Nacional
RNE	– Revista Negócios Estrangeiros
ROAA	– Revista da Ordem dos Advogados de Angola
UNITA	– União Nacional para a Independência Total de Angola

INTRODUÇÃO

1. A RAZÃO DE SER

Se é verdade que "o princípio da separação de poderes não foi realizado, na sua pureza, em parte alguma"[1], menos verdade não é que este modelo de disposição dos poderes do Estado sofreu, da sua concepção aos nossos dias, profundas transformações. O que é hoje o Estado de Direito, e a interpretação que neste âmbito se faz do princípio da separação de poderes, é diferente do que era no período liberal. O conceito de Estado de Direito é, por isso, um conceito com vida e, por consequência, mutável à medida que alteram as suas bases.

Com a progressiva desactualização do pressuposto teórico global caracterizador do Estado liberal, a ideia por ele instituída de separação Estado-sociedade entra em crise e a sua reanálise torna-se imprescindível. Ganha corpo e dimensão uma nova ideia: a da *estadualização da sociedade*[2]. À ideia de abstenção do Estado como garantia dos direitos fundamentais característica do liberalismo, segue-se a necessidade de intervenção estadual como único meio capaz de responder às transformações resultantes do propósito de bem-estar social, do Estado social[3]. O princípio do bem-estar, visto nas suas três vertentes (material, imaterial e temporal)[4], impôs a superação das bases do Estado liberal e abriu uma nova

---

[1] Assim, HANS J. WOLFF, OTTO BACHOF e ROLF STOBER, *Direito Administrativo* (tradução), vol. I, Fundação Calouste Gulbenkian, 2006, pág. 221.

[2] Cfr., por todos, JORGE REIS NOVAIS, *Contributo para uma Teoria do Estado de Direito – do Estado de Direito Liberal ao Estado Social e Democrático de Direito*, Coimbra, 1987, págs. 188 ss.

[3] Cfr., para mais, PAULO OTERO, *Instituições Políticas e Constitucionais*, vol. I, Almedina, 2007, págs. 333 ss.

[4] Segundo PAULO OTERO, a *vertente material do bem-estar* envolve a criação e efectivação de condições sociais e económicas que permitam uma progressiva melhoria da

fase na qual o Estado assume o protagonismo constitucional na condução do processo de busca permanente do bem-estar social. O incremento da intervenção estadual trouxe para primeiro plano a administração prestadora, devendo o Estado ser visto hoje como um Estado-prestador[5]. Qualitativa e quantitativamente, o Estado ganha uma nova dimensão. A necessidade de rapidez e eficiência na prossecução dos seus fins (próprias da nova era) determina também alterações no domínio da repartição constitucional das funções do Estado, numa palavra, no domínio do princípio da separação de poderes.

As exigências do Estado social vão determinar, por outro lado, uma progressiva atenuação das fronteiras entre os poderes legislativo e executivo, sobretudo no que respeita ao exercício da função legislativa, podendo hoje falar-se numa gradual *desparlamentarização* da função legislativa. Em conformidade, assiste-se hoje um pouco por todo lado, e também entre nós, a um aumento considerável da actividade legislativa dos Governos, sobretudo da actividade legislativa autorizada.

Embora o estado da questão em Angola não tenha retirado, ainda, ao Parlamento a prerrogativa de *órgão legislativo por excelência*, parece-nos oportuno analisar os termos por que, entre nós, se opera constitucionalmente a assunção pelo Governo da função legislativa, particularmente da função legislativa autorizada. Afinal, também aqui, a necessidade de fazer face às novas exigências impõe a adopção de novas medidas. Eis a razão principal por que escolhemos o presente tema.

---

qualidade de vida (material) das pessoas; a *vertente imaterial do bem-estar* determina a necessidade de criação e efectivação de condições políticas, culturais e ambientais tendentes ao pleno desenvolvimento da pessoa, enquanto cidadão e homem, em termos individuais e sociais; e a *vertente temporal do bem-estar* segundo a qual as gerações presentes não têm o direito de alienar o património que lhes foi confiado pelas gerações passadas, nem o poder de fazer precludir a intervenção decisória ou um núcleo de garantia social a favor das gerações futuras; cfr. *Instituições Políticas ...*, *ob. cit.*, págs. 341 e 342.

[5] Neste sentido, J. M. SÉRVULO CORREIA, *Legalidade e Autonomia Contratual nos Contratos Administrativos* (reimpressão), Almedina, 2003, págs. 89 e 90. Cfr., no mesmo sentido, ISABEL MOREIRA, *A Solução dos Direitos, Liberdades e Garantias e dos Direitos Económicos, Sociais e Culturais na Constituição Portuguesa*, Almedina, 2007, págs. 33 ss.

Introdução

2. O OBJECTO E OS OBJECTIVOS

Escolhemos como título "Autorizações legislativas e controlo parlamentar do decreto-lei autorizado – *O caso angolano*". Urge, antes de mais, delimitar o nosso trabalho. *Positivamente*, constitui objecto do nosso estudo a análise do regime constitucional da relação de autorização legislativa que se estabelece entre a Assembleia Nacional e o Governo no quadro da Constituição angolana, desde o acto de autorização até ao seu controlo parlamentar. Entendemos, contudo, ser imprescindível para compreender esta relação, proceder ao estudo dos principais aspectos do nosso sistema de governo e do exercício da função legislativa em Angola (apenas naquilo que constitui abordagem geral necessária). *Negativamente*, convém delimitar, não se pretende com este trabalho fazer um estudo de direito comparado. O seu objecto central é a Constituição da República de Angola. As referências que fazemos ao direito constitucional português e ao direito constitucional brasileiro são meramente instrumentais e auxiliares, face às afinidades e *desafinidades* existentes. Por outro lado, quanto ao controlo do acto legislativo autorizado do Governo, a abordagem limita-se ao controlo parlamentar. Não constitui objecto de estudo a fiscalização jurisdicional a que o mesmo está sujeito.

O objectivo principal é, pois, o de dar subsídios à compreensão do mecanismo habilitador da intervenção legislativa governamental e do seu controlo parlamentar, bem como das questões envolventes (sistema de governo e função legislativa). Sobretudo porque, por um lado, pouco se disse até agora e, por outro, não concordamos com algumas das coisas ditas.

Quando assim é urge contribuir, dando a nossa opinião.

3. A SEQUÊNCIA DISCURSIVA

A investigação comporta três grandes unidades temáticas. Inicia-se com o estudo da caracterização constitucional do sistema de governo angolano. Esta análise é precedida de uma caracterização geral introdutória e de um estudo de direito comparado (com finalidades auxiliares, como dissemos) dos sistemas português e brasileiro.

A segunda parte aborda a questão da repartição constitucional da função legislativa, na qual se procura dar resposta à questão sobre quem e em que condições se exerce a função legislativa. Também aqui, começamos com uma caracterização geral ao que se segue uma análise do exercício da função legislativa em Portugal e no Brasil.

A terceira e última parte aborda, em dois capítulos, especificamente as questões das autorizações legislativas e do seu controlo parlamentar. Como nas duas anteriores, procuramos inicialmente apresentar uma caracterização geral e conhecer os aspectos principais destes institutos nos direitos português e brasileiro.

Em qualquer uma das partes, o estudo referente a Angola comporta, para além da análise da Constituição vigente, uma viagem em torno da nossa história constitucional, bem como, uma síntese conclusiva.

Por fim são apresentadas, em síntese e de modo genérico, as conclusões finais.

PARTE I

CARACTERIZAÇÃO
DOS SISTEMAS DE GOVERNO

CAPÍTULO I
Generalidades

1. SISTEMAS DE GOVERNO. OS NOMES E OS CONCEITOS

O conceito e a tipologia de sistemas de governo são das matérias mais estudas nos domínios do direito constitucional e da ciência política mas, paradoxalmente, continuam a oferecer um vasto campo para estudo e investigação, não só por persistirem algumas zonas de nebulosidade acentuada, mas também pela proliferação de particularidades, sobretudo nos sistemas constitucionais emergentes, motivando, por isso, a existência de profundas divergências entre diferentes sectores da doutrina, quer no plano formal, quer no plano substancial, facto que continua a despertar curiosidade e interesse no estudo dessas matérias.

Urge, antes de mais, delimitar o sentido por que vai ser, durante o nosso estudo, usada a expressão *sistema de governo*. Com efeito, são abundantes na literatura jurídico-política os conceitos e sentidos conferidos a essa expressão. Por vezes, em torno de uma mesma (ou aproximada) definição (do ponto de vista substancial), a celeuma reside apenas na sua denominação. Temos, por isso, duas questões prévias a analisar: a questão conceptual e, no quadro dessa, a questão terminológica tendo em conta as várias formas políticas existentes. Devemos, antes de mais, distinguir os conceitos das principais formas políticas e fazer uma opção terminológica em função da demarcação das fronteiras conceptuais.

A noção de *sistema de governo* deve ser claramente distinguida das de outras formas políticas, nomeadamente, dos conceitos de *tipos históricos de Estado*, de *forma de Estado*, de *forma de governo* e de *regime político*.

Quando falamos nas diferentes concretizações do Estado, enquanto forma de poder político ao longo da história, estamos no domínio dos **tipos históricos de Estado**. Estes são, no dizer de JORGE MIRANDA, "formas de organização política correspondentes a concepções gerais sobre o Estado enquanto sociedade política ao lado de quaisquer outras sociedades humanas e, doutros prismas, a formas de civilização e a estádio históricos determinados"[6]. O Estado não é uma realidade estanque e imutável. Pelo contrário, constitui ele próprio um "testemunho eloquente da evolução da própria sociedade humana"[7]. A cada momento assume uma determinada estruturação, sobretudo pelos fins que se propõe alcançar. É possível distinguir como tipos históricos de Estado o *Estado oriental*, o *Estado grego*, o *Estado romano*, o *Estado medieval*[8] e o *Estado moderno*. Tal diferenciação assume como critérios a forma como em cada momento histórico são concebidos os fins do Estado e a relação Estado-indivíduo[9].

O conceito de **forma de Estado**, em relação ao qual não parece existir substancial divergência, refere-se à estruturação jurídico-constitucional do poder político, num plano vertical. Trata-se aqui de uma repartição vertical de poderes instituída de acordo com a estruturação territorial. A contraposição fundamental separa entre Estados simples ou unitários e Estados compostos ou complexos.

---

[6] JORGE MIRANDA, *Manual de Direito Constitucional*, Tomo III, 4.ª Edição, Coimbra Editora, 1998, pág. 276.

[7] JORGE BACELAR GOUVEIA, *Manual de Direito Constitucional*, Volume I, Almedina, 2005, pág. 167.

[8] Não é pacífica a inclusão do Estado medieval no rol dos tipos históricos de Estado. Aliás, JORGE MIRANDA usa a expressão *"pretenso Estado medieval"* para refutar o seu enquadramento como verdadeiro tipo histórico de Estado; reportando-se essencialmente ao espaço europeu, o autor entende que "não há Estado com as características que geralmente se lhe apontam, na quase totalidade do Continente"; cfr. *Manual de Direito Constitucional*, Tomo I, 6.ª Edição, Coimbra Editora, 1997, pág. 59. A mesma posição é defendida por JORGE REIS NOVAIS, para quem "o sistema político baseado no poder estatal e a própria ideia de Estado haviam sido dissolvidos, na Idade Média, numa organização política e social multipolar assente em redes de vínculos unindo senhores e vassalos numa vasta cadeia hierarquizada e de dependências recíprocas" (*Os Princípios Constitucionais Estruturantes da República Portuguesa*, Coimbra Editora, 2004, pág. 15). Posição diferente tem DIOGO FREITAS DO AMARAL, para quem é possível falar-se em Estado no período medieval. Sustenta que "pelo menos em Portugal, onde nem sequer houve feudalismo mas apenas regime senhorial, é necessário e possível falar em Estado medieval"; cfr. *O Estado*, *in* Estudos de Direito Público e Matérias Afins, Volume I, Almedina, 2004, pág. 45.

[9] Neste sentido, JORGE REIS NOVAIS, *Semipresidencialismo*, Vol. I, Almedina, 2007, pág. 19. Este autor distingue como tipos históricos de Estado nos últimos séculos, o Estado absoluto (patrimonial e de polícia), o Estado de Direito (liberal, social e democrático), o Estado autocrático dos séculos XX e XXI (de matriz conservadora, de matriz revolucionária anti capitalista) e o Estado islâmico fundamentalista.

Mais discutível (e discutida) é a questão da delimitação dos conceitos de forma de governo, regime político e sistema de governo. Nesse domínio, a primeira dificuldade reside na denominação de certas realidades políticas. Quanto ao conceito de **forma de governo**, ela representa, na visão de Jorge Miranda, o modo como se estabelece e estrutura a relação existente entre os governantes e os governados[10-11]. Já para J. J. Gomes Canotilho, o conceito de forma de governo reporta-se à "posição jurídico-constitucional recíproca dos vários órgãos de soberania e respectivas conexões e interdependências políticas, institucionais e funcionais"[12-13].

O conceito de **regime político**, por sua vez, reconduz-se ao relacionamento entre os cidadãos e os órgãos do poder político, ou seja, à forma como se estrutura esse relacionamento, tanto do ponto de vista da participação dos cidadãos no processo político-decisório, quanto do grau, maior ou menor, de restrição dos direitos fundamentais[14]. Tal entendimento de regime político assenta, na visão de Marcelo Rebelo de Sousa, em três elementos cumulativos primordiais:

a) "A assunção pelo poder político de uma Filosofia de Estado, constitucional ou legalmente consagrada como exclusiva ou dominante

---

[10] *Ciência Política – Formas de Governo*, Lisboa 1996, pág. 35; também em *Manual…*, *ob. cit.*, Tomo III, pág. 276.

[11] A essa mesma realidade Jorge Reis Novais chama de regime político. Para ele, quando falamos em regime político referimo-nos às diferentes modalidades de exercício do poder político no Estado contemporâneo considerando o relacionamento institucional entre governantes e governados e tendo especialmente em conta a titularidade e o exercício efectivo do poder constituinte, …"; cfr. *Semipresidencialismo…*, *ob. cit.*, págs. 19 e 20.

[12] J. J. Gomes Canotilho, *Direito Constitucional e Teoria da Constituição*, 7.ª Edição, Almedina, 2003, pág. 573.

[13] No mesmo sentido se encontra Cristina Queirós, que faz corresponder o conceito de forma de governo ao conjunto das instituições políticas na sua morfologia interna, correspondendo o conjunto de normas, escritas ou não escritas, que disciplinam a actividade dos órgãos superiores do Estado e as suas relações recíprocas …"; cfr. *O Sistema de Governo Semi-Presidencial*, Coimbra Editora, 2007, págs. 25 e 26.

[14] Neste sentido, Isaltino Morais, José Mário Ferreira de Almeida e Ricardo Leite Pinto, *O Sistema de Governo Semipresidencial – o caso português*, Editorial Notícias, 1984, pág. 16. Também Carlos Blanco de Morais, para quem o conceito de regime político "consiste no modelo doutrinário ou ideológico onde repousam os valores essenciais da organização política e social do Estado-Colectividade, bem como os fundamentos da legitimidade dos respectivos órgãos de poder soberano"; cfr. *As Metamorfoses do semipresidencialismo Português*, Revista Jurídica n.º 22, AAFDL, 1998, pág. 142.

e como tal politicamente imposta, ou, em alternativa, o reconhecimento de um pluralismo de inspiração ideológica;

b) A existência ou não de um aparelho político colocado ao serviço da Filosofia de Estado, exclusiva ou dominante, com sacrifício, nos princípios ou na prática constitucional, dos direitos fundamentais dos cidadãos, em particular dos seus direitos políticos;

c) A adopção de formas autocráticas ou democráticas de designação dos governantes, bem como de controlo do exercício do poder político"[15].

Nesta perspectiva, os regimes políticos distinguem-se entre regimes ditatoriais e regimes democráticos.

A noção que mais nos interessa por agora é, sem dúvida, a de *sistema de governo*. Esta expressão é usada e adoptada por largos sectores da doutrina para se referir aos diferentes modelos constitucionais de relacionamento, numa perspectiva horizontal, entre os órgãos político-constitucionais num determinado Estado. É o sistema de órgãos de função política[16]. O mesmo caminho é enveredado por MARCELO REBELO DE SOUSA, que define sistema de governo como a forma a que obedece a estruturação dos órgãos do poder político soberano do Estado, envolvendo o elenco desses órgãos, a sua composição, o processo de designação e o estatuto dos respectivos titulares, a sua competência em geral e a sua inter-relação funcional, em particular, o modo de funcionamento e as formas de controlo da sua actuação[17]. Tal conceito coincide com aquilo a que J. J. GOMES CANOTILHO chama de **forma de governo**, devendo essa ser entendida como "a posição jurídico-constitucional recíproca dos vários órgãos de soberania e respectivas conexões e interdependências políticas, institucionais e funcionais"[18].

Apesar de subsistirem algumas divergências terminológicas a respeito daquilo a que aqui preferimos chamar de sistema de governo, parece

---

[15] MARCELO REBELO DE SOUSA, *Direito Constitucional, I – Introdução à Teoria da Constituição*, Livraria Cruz, Braga, 1979, págs. 320 e 321.

[16] JORGE MIRANDA, *Manual ...*, *ob. cit.*, tomo III, pág. 276.

[17] MARCELO REBELO DE SOUSA, *O Sistema de Governo Português antes e depois da Revisão Constitucional*, Cognitio, 1984, pág. 12.

[18] J. J. GOMES CANOTILHO, *Direito Constitucional ...*, *ob. cit.*, pág. 573.

não haver dúvidas acerca da densificação conteudística das diferentes terminologias propostas.

Assim, entendemos por *sistemas de governo* os modelos político-constitucionais de disposição, organização e funcionamento inter-relacional das competências dos órgãos de soberania que desempenham funções políticas numa determinada comunidade politicamente organizada. Estes modelos de organização e funcionamento do poder político podem ser objecto de estudo tanto do direito constitucional quanto da ciência política, consoante se adopte uma perspectiva normativa ou uma perspectiva factual (a conhecida prática constitucional). A análise que pretendemos fazer cingir-se-á essencialmente aos parâmetros jurídico-constitucionais, sem prejuízo do recurso pontual aos aspectos da dinâmica funcional de um determinado sistema, na medida em que tal seja imprescindível à sua correcta compreensão, admitindo, na senda de GIANFRANCO PASQUINO, que "nenhum dos sistemas políticos de tipo presidencial, semipresidencial e parlamentar funciona exactamente como previsto na sua Constituição formal"[19]. Visa-se, convém sublinhar, elaborar um estudo de compreensão normativa de certos preceitos constitucionais e não de compreensão de uma determinada prática constitucional, partindo do princípio de que a questão do sistema de governo é essencialmente uma questão jurídico-constitucional e não uma questão empírica. Anda mal o "Estado de Direito" em que, para a compreensão do sistema de governo, a prática constitucional assume primazia em relação à Constituição.

2. TRAÇOS GERAIS DOS PRINCIPAIS SISTEMAS DE GOVERNO. O PARLAMENTARISMO, O PRESIDENCIALISMO E O SEMIPRESIDENCIALISMO

Durante muitos anos, até à "invenção" doutrinária do *tertio genus* de sistema de governo democrático, a hegemonia teórica (mas não só) era repartida entre os sistemas parlamentar e presidencial, cuja diferenciação radica, antes de mais, no número e na qualidade dos órgãos do poder sobre os quais incide, directamente, o consenso popular[20]. Estes são, pelo menos

---

[19] GIANFRANCO PASQUINO, *Sistemas Políticos Comparados* (tradução), Principia, 2005, pág. 127.

[20] MARIA LÚCIA AMARAL, *A Forma da República*, Coimbra Editora, 2005, pág. 293.

28 *Autorizações Legislativas e Controlo Parlamentar do Decreto-Lei Autorizado*

no que respeita às suas principais notas caracterizadoras, o exacto simétrico oposto um do outro[21], mau grado o facto de assentarem as bases das suas construções num comum objectivo: a implementação de um sistema capaz de garantir equilíbrio e estabilidade no funcionamento das instituições políticas. A estabilidade é aqui vista não apenas como longevidade, mas também como eficiência.

A primeira nota estruturante diferenciadora entre os sistemas parlamentar e presidencial, aliás, na base da qual ambos foram construídos, resulta do diferente entendimento do princípio da separação de poderes. Com efeito, como refere KARL LOEWENSTEIN, no sistema parlamentar há uma *interdependência por integração* ao passo que no sistema presidencial há uma *interdependência por coordenação*[22]. No primeiro caso, temos uma separação flexível e, no segundo, uma separação rígida ou absoluta[23].

Outras duas notas marcam inicialmente as fronteiras entre esses dois sistemas. Em primeiro lugar, o papel do Chefe de Estado e, em segundo lugar, o relacionamento entre o executivo e o legislativo. No sistema parlamentar, o Chefe de Estado não dispõe de poderes políticos substanciais, ao passo que no sistema presidencial o Chefe de Estado tem poderes políticos significativos. Por outro lado, no sistema parlamentar o executivo é politicamente responsável perante o legislativo, diferentemente do sistema presidencial em que não há responsabilidade política. Tanto um como o outro, contudo, possuem uma estrutura assente numa relação bipolar (entre Parlamento e Governo, no sistema parlamentar; entre Presidente da República e Parlamento, no sistema presidencial). Vejamos um pouco mais sobre esses dois sistemas.

---

[21] Neste sentido, cfr. GIOVANNI SARTORI, para quem "os sistemas presidencialistas e parlamentaristas podem ser definidos por mútua exclusão; um sistema presidencialista é não-parlamentarista e o inverso é também verdade"; cfr. *Engenharia Constitucional* (tradução), Editora UNB, 1996, pág. 97).

[22] *Teoria de la Constitución* (tradução), 2.ª Edição, Editorial Ariel – Barcelona, 1976.

[23] Neste sentido, CRISTINA QUEIRÓS, *O Sistema ...*, *ob. cit.*, pág. 30.

2.1. O Sistema Parlamentar (*o modelo britânico*)

Forjado em Inglaterra, o sistema de Governo parlamentar é fruto de um lento processo de formação e de busca de consensos[24], marcado por uma permanente e progressiva diminuição do domínio de intervenção política do monarca e, em consequência, do fortalecimento paulatino de um executivo *monista* liderado por um Primeiro-Ministro suportado pela maioria parlamentar. Contrariamente ao estabelecido na "constituição formal", o chefe do governo controla a maioria parlamentar (e, por consequência, o parlamento) transformando-se, por isso, no autor material da vontade decisória do Parlamento. É uma verdadeira "soberania do Primeiro-Ministro"[25].

Assente numa estrutura bipolarizada – Parlamento/Governo –, o sistema parlamentar assume como ideia básica – que a diferencia do sistema presidencial – a de que o Governo depende da confiança do Parlamento, sendo perante este permanentemente responsável. O Parlamento acompanha directa ou indirectamente a vida do Governo do berço à tumba. Ou seja, desde a formação, passando pela interferência na composição, na manutenção e no funcionamento e culminando na destituição, o Parlamento influencia o Governo. Tal situação resulta essencialmente do facto de apenas o Parlamento possuir legitimidade democrática directa e de ser esta a fonte da legitimidade do Governo.

O Governo surge como um órgão de soberania institucionalmente autónomo cuja formação se encontra marcadamente dependente da com-

---

[24] Sobre o processo de formação do consenso vejam-se, entre outros, SAMUEL E. FINER, *Governo Comparado* (tradução), Editora Universidade de Brasília, 1981, págs. 130 e ss. e ARMANDO MARQUES GUEDES, *Ideologias e Sistemas Políticos*, Instituto de Altos Estudos Militares, Lisboa 1981, págs. 73-84.

[25] A "soberania do Primeiro-Ministro" decorre, na visão de PAULO OTERO, de dois factores: a) "o Primeiro-Ministro, enquanto líder da maioria parlamentar, controla a vontade decisória do parlamento e, sendo, simultaneamente, o chefe do governo, garante a unidade decisória de toda a actividade governativa: há aqui uma efectiva união pessoal"; b) "Essa união pessoal permite observar, simultaneamente, que o órgão de controlo político (: o parlamento) acaba por ser, ele próprio, a expressão decisória de uma maioria política que é comandada politicamente pelo chefe do órgão (: o Primeiro-Ministro) que deveria ser controlado (o governo): opera-se aqui a completa subversão do modelo parlamentar clássico"; cfr. *A Subversão da Herança Política Liberal: A Presidencialização do Sistema Parlamentar*, Estudos em Homenagem ao Professor Doutor Armando M. Marques Guedes, 2004, págs. 258 e 259.

30 Autorizações Legislativas e Controlo Parlamentar do Decreto-Lei Autorizado

posição do Parlamento, ou, para ser mais claro, da maioria parlamentar. O Governo é de base parlamentar, no sentido de que só pode formar Governo o partido maioritário no Parlamento. Já nesta fase está presente a ideia de relação de confiança. É indicado para Primeiro-Ministro o líder do partido vencedor (ou outro indicado pelo partido), sendo os ministros nomeados pelo chefe de estado sob proposta do primeiro-ministro, não havendo, contudo, necessidade de qualquer aprovação ou ratificação formal. Os membros do Governo são escolhidos de entre deputados do partido (ou coligação de partidos) vencedor, devendo estar permanentemente presentes no Parlamento para justificar e defender as suas opções políticas e, naturalmente, sujeitar-se à interpelação e à censura parlamentar[26]. Há, assim, uma dupla submissão do executivo ao legislativo. Em primeiro lugar porque a composição daquele é um reflexo da composição deste e, em segundo lugar, porque o pleno exercício das suas funções está dependente da confiança do Parlamento.

A Grã-Bretanha adopta um sistema parlamentar de gabinete com um Primeiro-Ministro que assume a liderança de um Governo colegial. O Primeiro-Ministro aparece como figura central, assumindo um posicionamento de "primeiro acima de desiguais"[27] porque é ele quem verdadeiramente governa, podendo livremente escolher e demitir os ministros.

A subsistência do executivo encontra-se igualmente dependente da manutenção da confiança que nele o órgão parlamentar deposita. O Governo responde politicamente perante o Parlamento podendo, por isso, ser obrigado a cessar funções em caso de perda da confiança política, caso em que o Parlamento pode aprovar uma moção de censura ou rejeitar a aprovação de um voto de confiança. Tal responsabilidade política traduz-se, em sentido amplo, num acervo de mecanismos em que se traduzem as relações de confiança ou desconfiança do Governo face ao Parlamento[28]. Em sentido estrito, a responsabilidade política conexiona-se com a continuação ou demissão do Governo[29-30].

---

[26] MARCELO REBELO DE SOUSA, *Direito Constitucional* ..., *ob. cit.,* pág. 328.

[27] Neste sentido, GIOVANNI SARTORI, *Engenharia* ..., *ob. cit.,* pág. 117.

[28] São manifestações da responsabilidade política em sentido amplo, por exemplo, a votação de moções de censura e de confiança e as interpelações parlamentares ao Governo.

[29] Nesta perspectiva, são meios essenciais apenas as moções de censura e de confiança.

[30] Neste sentido, ISALTINO MORAIS, JOSÉ MÁRIO FERREIRA DE ALMEIDA e RICARDO LEITE PINTO, *O Sistema* ..., *ob. cit.,* págs. 40 e 41.

Caracterização dos Sistemas de Governo 31

O Governo, por seu lado, dispõe também de alguns mecanismos de pressão sobre o parlamento que são úteis, sobretudo para ultrapassar situações de fraco apoio parlamentar, tendo mesmo a capacidade para determinar a dissolução do Parlamento, utilizando o Chefe de Estado.

A estabilidade dos sistemas parlamentares depende, por isso, da estabilidade da relação de confiança entre o parlamento e o governo.

2.2. O SISTEMA PRESIDENCIAL (*O MODELO AMERICANO*)

Inspirado no sistema parlamentar britânico[31] mas, paradoxalmente, sendo dele um *negativo*[32], a formação do sistema presidencial está umbilicalmente ligada à história política dos Estados Unidos da América, de onde é natural. Contrariamente ao sistema parlamentar (britânico), que é fruto de uma longa e empírica construção e sedimentação, o sistema americano está longe de ser o resultado de um processo de produção natural, sendo antes um produto de laboratório[33].

O sistema presidencial assenta a sua estrutura numa repartição de competências próprias entre dois órgãos: o Presidente da República e o Congresso.

---

[31] Instituído pela Constituição de 1787, o sistema americano foi construído com o objectivo de transpor para os EUA o modelo de monarquia limitada vigente em Inglaterra, mas assente numa rígida separação de poderes com concentração do poder executivo na figura de um Presidente eleito.

[32] Neste sentido, JORGE REIS NOVAIS, *Semipresidencialismo* ..., *ob. cit.*, págs. 60 ss. Para o Autor, "a partir do momento em que a figura do Rei é, ali, substituída pela de um Presidente eleito que lidera o executivo, todo o sistema de governo adquire, quase que inevitavelmente, uma configuração diferente e alternativa à do sistema parlamentar".

[33] Sobre as origens e fundamentos da adopção de um sistema presidencial nos EUA veja-se, entre outros, MARCELLO CAETANO, *Manual de Ciência Política e Direito Constitucional*, tomo I, Livraria Almedina, 6.ª Edição, 1996, págs. 66 ss; JORGE MIRANDA, *Manual* ..., *ob. cit.*, tomo I, págs. 139 ss; JORGE BACELAR GOUVEIA, *Manual de Direito Constitucional*, volume I, Almedina, 2005, págs. 276 ss; MARIA LÚCIA AMARAL, *A Forma* ..., *ob. cit.*, págs. 295 ss; CRISTINA QUEIROZ, *O Sistema* ..., *ob. cit.*, págs. 29 ss; BERNARD SCHWARTZ, *Direito Constitucional Americano* (tradução), Forense, 1955, págs. 17 ss; THOMAS M. COOLEY, *Princípios Gerais de Direito Constitucional nos Estados Unidos da América* (tradução), Russel, 2002, págs. 17 ss. e ARMANDO MARQUES GUEDES, *Ideologias* ..., *ob. cit.*, págs. 111-117.

32 *Autorizações Legislativas e Controlo Parlamentar do Decreto-Lei Autorizado*

Profundamente inspirado pelas ideais políticas liberais, o sistema americano propõe uma rígida (embora com muitos pontos de contacto) separação entre o Presidente e o Congresso, sendo este o traço estruturante de diferenciação entre este e o sistema parlamentar. Tal assim é, contrariamente ao que acontece com o sistema parlamentar, porque os poderes legislativo e executivo são *equi-ordenados*, na medida em que compartilham o mesmo nível de legitimidade e legitimação popular.

Os seus principais traços característicos são:

a) Unipessoalização do poder executivo;
b) Inexistência de responsabilidade política do executivo perante o legislativo;
c) Separação e interdependência entre os poderes executivo e legislativo assente num sistema de inter-influência e controlo recíprocos (*checks and balances*);
d) Incompatibilidade entre o exercício da função governativa e o do mandato parlamentar; e
e) Eleição popular indirecta (ou directa?)[34] do Chefe de Estado.

O sistema presidencial é construído sobre uma estrutura dualista simétrica. Tanto o Presidente quanto o Parlamento são emanação da vontade popular. Desse facto resultam características importantes, que permitem diferenciar esse sistema do modelo parlamentar, sobretudo no domínio do relacionamento inter-orgânico. Com efeito, o Presidente da República e o Congresso são órgãos politicamente independentes, não sendo a formação e manutenção do executivo condicionadas politicamente pelo legislativo e vice-versa. Tal *independência política recíproca* provoca uma situação de *interdependência permanente* entre ambos. O Presidente e o Congresso americanos são, assim, órgãos naturalmente independentes, mas permanentemente interdependentes.

Neste sistema o Presidente detém, a título singular, o poder executivo e nomeia livremente os seus colaboradores, apenas perante si responsáveis, embora as nomeações careçam da confirmação do Senado. A inexistência de responsabilidade política perante o legislativo implica a inexis-

---

[34] A eleição presidencial nos EUA, formalmente por sufrágio indirecto de dois graus, converteu-se, de facto, em decisão popular directa dos eleitores na medida em que os "grandes eleitores" se encontram vinculados a votar em determinado candidato.

tência de qualquer tipo de relação de subordinação ou submissão, não estando o exercício de funções pelo Governo dependente da confiança do Parlamento. De igual modo, o Presidente também não pode pôr fim ao mandato dos Senadores e Representantes.

A estabilidade do sistema presidencial depende, assim, de uma eficaz coordenação entre os poderes. O Presidente da República intervém no processo legislativo, podendo vetar as leis aprovadas pelo Congresso, não só contra os diplomas cuja constitucionalidade se lhe afigura questionável, mas também contra as leis que entende politicamente inoportunas ou inconvenientes. Uma vez exercido o direito de veto, o mesmo só é superado se o diploma vetado for aprovado numa segunda votação por uma maioria de dois terços, o que raramente acontece.

Por outro lado, para cumprir com o seu mandato, o Presidente necessita de leis, dentre as quais a importante Lei do Orçamento, que só o Congresso pode aprovar. O Congresso goza ainda do direito ao *impeachment*, podendo destituir o Presidente por responsabilidade criminal. Essa acção contra o Presidente tem, contudo, um alcance pouco considerável[35], uma vez que, para a sua efectivação, é necessária uma acusação aprovada pela Câmara dos Representantes e uma maioria de dois terços no Senado (que se transforma em tribunal) para a condenação.

O sistema presidencial americano apresenta-se, por isso, como um sistema de separação de poderes caracterizado pela dispensa de necessidade de apoio parlamentar ao executivo e, simultaneamente, de partilha de poder e coordenação entre ambos os poderes.

2.3. O Sistema Semipresidencial (*o modelo francês*)

Tanto o sistema de governo parlamentar quanto o sistema presidencial se mostraram, ao longo da história, de transposição difícil para outras realidades diferentes daquelas para as quais foram natural ou artificialmente desenhados. O modelo parlamentar construído ao longo de vários séculos de forma natural e paciente em Inglaterra apresentara-se como um

---

[35] Neste sentido, Isaltino Morais, José Mário Ferreira de Almeida e Ricardo Leito Pinto, *O Sistema ...*, *ob. cit.*, pág. 30; Ricardo Leite Pinto, José de Matos Correia e Fernando Roboredo Seara, *Ciência Política e Direito Constitucional*, 3.ª Edição, Universidade Lusíada Editora, 2005, pág. 265.

34 *Autorizações Legislativas e Controlo Parlamentar do Decreto-Lei Autorizado*

modelo de adaptabilidade difícil noutros Estados. No início do século XX, como refere Vitalino Canas, "ficou demonstrado que o modelo parlamentar puro, salvo raras excepções, fragilizava as instituições políticas, deixando-as à mercê, muitas vezes, de conjunturas volúveis"[36]. Por outro lado, também o sistema presidencial, quando transposto, apresentou-se, em muitos casos, incapaz de responder ao desejo de estabilidade. A dificuldade prática de, através da *importação* dos dois sistemas de governo democráticos até então existentes, se responder de forma eficaz aos desafios dos novos Estados constitucionais motivou a idealização de um novo sistema de governo, mais facilmente aplicável, porque adaptável, às novas realidades. Surge, assim, o sistema semipresidencial.

O semipresidencialismo aparece, pois, como uma "solução mista: uma modalidade de organização política que se situe entre os dois e se inspire em ambos"[37]. Trata-se de um modelo híbrido, porque caracterizado essencialmente por elementos caracterizadores de outros modelos, e simultaneamente puro, porque possuidor de elementos e fisionomia bastantes para justificar a sua autonomização. Isto é, a natureza híbrida não impede a sua autonomização enquanto sistema de governo[38].

O que torna o semipresidencialismo um sistema estruturalmente diferente do sistema parlamentar e do sistema presidencial é a existência de três órgãos com competências políticas próprias – e não apenas dois como nos outros sistemas[39]. No jogo do equilíbrio político participam com poderes efectivos o Chefe de Estado, o Parlamento e o Governo[40].

---

[36] Vitalino Canas, *Sistema Semi-Presidencial*, DJAP, 1.º Suplemento, 1998, pág. 470.

[37] Giovanni Sartori, *Engenharia Constitucional*, (Tradução) Editora UNB, 1996, pág. 135.

[38] Como refere Jorge Reis Novais, "o semipresidencialismo combina esses elementos que recolheu dos outros sistemas (…) de forma única, particular, específica, conferindo-lhe uma lógica própria distinta da lógica que estrutura os outros dois sistemas, o que faz dele, em última análise, um sistema autónomo"; cfr. *Semipresidencialismo …, ob. cit.*, pág. 127.

[39] O parlamentarismo caracteriza-se pela repartição das competências políticas entre o Parlamento e o Governo, tendo o Chefe de Estado funções simbólicas. No presidencialismo a repartição das competências políticas é feita entre o Chefe de Estado e o Parlamento.

[40] Cfr., neste sentido, entre outros, Jorge Miranda, *O Sistema Semipresidencial Português entre 1976 e 1979*, RFDUL vol. XXV, 1984, pág. 200. Em seu entender, "a diferença fundamental entre os sistemas parlamentares e presidenciais, de um lado, e os

O modelo francês de semipresidencialismo, introduzido pela Constituição de 1958, e principalmente a partir de 1962 (V República), é caracterizado pela existência de um Chefe de Estado eleito por sufrágio universal que partilha algumas funções executivas, preside ao Conselho de Ministros, possui direito de veto e pode dissolver o Parlamento. O Governo é formado pelo Primeiro-Ministro, que o chefia, e pelos Ministros, que são nomeados pelo Presidente da República sob proposta do Primeiro--Ministro, de acordo com os resultados das eleições legislativas. A sobrevivência do executivo depende, por um lado, da confiança do Parlamento perante quem é responsável e deve apresentar o seu programa para efeitos de aprovação e, por outro, da confiança do Presidente da República.

Há, até aqui, pelo menos dois aspectos essenciais pelos quais se distingue o sistema semipresidencial dos outros dois, nomeadamente o *poder de dissolução do Parlamento*, que o Chefe de Estado pode livremente exercer e a *dupla responsabilidade política* do Governo perante o Presidente da República e a Assembleia Nacional. Tais elementos não são encontrados em nenhum dos outros sistemas.

Por outro lado, a existência de uma tripartição de competências políticas tem como consequência a *bicefalia* no executivo. O sistema francês é, em essência, "um sistema bicéfalo, com duas cabeças não só *desiguais*, mas também *oscilantes* uma em relação à outra"[41]. Tal oscilação provoca os fenómenos de *coabitação política* em caso de falta de coincidência entre o Presidente da República e maioria parlamentar. A existência ou não dessa coincidência faz do sistema francês um sistema com uma *dupla autoridade flexível*, na medida em que o comando do poder executivo oscila em função da existência ou não de maioria parlamentar favorável ao Presidente da República.

No dizer de MAURICE DUVERGER, o carácter semipresidencial do sistema francês "resulta da eleição do Chefe de Estado, dos seus poderes e ainda da limitação do Parlamento"[42].

---

semipresidenciais, de outro lado, consiste na existência, naqueles, de dois órgãos políticos autónomos e activos e, nestes, de três."

[41] GIOVANNI SARTORI, *Engenharia ...*, *ob. cit.*, pág. 137.

[42] MAURICE DUVERGER, *Os Grandes Sistemas Políticos* (tradução), Livraria Almedina, 1985, pág. 275.

CAPÍTULO II
O Sistema de Governo no Direito Constitucional Comparado

1. O SISTEMA SEMIPRESIDENCIAL PORTUGUÊS[43]

1.1. A PROBLEMÁTICA EM TORNO DO NOME DO SISTEMA. *UMA FALSA QUESTÃO?*

O sistema de governo instituído pela Constituição Portuguesa de 1976[44] não é um sistema parlamentar, nem tão-pouco um sistema presidencial. Pelas suas características essenciais – eleição popular directa de um Presidente da República que não é um mero espectador, formação do Governo com base na maioria parlamentar e responsabilidade política do executivo –, este sistema enquadra-se nos também denominados sistemas híbridos. Esses aparecem sob formas e modelos diversos, umas vezes mais próximos do parlamentarismo e outras do presidencialismo, legitimando, assim, as diferentes denominações.

Várias têm sido as propostas de denominação do sistema de governo português. Rejeitando a tradicional e amplamente difundida expressão *semi-presidencialismo*[45], J. J. GOMES CANOTILHO e VITAL MOREIRA propõem as expressões *forma de governo parlamentar mas com uma componente presidencial* ou *forma de governo misto parlamentar-presidencial*[46-47]. Para

---

[43] Todas as disposições legais citadas na presente secção sem qualquer referência expressa ao diploma a que pertencem são da Constituição Portuguesa.

[44] Doravante designada apenas por CRP.

[45] A expressão *semipresidencialismo* foi usada pela primeira vez por MAURICE DUVERGER, *Xeque Mate – Análise comparativa dos sistemas políticos semi-presidenciais*, (tradução), Edições Rolim, 1978.

[46] J. J. GOMES CANOTILHO e VITAL MOREIRA, *Os Poderes do Presidente da República*, Coimbra Editora, 1991, pág. 18.

[47] J. J. GOMES CANOTILHO considera ainda que a fórmula mais abrangente é sis-

38 *Autorizações Legislativas e Controlo Parlamentar do Decreto-Lei Autorizado*

estes Autores, a expressão *semipresidencialismo* é "pouco feliz" tanto em geral, como em relação ao caso português porque revela uma tendência para o sistema presidencial e ignora a sua vertente parlamentar. É, contudo, opinião quase unânime da doutrina portuguesa a preferência pela expressão *semipresidencialismo* ou *sistema semipresidencial*[48].

Concordamos com a conclusão de que a expressão *semipresidencialismo* não é a mais feliz porque sugere uma tendência deste sistema para o presidencialismo quando ele pode, como parece ser o caso português, tender mais para o parlamentarismo. Por outro lado, não têm sido mais felizes as propostas alternativas. Curioso é notar, ainda, que muitos dos autores dessas propostas de denominações alternativas usam por diversas vezes a expressão rejeitada[49].

Ora, tal evidencia que o problema de fundo não reside na denominação dos sistemas de governo, mas na sua caracterização. A problemática da denominação é, para nós, um falso problema que, se levado a fundo, pode distrair a atenção daquilo que é de facto essencial: a análise da configuração constitucional de um determinado modelo de organização do poder político.

Sem qualquer pretensão de tomar partido desta discussão, usaremos, apenas por razões de comodidade, a expressão *semipresidencialismo*.

---

tema presidencial-parlamentar ou parlamentar-presidencial consoante a matriz dominante. (*Direito Constitucional e Teoria da Constituição*, 7.ª Edição, Almedina, 2003, pág. 591).

[48] Veja-se, por todos, JORGE MIRANDA, *O Sistema Semipresidencial Português entre 1976 e 1979*, RFDUL, vol. XXV, 1984, págs. 193-220; MARCELO REBELO DE SOUSA, *O Sistema de Governo Português antes e depois da revisão constitucional*, 3.ª edição revista e actualizada, Cognitio, 1984; VITALINO CANAS, *Sistema Semi-Presidencial*, DJAP, 1.º Suplemento, págs. 468-502; CARLOS BLANCO DE MORAIS, *As Metamorfoses do Semipresidencialismo Português*, Revista Jurídica, AAFDL n.º 22, Março 1998; JORGE REIS NOVAIS, *Semipresidencialismo – Teoria do Sistema de Governo Semipresidencial*, vol. I, Almedina, 2007; ANTÓNIO VITORINO, *O Controlo Parlamentar dos Actos do Governo*, in "Portugal. O Sistema Político e Constitucional 1974-1987", Coord. Mário Baptista Coelho; FRANCISCO LUCAS PIRES, *Teoria da Constituição de 1976 – A Transição Dualista*, Coimbra 1988.

[49] Veja-se ao respeito, a título exemplificativo, o comentário de JORGE REIS NOVAIS em relação à proposta de J. J. GOMES CANOTILHO e VITAL MOREIRA (*Semipresidencialismo ...*, *ob. cit.*, pág. 110 ss.

1.2. Caracterização do sistema

1.2.1. Caracterização Geral

O sistema português não é parlamentar nem é presidencial. Apresenta, antes, elementos caracterizadores gerais de ambos, para além de elementos próprios de racionalização, fazendo dele um sistema semipresidencial. A CRP instituiu um sistema assente num triângulo político-constitucional entre o Presidente da República, a Assembleia da República e o Governo.

São traços do sistema parlamentar:

a) Existência de um Governo autónomo e de base parlamentar

A CRP estabelece a existência de um Governo como órgão de soberania institucionalmente autónomo dos demais (artigo 110.°). O mesmo é formado com base na composição da Assembleia da República (artigo 187.°); é o órgão condutor da política geral do país (artigo 182.°) e tem como chefe o Primeiro-Ministro (artigo 201.°).

b) Responsabilidade política do Governo perante a Assembleia da República

O executivo responde politicamente perante a Assembleia da República (artigos 190.° e 191.°). Essa característica implica, à semelhança do que se passa nos sistemas parlamentares, a possibilidade do Parlamento pôr termo às funções do Governo, por sua iniciativa, através da aprovação de uma moção de censura (alínea f) do artigo 195.°), ou por iniciativa do próprio Governo, rejeitando uma moção de confiança (alínea e) do artigo 195.°).

São traços do sistema presidencial:

a) A eleição do Presidente da República por sufrágio directo[50]

Assim como nos sistemas presidenciais, a CRP prevê um Presidente

---

[50] Não é, contudo, pacífico o enquadramento da eleição directa do Presidente da República como uma das características essenciais do sistema semipresidencial; cfr., neste sentido, VITALINO CANAS, *Sistema Semi-Presidencial...*, *ob. cit.*, págs. 481-483.

40 Autorizações Legislativas e Controlo Parlamentar do Decreto-Lei Autorizado

da República eleito por sufrágio universal e directo (artigo 121.º) e não, como acontece muito nos regimes parlamentares, a eleição por câmaras representativas. O Presidente da República possui uma ampla base de legitimidade, igual à da Assembleia da República, conferindo-lhe uma forte estabilidade e ampla capacidade de intervenção política.

b) A atribuição ao Presidente da República de poder político efectivo

O Presidente da República em Portugal não é um poder simbólico ou *decorativista*. No exercício das suas funções constitucionais dispõe de importantes poderes de intervenção política sobre os demais órgãos de soberania. Pode, desde logo, recusar a promulgação de leis votadas pela Assembleia da República através do veto político (artigo 136.º). Por outro lado, pode ainda demitir o Governo "quando tal se torne necessário para assegurar o regular funcionamento das instituições democráticas ..." (artigo 195.º, n.º 2).

São traços de "racionalização" do sistema:

a) A dupla responsabilidade governamental

Para além de responsável perante a Assembleia da República (traço do parlamentarismo), o Governo é, nos termos da CRP, também responsável perante o Presidente da República (artigos 190.º e 191.º). No que se refere ao Presidente da República essa responsabilidade é, no dizer de J. J. GOMES CANOTILHO e VITAL MOREIRA, *imperfeita e difusa*. Segundo sustentam estes Autores, "não confere ao Presidente da República o poder de livremente demitir o Governo por razões de desconfiança política"[51].

b) O poder de dissolução da Assembleia da República

Outro traço fundamental de racionalização do sistema português é o poder presidencial de dissolução da Assembleia da República (artigos 133.º,

---

[51] Cfr. *Os poderes...*, *ob. cit.*, págs. 73 e 74.

alínea e) e 172.°). O Presidente da República possui aqui uma ampla margem de manobra, uma quase absoluta discricionariedade, não podendo exercer tal poder apenas: a) nos seis meses posteriores à sua eleição; b) no último semestre do seu mandato; e c) durante a vigência do estado de sítio ou do estado de emergência.

1.2.2. A posição constitucional do Presidente da República

1.2.2.1. *Eleição e mandato presidenciais*

O Presidente da República portuguesa, primeiro dos órgãos de soberania na ordenação constitucional (artigo 110.° CRP), possui uma forte legitimidade democrática, idêntica à da Assembleia da República, na medida em que é eleito por sufrágio universal directo (artigo 121.°), por um sistema maioritário de duas voltas (artigo 126.°)[52]. São elegíveis ao cargo de Presidente da República os cidadãos portugueses de origem maiores de 35 anos (artigo 122.°), devendo as candidaturas ser suportadas por um mínimo de 7500 e um máximo de 15000 cidadãos eleitores (artigo 124.°).

O mandato tem a duração de cinco anos (artigo 128.°) (mais um do que o mandato dos deputados à Assembleia da República), não sendo admissível a reeleição para um terceiro mandato consecutivo (artigo 123.°).

1.2.2.2. *Substituição interina e renúncia*

Nos termos da CRP, o Presidente da República é substituído, em caso de impedimento temporário ou de vagatura do cargo, pelo Presidente da Assembleia da República ou, encontrando-se este impedido, pelo seu substituto.

O Presidente da República interino, não obstante o princípio do paralelismo dos seus poderes com os do Presidente da República, encontra algumas limitações no exercício das suas competências, motivadas, por

---

[52] Esse sistema obriga a uma maioria absoluta para que um candidato vença a eleição na primeira volta. Não havendo tal maioria, procede-se a uma segunda volta a qual concorrem apenas os dois candidatos mais votados que não tenham retirado a candidatura.

um lado, por actos excluídos da sua competência e, por outro, por actos de exercício condicionado. Estão excluídos da sua competência os poderes de dissolver a Assembleia da República, nomear membros do Conselho de Estado e do Conselho Superior da Magistratura e submeter questões a referendo (artigo 139.º, n.º 1). As limitações ao exercício de competências do Presidente da República interino abrangem ainda certos actos cuja prática carece da audição prévia do Conselho de Estado, nomeadamente: marcar o dia das eleições do Presidente da República, dos deputados à Assembleia da República, ao Parlamento Europeu e às Assembleias Legislativas regionais; convocar extraordinariamente a Assembleia da República; nomear o Primeiro-Ministro; nomear e exonerar o Presidente do Tribunal de Contas e o Procurador-Geral da República; nomear e exonerar as chefias militares[53]; exercer as funções de Comandante Supremo das Forças Armadas e nomear os embaixadores e acreditar os representantes diplomáticos estrangeiros (artigo 139.º, n.º 2).

O Presidente da República pode, a qualquer momento, renunciar ao seu mandato, bastando para tal que dirija uma mensagem à Assembleia da República manifestando tal pretensão[54]. A efectivação da renúncia dá-se no momento em que esta dela toma conhecimento, não estando dependente de qualquer autorização material (artigo 131.º). O Presidente que apresenta renúncia ao mandato fica impedido de se candidatar nas eleições imediatas e nas que se realizem no quinquénio imediatamente subsequente à renúncia[55].

Embora provoque sempre efeitos políticos, a renúncia ao mandato pelo Presidente da República, mesmo quando motivada por razões de natureza política, não provoca, à partida, qualquer instabilidade na composição do Governo.

---

[53] O Chefe do Estado-Maior-General das Forças Armadas, o Vice-Chefe do Estado-Maior General das Forças Armadas e os Chefes de Estado-Maior dos três ramos das Forças Armadas.

[54] Sobre a renúncia do Presidente da República cfr., entre outros, PAULO OTERO, *A Renúncia do Presidente da República na Constituição Portuguesa*, Almedina, 2004. Este Autor define a renúncia como o acto pelo qual o Presidente da República declara a vontade de não continuar a exercer o cargo de Presidente da República, antecipando imediatamente o termo do seu mandato (pág. 56).

[55] Tal proibição, introduzida em 1982, tem sido vista como um antídoto contra a utilização da arma renúncia para a obtenção de ganhos políticos; cfr. ISALTINO MORAIS, JOSÉ MÁRIO FERREIRA DE ALMEIDA e RICARDO LEITE PINTO, O *Sistema …, ob. cit.,* pág. 99.

1.2.2.3. *Competências do Presidente da República*

O Presidente da República intervém directa e determinantemente no funcionamento dos demais órgãos de soberania – sendo este um meio de *governação indirecta*[56] – nomeadamente os que desempenham funções políticas. De entre os vários poderes de intervenção cabe-nos realçar os seguintes:

1.2.2.3.1. *Dissolução da Assembleia da República*

De acordo com a actual formulação constitucional, o poder de dissolução do Parlamento é um poder próprio ou dominante do Presidente da República exercido com uma ampla margem de discricionariedade[57] (artigo 133.°, alínea e)). Esta ampla discricionariedade envolve a inexistência de obrigatoriedade da dissolução, bem como a livre avaliação da sua oportunidade. Na prática, a dissolução do Parlamento, pela sua gravidade, acontece apenas como o último meio para a resolução de crises políticas motivadas pela ausência de maioria estável ou por impasse no inter-relacionamento entre órgãos de soberania. O exercício deste poder está apenas condicionado pelo artigo 172.°, que determina a inexistência da dissolução do Parlamento feita nos seis meses posteriores à sua eleição, no último semestre do mandato do Presidente da República ou durante a vigência do estado de sítio ou do estado de emergência.

---

[56] Neste sentido parecem caminhar J. J. GOMES CANOTILHO e VITAL MOREIRA defendendo que "... se é ao Governo que cabe a condução da política do país, é ao Presidente da República que pertence em grande medida escolher e manter o Governo, bem como refazer a composição parlamentar, cabendo-lhe, portanto, indirectamente, influenciar de modo decisivo as escolhas políticas do Estado"; cfr. *Os poderes ..., ob. cit.,* pág. 52. Posição semelhante é a de MARIA LÚCIA AMARAL, para quem, através da intervenção na função governativa do Governo e da Assembleia da República, o Presidente da República "não é um órgão de governação directa mas um órgão de governação indirecta"; cfr. *A Forma da República ..., ob. cit.,* págs. 310 e 311.

[57] No mesmo sentido, J. J. GOMES CANOTILHO e VITAL MOREIRA, *Fundamentos da Constituição*, Coimbra Editora, 1991, pág. 214 e 215; JORGE MIRANDA e RUI MEDEIROS, *Constituição Portuguesa Anotada*, Tomo II, Coimbra Editora, 2006, pág. 381-382; CARLOS BLANCO DE MORAIS, *As Metamorfoses do Sistema Semipresidencial*, Revista Jurídica n.° 22, AAFDL, 1998, pág. 145 e ALFREDO BARROSO e JOSÉ VICENTE DE BRAGANÇA, *O Presidente da República: Função e Poderes*, "Portugal O Sistema Político e Constitucional 1974/1987", Coordenação de Mário Baptista Coelho, pág. 337.

44 *Autorizações Legislativas e Controlo Parlamentar do Decreto-Lei Autorizado*

A principal consequência da dissolução da Assembleia da República é a demissão do Governo, uma vez que este é formado com base na maioria parlamentar. Ou seja, a dissolução implica a realização de eleições legislativas antecipadas e, por consequência, o início de uma nova legislatura (artigo 171.°, n.° 2), sendo esta causa para a demissão do Governo (artigo 195.°, n.°1 alínea a)).

1.2.2.3.2. *Nomeação do Primeiro-Ministro*

Contrariamente ao poder de dissolução da Assembleia da República, o poder de nomeação do Primeiro-Ministro é um poder relativamente limitado, cujo exercício se encontra duplamente condicionado: a) pela necessidade de audição prévia dos partidos políticos com assento parlamentar, e mais importante do que isso, b) pelos resultados das eleições legislativas (artigo 187.°, n.° 1)[58]. A história da prática constitucional portuguesa demonstra, contudo, a existência de uma liberdade considerável na escolha do Primeiro-Ministro[59], sobretudo em situações de ausência de maiorias de um só partido[60], susceptível de conferir estabilidade ao exercício da acção governativa, ou, como refere JORGE MIRANDA, quando haja mudança de Primeiro-Ministro a meio da legislatura e, sobretudo, quando haja um partido de maioria relativa sem acordo parlamentar ou, no limite, quando se verifique dispersão partidária[61]. A margem de liberdade no exercício deste poder será, obviamente, maior no caso de inexistência de uma maioria parlamentar clara. De resto, embora o citado preceito constitucional o não imponha, é praticamente inevitável, havendo clara maioria de um partido ou coligação de partidos, a nomeação do cidadão proposto pela maioria.

---

[58] Embora o texto da CRP se refira apenas a "resultados eleitorais", o melhor entendimento parece-nos ser o de que esta expressão se reporta apenas ao resultado das eleições legislativas e não a outras; cfr., neste sentido, MARCELO REBELO DE SOUSA, *O Sistema de Governo Português*, ESC, vol. III, Livraria Petrony, 1997, pág. 587).

[59] Cfr., por exemplo, MARCELO REBELO DE SOUSA, *O Sistema de Governo Português antes e depois da revisão constitucional*, 3.ª Edição, Cognitio, 1984, pág. 57.

[60] Neste sentido, JORGE BACELAR GOUVEIA, *Manual...*, *ob. cit.*, volume II, pág. 1160. Também JAIME VALLE, *A Participação do Governo no Exercício da Função Legislativa*, Coimbra Editora, 2004, págs. 65 e 66.

[61] *Constituição...*, *ob. cit.*, Tomo II, pág. 383.

1.2.2.3.3. *Demissão do Governo*

Para além de um poder *inicial* (nomeação do Primeiro-Ministro e dos restantes membros do Governo), o Presidente da República tem também um poder *final*, na medida em que a ele compete demitir o Governo, embora este poder seja limitado às situações em que tal medida se mostre "necessária para assegurar o regular funcionamento das instituições democráticas" (artigo 195.°, n.° 2). O Presidente da República surge aqui como *garante do regular funcionamento das instituições democráticas*. Mas, o que deve entender-se por regular funcionamento das instituições democráticas? Eis uma questão carregada de subjectivismos e pré-compreensões, à qual múltiplas respostas podem ser dadas. No meio das divergências existentes, uma ideia parece consensual: é ao Presidente da República que cabe avaliar, em função de cada caso, a existência ou não de um normal funcionamento das instituições democráticas. Não significa isto, contudo, a atribuição ao Presidente da República da faculdade de livremente demitir o Governo por razões de desconfiança política[62].

1.2.2.3.4. *Exercício do direito de veto político*

Grande importância para o equilíbrio do sistema têm também os *poderes negativos* do Presidente da República, sobretudo o direito de veto político sobre os diplomas da Assembleia da República e do Governo.

O veto político é um acto livre do Presidente da República apenas superável quando exercido sobre os actos do Parlamento (veto suspensivo). O veto presidencial aos actos do Governo é insuperável e absoluto[63-64]. No primeiro caso, exercido o direito de veto, o Presidente da República devolve o diploma à Assembleia da República solicitando uma nova apre-

---

[62] Cfr., neste sentido, GOMES CANOTILHO e VITAL MOREIRA, *Os Poderes...*, *ob. cit.*, págs. 73 e 74.

[63] Cfr., neste sentido, MIGUEL LOBO ANTUNES e MÁRIO TORRES, *A Promulgação*, Boletim do Ministério da Justiça, n.° 405, Lisboa, 1991, pág. 27.

[64] Para PAULO OTERO, o veto político presidencial sobre os decretos-leis do Governo têm uma natureza *absoluta heterogénea*; cfr. *O Desenvolvimento das Leis de Bases pelo Governo*, Lex, 1997, pág. 72.

ciação. Esta, para além de reapreciar no sentido proposto pelo Presidente, pode confirmar a versão inicial do diploma reaprovando-o por uma maioria mais exigente, caso em que a promulgação se torna inevitável (artigo 136.º, n.os 1, 2 e 3). No caso do veto exercido sobre os actos do Governo, diferentemente, o Presidente da República não solicita uma nova apreciação, mas limita-se a comunicar por escrito o sentido do veto (artigo 136.º, n.º 4).

1.2.3. O Estatuto Jurídico-Constitucional do Governo

1.2.3.1. *Estrutura, Composição e Organização do Governo*

De acordo com a estrutura consagrada pela CRP, o Governo aparece como um *órgão complexo*[65] formado por três órgãos necessários distintos com competências autónomas, nomeadamente o Conselho de Ministros, o Primeiro-Ministro e os Ministros[66], fundado numa estrutura em "conexão dialéctica de colegialidade e de supremacia do Primeiro-Ministro"[67]. O Governo tem competências próprias, distintas das dos órgãos que o compõem, fazendo dele um verdadeiro órgão e não um mero complexo orgânico. Existe, assim, uma "tendência para um policentrismo no seio do executivo, consequência da crescente complexidade técnica do Governo

---

[65] DIOGO FREITAS DO AMARAL define *órgãos complexos* como sendo "aqueles cuja estrutura é diferenciada, isto é, aqueles que – como o Governo – são constituídos por titulares que exercem também competências próprias a título individual (Ministros) e são em regra auxiliados por adjuntos, delegados e substitutos (Secretários de Estado, Subsecretários de Estado)"; cfr. *Curso de Direito Administrativo*, Vol. I, 3.ª Edição, Almedina, 2006, pág. 765.

[66] Cfr., neste sentido, J. J. GOMES CANOTILHO, *Governo*, DJAP, Volume V, Lisboa 1993, pág. 20; J. J. GOMES CANOTILHO e VITAL MOREIRA, *Fundamentos ...*, *ob. cit.*, pág. 212; MARCELO REBELO DE SOUSA, *Lições de Direito Administrativo*, I, Lisboa, 1994/95, pág. 301; ALEXANDRE DE SOUSA PINHEIRO, *O Governo: Organização e Funcionamento, Reserva Legislativa e Procedimento Legislativo*, Revista Jurídica, n.º 23, AAFDL, págs. 192 e 193; JORGE MIRANDA e RUI MEDEIROS, *Constituição Portuguesa Anotada*, Tomo II, Coimbra Editora, pág. 742 e FRANCISCO LUCAS PIRES, *Conselho de Ministros*, DJAP, II, pág. 617.

[67] JORGE MIRANDA, *A Posição Constitucional do Primeiro-Ministro*, Lisboa 1984, pág. 27.

e da Administração e, ao mesmo tempo, da necessidade de decisões rápidas"[68].

O Conselho de Ministros é composto pelo Primeiro-Ministro, pelos Vice-Primeiros-Ministros, quando haja, e pelos Ministros, podendo ainda os Secretários e Subsecretários de Estado ser convocados para participar nas reuniões (artigo 184.°, n.os 1 e 3).

O n.° 2 do artigo 198.° reserva ao Governo a exclusividade da competência legislativa em matéria respeitante à sua própria organização e funcionamento. Não tem sido, porém, pacífica à questão da delimitação do âmbito dessa reserva. A interpretação mais conforme com a orientação constitucional parece ser, contudo, a que integra na reserva legislativa absoluta do Governo não apenas a regulamentação da organização e funcionamento do Governo no seu conjunto, mas também a organização e funcionamento do Governo em termos colegiais e a organização e funcionamento de todos os órgãos singulares que compõem o Governo[69]. A *ratio* da lei fundamental, no dizer de ALEXANDRE DE SOUSA PINHEIRO, "consiste em permitir ao Governo, sem compromissos parlamentares, dotar-se das estruturas administrativas que considere adequadas para de desincumbir das funções próprias de *"órgão superior da administração pública"*[70].

A organização e o funcionamento do Governo devem obedecer, antes de mais, ao princípio da colegialidade, através do qual se assegura, por um lado, que seja o órgão colegial do Governo (o Conselho de Ministros) a *definir as linhas gerais da política governamental* e, por outro, a regra da atribuição de um voto para cada membro, não sendo admissível, apesar da sua posição de preeminência, o reconhecimento de um voto de qualidade ao Primeiro-Ministro[71].

---

[68] FRANCISCO LUCAS PIRES, *Conselho ...*, *ob. cit.*, pág. 617.

[69] Cfr., neste sentido, PAULO OTERO, *O Poder de Substituição em Direito Administrativo*, Vol. II, Lex, 1995, pág. 642 e 643. Para este Autor, está-se aqui perante "uma regra de eficiência administrativa subjacente ao poder de auto-organização"; cfr. ainda JAIME VALLE, *A Participação ...*, *ob. cit.*, pág. 230 e 231.

[70] ALEXANDRE DE SOUSA PINHEIRO, *O Governo ...*, *ob. cit.*, págs. 195 e 196.

[71] Neste sentido, ALEXANDRE DE SOUSA PINHEIRO, *o Governo ...*, *ob. cit.*, pág. 201 e JAIME VALLE, *A Participação...*, *ob. cit.*, pág. 59.

48 *Autorizações Legislativas e Controlo Parlamentar do Decreto-Lei Autorizado*

1.2.3.2. *A Posição Constitucional do Primeiro-Ministro e dos demais Membros do Governo*

A configuração jurídico-constitucional da figura do Primeiro-Ministro aponta inequivocamente para uma posição proeminente em relação aos demais membros do Governo. O Primeiro-Ministro é um misto de *primus inter pares* e *primus super pares*[72], isto é, no domínio do relacionamento com os demais membros do Governo o Primeiro-Ministro não é um simples *primus inter pares*, nem é também um chanceler. Encontra-se numa posição intermédia[73-74].

O Primeiro-Ministro é nomeado pelo Presidente da República ouvidos os partidos Políticos representados na Assembleia Nacional e tendo em conta os resultados eleitorais (artigo 187.°, n.°1)[75].

Os poderes constitucionalmente reconhecidos ao Primeiro-Ministro, tanto no que respeita ao Governo e aos seus membros, quanto no domínio do relacionamento inter-orgânico, podem ser divididos em poderes de *organização*, de *direcção* e de *representação*. Quanto aos poderes de organização, é reservado ao Primeiro-Ministro um papel preeminente nos domínios da estruturação e da composição do Governo. A ele compete, antes de mais, a escolha dos demais membros do Governo para efeitos de apresentação de proposta para a nomeação do Presidente da República (artigo 187.°, n.° 2). O poder presidencial de nomeação, note-se, não permite uma apreciação de mérito relativamente aos candidatos propostos pelo Primeiro-Ministro. Ou seja, é discutível a possibilidade de o Presidente da República recusar a nomeação de um candidato proposto pelo Primeiro-Ministro com base em razões de oportunidade ou conveniência política[76], sob pena de choque frontal com o princípio da auto-organização

---

[72] Cfr. J. J. GOMES CANOTILHO, *Governo* ..., *ob. cit.*, pág. 21.

[73] Cfr. DIOGO FREITAS DO AMARAL, *O Governo e os Ministérios*, Revista de Ciência Política, Lisboa, 1986, n.°3, págs. 10 e 11.

[74] Por este facto, JAIME VALLE considera que a posição do Primeiro-Ministro não é de "proeminência absoluta; é limitada pela existência de competências constitucionais próprias do Conselho de Ministros e dos Ministros"; cfr. *A Participação* ..., *ob. cit.*, pág. 67.

[75] Cfr. supra 1.2.2.3.2.

[76] Posição diferente parece ser a de J. J. GOMES CANOTILHO e VITAL MOREIRA, que defendem existir quanto à escolha dos Ministros um poder discricionário do Presidente da República fazendo com que este possa "naturalmente recusar os que lhe sejam propostos,

do Governo. Os Ministros devem ser da confiança política do Primeiro-Ministro e não do Presidente da República, aliás, nos termos do n.º 2 do artigo 191.º, os membros do Governo são responsáveis perante o Primeiro-Ministro[77-78].

Mais pacífica parece ser a questão da natureza vinculada do poder de exoneração dos membros do Governo pelo Presidente da República, na medida em que este não pode em situação alguma exonerar um membro do Governo por sua livre iniciativa, nem recusar a exoneração proposta pelo Primeiro-Ministro. Em causa está não só a estabilidade do vínculo da responsabilidade política que liga o Primeiro-Ministro aos restantes membros do Governo, mas também o cumprimento de um dever de *lealdade institucional* do Presidente da República para com o Governo. O vínculo entre ambos é estabelecido pelo Primeiro-Ministro, ficando assim vedada ao Presidente da República a hipótese de despachar directamente com os Ministros[79].

No domínio dos poderes de direcção do Governo, incumbe ao Primeiro-Ministro a direcção das suas políticas gerais, bem como a coordenação e orientação da acção de todos os Ministros (artigo 201.º, n.º 1, alínea a)). Esta posição de supremacia do Primeiro-Ministro na direcção do executivo resulta não só de factores jurídico-constitucionais, mas também de factores políticos[80].

«forçando-o» a propor outros nomes que sejam do seu agrado; cfr. *Os Poderes ...*, *ob. cit.*, pág. 49; cfr. também ALEXANDRE DE SOUSA PINHEIRO, *O Governo ...*, *ob. cit.*, pág. 204.

[77] No dizer de JORGE MIRANDA e RUI MEDEIROS, "com a indigitação, o Presidente da República poderá formular sugestões relativamente a estas ou àquelas medidas a adoptar pelo Governo ou a estas ou àquelas pessoas a convidar para o integrar; não impor condições ou orientações"; cfr. *Constituição ...*, *ob. cit.*, pág. 650.

[78] JAIME VALLE entende tratar-se de um verdadeiro poder presidencial vinculado, não sendo, na sua perspectiva, admissível a recusa de nomeação de um membro do Governo proposto pelo Primeiro-Ministro "com base em razões de oportunidade política ou relativas ao perfil do candidato"; cfr. *A Participação ...*, *ob. cit.*, pág. 64.

[79] Tal não implica, obviamente, a impossibilidade da realização de contactos directos com os Ministros para recolha ou exploração de elementos sobre diferentes assuntos e especificamente em matéria de política externa, defesa nacional e medidas de clemência, dado o papel especial do Presidente da República nesses domínios.

[80] PAULO OTERO destaca, a este respeito, a figura do chefe do Governo como "critério determinante do voto da maioria do eleitorado nas eleições parlamentares e, neste sentido, constituindo-se como primeiro factor justificativo da própria maioria que compõe o parlamento, podendo até afirmar-se já não ser o primeiro-ministro que resulta da maioria

50 *Autorizações Legislativas e Controlo Parlamentar do Decreto-Lei Autorizado*

Sendo ao Conselho de Ministros que compete definir as linhas gerais da política do Governo – através da aprovação do programa do Governo –, bem como as da sua execução, a competência do Primeiro-Ministro de *dirigir a política geral do Governo* surge como um poder instrumental, na medida em que ao Primeiro-Ministro competiria apenas velar pelo cumprimento efectivo daquelas linhas gerais[81], nos termos definidos pelo Conselho de Ministros. Os poderes de direcção do Primeiro-Ministro implicam a coordenação e orientação da acção dos Ministros, resultando daí a faculdade de emissão de directrizes relativamente a assuntos concretos ou de sugestões referentes à prática de certo acto em determinado sentido.

No tocante aos poderes de representação, a CRP confere ao Primeiro--Ministro importantes poderes de representação do Governo no seu relacionamento com os demais órgãos de Estado e, em especial, com os órgãos de soberania perante os quais é responsável. O Primeiro-Ministro engaja a responsabilidade do Governo perante o Presidente da República (neste domínio é obrigado a manter o Presidente da República informado acerca dos assuntos respeitantes à condução das políticas interna e externa do país) e a responsabilidade política do Governo perante a Assembleia da República.

1.2.3.3. *A responsabilidade política do Governo*

Sobre o exercício da sua actividade o Governo é responsável perante o Presidente da República e perante a Assembleia da República (artigo 190.º). Essa responsabilidade, entendida como uma situação caracterizada pelo facto de um órgão ou o seu titular responder perante determinadas entidades pelos efeitos derivados do exercício de certa actividade[82], é política (de acordo com o texto da CRP) apenas em relação à Assembleia da República[83], introduzindo uma vincada componente parlamentar ao sis-

---

parlamentar mas sim esta que resulta da escolha pelo eleitorado de um primeiro-ministro ...";
cfr. *Legalidade e Administração Pública*, Almedina, 2003, pág. 146.

[81] JORGE MIRANDA fala aqui em "tensão entre colegialidade e proeminência do Primeiro-Ministro"; cfr. *A Posição ...*, *ob. cit.*, pág. 29.

[82] J. J. GOMES CANOTILHO, *Direito Constitucional ...*, *ob. cit.*, 7.ª edição, pág. 644.

[83] Apesar da *despolitização* formal da responsabilidade do Governo perante o Presidente da República feita com revisão constitucional de 1982, vários sectores da dou-

tema semipresidencial português. É também uma responsabilidade *autónoma* e *antecedente* (ou anterior) em relação à responsabilidade política do Governo perante o Presidente da República[84].

O relacionamento entre o Presidente da República e o Governo, marcado pela autonomia política e independência funcional, assenta na existência de responsabilidade deste perante aquele. Obviamente, como atrás referimos, esta relação é susceptível de substanciais alterações em função da existência ou não de uma maioria parlamentar clara favorável ao Governo e da coincidência ou não entre a maioria parlamentar (Governo) e a raiz ideológica do Presidente da República. Em conformidade, na sua relação com o Governo, o Presidente da República dispõe de importantes poderes: nomeação do Primeiro-Ministro e, sob proposta deste, dos demais membros do Governo, promulgação dos Decretos legislativos do Governo (com possibilidade de exercício de veto absoluto), demissão do Governo "para assegurar o regular funcionamento das instituições democráticas," etc.

Já a responsabilidade governamental perante o Parlamento traduz-se essencialmente na necessidade, para efeitos de subsistência e pleno exercício das suas funções, de suporte parlamentar maioritário ou, pelo menos, da ausência de uma maioria parlamentar contrária e estrutura-se fundamentalmente em torno do programa do Governo, do voto de confiança e da moção de censura. Com efeito, para assunção plena das suas funções, o Governo precisa de submeter o seu *programa* ao parlamento e esperar que este não seja rejeitado por uma maioria absoluta[85]. O *voto de confiança*, enquanto dispositivo autónomo de iniciativa governamental, surge, por via de regra, em contextos de crise governativa (motivada ou não pela quebra da relação de confiança entre o parlamento e o governo) e tem como significado político, como referem J.J. Gomes Canotilho e Vital Moreira, um de três: ou obrigar a maioria parlamentar de suporte do Governo a renovar o apoio à sua actuação; ou testar a existência ou subsistência de

---

trina portuguesa continuam a qualificá-la como política, embora atenuada. (Neste sentido, Carlos Blanco de Morais, *As Metamorfoses* ..., *ob. cit.,* pág. 145 (nota de rodapé n.° 14 e Jaime Valle, *A Participação* ..., *ob. cit.,* pág. 79.

[84] Veja, neste sentido, Pedro Lomba, *A Responsabilidade do Governo Perante o Presidente da República no Direito Constitucional,* 2005 (inédito), págs. 247-251.

[85] Antes da apreciação do seu programa pelo Parlamento, o Governo limita-se à prática dos actos estritamente necessários para assegurar a gestão dos negócios públicos (artigo 186.°, n.° 5).

52 *Autorizações Legislativas e Controlo Parlamentar do Decreto-Lei Autorizado*

uma maioria parlamentar de apoio; ou provocar o reconhecimento formal da falta de condições de governo[86]. A *moção de censura*, por seu turno, versa sobre a execução do programa do Governo ou assunto relevante de interesse nacional. De iniciativa parlamentar – pelo menos um quarto dos deputados em efectividade de funções ou qualquer grupo parlamentar –, a moção de censura apresenta, na visão de JORGE MIRANDA e RUI MEDEIROS, quatro objectivos: a) enfraquecer a legitimidade política do Governo; b) provocar divisões no seio do partido ou partidos de apoio ao Governo; c) afirmar alternativas, a curto ou a médio prazo, ao Governo; e d) no limite, provocar a queda do Governo[87]. Contudo, continuam, mostrando-se firmes e coesos o Governo e o seu apoio parlamentar, a oposição tenderá a não apresentar moções de censura, porque a sua provável rejeição acabará por fortalecer o Governo[88]. Do seu regime constitucional, construído na base da necessidade de salvaguarda do interesse da *estabilidade governamental*, destacamos os seguintes aspectos:

a) Iniciativa reduzida a um quarto dos deputados em efectividade de funções ou a um grupo parlamentar;
b) Exigência de maioria absoluta para que produza o efeito de demissão do Governo; e
c) Impossibilidade de apresentação de outro pedido de aprovação de moção de censura na mesma sessão legislativa pelos signatários da moção não aprovada.

2. O SISTEMA PRESIDENCIAL BRASILEIRO

2.1. CONSIDERAÇÕES GERAIS

Tem sido pacífico ao nível da doutrina brasileira o enquadramento do sistema de governo consagrado pela Constituição da República Federativa do Brasil de 1988[89] no grupo dos chamados sistemas presidenciais[90].

---

[86] *Constituição ...*, *ob. cit.*, 3.ª edição, 1993, pág. 760.
[87] *Constituição ...*, *ob. cit.*, Tomo II, pág. 668.
[88] *Idem*, pág. 669.
[89] Doravante designada apenas por CB.
[90] Veja-se, entre outros, MANOEL GONÇALVES FERREIRA FILHO, *Curso de Direito Constitucional*, 31.ª edição, Editora Saraiva, 2005, págs. 143 e 144; PAULO BONAVIDES,

O disposto no artigo 76.° da CB[91] parece não deixar dúvidas quanto à questão: "o Poder Executivo é exercido pelo Presidente da República, auxiliado pelos Ministros de Estado".

O presidencialismo instituído pela CB assenta numa base de separação e interdependência[92] recíproca entre os órgãos de soberania. O Presidente da República, enquanto órgão unipessoal possuidor de legitimidade democrática directa e de ampla autonomia política, assume uma posição de destaque, na medida em que lhe é conferida a chefia do Estado e a do Governo, sendo os Ministros seus "meros" auxiliares, podendo escolhe-los segundo a sua vontade e demiti-los quando quiser[93]. Compete ao Presidente da República orientar a vida política nacional, exercer, com auxílio dos Ministros de Estado – situação que não altera a estrutura monista do Executivo, uma vez que não compõe um Gabinete no sentido técnico-jurídico do termo[94] – a direcção superior da administração federal e, enquanto Chefe de Estado, representar o Estado no plano internacional.

O Congresso Nacional – constituído pela Câmara dos Deputados e pelo Senado Federal (artigo 44.°) – é o órgão legislativo, apresentando-se como independente do poder executivo. O Parlamento não pode ser dissolvido pelo Presidente da República nem pode destituí-lo por razões de confiança política.

Curso de Direito Constitucional, 17.ª edição, Malheiros Editores, 2005, págs. 220-222; José Afonso da Silva, *Curso de Direito Constitucional Positivo*, 25.ª edição, 2005, pág. 505; Alexandre de Moraes, *Direito Constitucional*, 18.ª edição, Editora Atlas, 2005, págs. 424-426; Paulo N. Nogueira da Silva, *Curso de Direito Constitucional*, 3.ª edição, Editora Forense, 2003, págs. 291 ss; André Ramos Tavares, *Curso de Direito Constitucional*, 2.ª edição, Editora Saraiva, 2003, págs. 948-956; José Luiz Quadro de Magalhães, *Direito Constitucional,* tomo II, Mandamentos, 2002, pág. 95; Dayse de Vasconcelos Mayer, *O Presidente da República em Portugal e no* Brasil, Perspectivas Constitucionais, Vol. I, (Org.: Jorge Miranda), Coimbra Editora, 1996, págs. 533-571 e Omar Kadri e *O Executivo Legislador: o Caso Brasileiro,* Stvdia Ivridica – 79, Coimbra Editora, 2004, págs. 63-86.

[91] Todas as disposições legais citadas na presente secção sem qualquer referência expressa ao diploma a que pertencem, são da Constituição da República Federativa do Brasil de 1988.

[92] Nos termos do artigo 2.°, "São Poderes da União, independentes e harmónicos entre si, o Legislativo, o Executivo e o Judiciário".

[93] Manoel Gonçalves Ferreira Filho, *Curso …, ob. cit.,* pág. 223.

[94] Neste sentido, Dayse de Vasconcelos Mayer, *O Presidente …, ob. cit.,* pág. 552.

2.2. A POSIÇÃO CONSTITUCIONAL DO PRESIDENTE DA REPÚBLICA

2.2.1. Eleição, reeleição e mandato presidenciais

A dimensão e a estruturação constitucionais do Presidente da República brasileiro só são compatíveis com um sistema em que a primeira e principal figura do Estado seja eleita, por um lado, por sufrágio universal e directo (artigo 14.°) e, por outro, através de uma maioria expressiva dos cidadãos. Em conformidade, o Presidente da República, e com ele o Vice-Presidente, é eleito por um sistema eleitoral maioritário de duas voltas. Nos termos do artigo 77.°, § 2.°, "será considerado eleito Presidente, o candidato que, registado por partido político, obtiver a maioria absoluta de votos ...", devendo recorrer-se à segunda volta, caso nenhum candidato obtenha maioria absoluta na primeira, a qual concorrem os dois candidatos mais votados, bastando aqui maioria relativa dos votos para que um candidato seja declarado eleito (artigo 77.°, § 3.°). Na eventualidade de algum dos concorrentes à segunda volta se encontrar impedido, por morte, desistência ou impedimento, concorre no seu lugar, de entre os restantes, o que obteve maior votação (artigo 77.°, § 4.°) e, em caso de empate, o mais velho (artigo 77.°, § 5.°). Tal sistema visa impedir que situações externas se traduzam, na prática, na possibilidade de um candidato vir a ser considerado eleito sem que tenha obtido a maioria necessária[95].

Em caso de vagatura de ambos os cargos (Presidente e Vice-Presidente) nos últimos dois anos do período presidencial, a eleição é feita pelo Congresso Nacional, trinta dias após a ocorrência da última vaga (artigo 81.°, § 1.°), caso em que os eleitos completam o período dos seus antecessores (artigo 81.°, § 2.°).

São elegíveis ao cargo de Presidente da República, nos termos dos artigos 12.°, § 3.°, I e 14.°, § 3.°, VI, a), os cidadãos brasileiros de origem[96] desde que possuam pelo menos 35 anos de idade, para além da plenitude de exercício de direitos políticos e da filiação partidária. As candidaturas são apresentadas pelos partidos políticos.

O mandato do Presidente da República é de 4 anos (artigo 82.°)[97] podendo haver reeleição para um único mandato (artigo 14.°, § 5.°)[98].

---

[95] Neste sentido, ANDRÉ RAMOS TAVARES, *Curso ...*, *ob. cit.*, pág. 953.

[96] "Natos", na expressão da CB.

[97] Com a EC n.°5/1994.

Caracterização dos Sistemas de Governo 55

Este processo de eleição confere ao Presidente da República o carácter de órgão detentor de legitimidade democrática directa atribuindo-lhe, em última análise, o estatuto de representante directo do povo.

2.2.2. Substituição e sucessão do Presidente da República

Com o Presidente da República, e nos mesmos termos, é também eleito um Vice-Presidente (artigo 77.°, § 1.°)[99], que o substitui e/ou sucede nos casos de impedimento ou vagatura do cargo, respectivamente (artigo 79.°)[100-101]. Estando ambos (Presidente e Vice-Presidente) impedidos, ou havendo vagatura nos dois cargos são sucessivamente chamados ao exercício da presidência o Presidente da Câmara dos Deputados, o Presidente do Senado Federal e o Presidente do Supremo Tribunal Federal. Em caso de vagatura dos cargos de Presidente e de Vice-Presidente da República, é realizada nova eleição noventa dias depois de aberta a última vaga (artigo 81.°), excepto nos casos acima referidos[102].

Questão interessante é ainda a da competência para a declaração da vagatura face ao silêncio da CB. Sobre ela, entende JOSÉ AFONSO DA SILVA

---

[98] Desde a EC n.° 16/1997. O texto original previa para o Presidente da República um mandato de 5 anos, sendo vedada qualquer reeleição.

[99] Tal situação, como refere JOSÉ AFONSO DA SILVA, "foi a mecânica que o sistema constitucional engendrou para evitar que o Vice-Presidente eleito pertença a partido de oposição ao Presidente"; cfr. *Curso...*, *ob. cit.*, pág. 545; no mesmo sentido se posicionam, entre outros, ANDRÉ RAMOS TAVARES, para quem, com tal formulação "impede-se que o sucessor imediato do Presidente seja de partido oposto, o que poderia inviabilizar parcialmente o bom desempenho das funções presidenciais, especialmente as de Chefe de Estado (que levem o Presidente a ausentar-se do País)" – cfr. *Curso ...*, *ob. cit.*, págs. 954 e 955; e WALTER CENEVIVA, para quem "a dependência eleitoral do Vice-Presidente quanto ao seu cabeça de chapa é conveniente, pois previne que as duas mais altas autoridades do País estejam em posição política de conflito ..."; cfr. *Direito Constitucional Brasileiro*, 2.ª edição, Editora Saraiva, 1991, pág. 184.

[100] Aplica-se também ao Vice-Presidente o que se disse ao respeito do Presidente sobre o modo de eleição, duração do mandato e requisitos de elegibilidade.

[101] A existência de um Vice-Presidente, contudo, tem sido criticada por alguns sectores da doutrina brasileira que o consideram uma "figura dispensável quando não perigosa para a paz e a ordem pública"; cfr. MANOEL GONÇALVES FERREIRA FILHO, *Curso ...*, *ob. cit.*, pág. 228.

[102] Cfr. *supra* 2.2.1.

56 *Autorizações Legislativas e Controlo Parlamentar do Decreto-Lei Autorizado*

que, tratando-se de acto político, deve ser o Congresso Nacional a emitir a respectiva declaração[103]. Deve ainda ser declarado vago o cargo se nenhum dos candidatos o assumir[104].

2.2.3. Competências do Presidente da República

O sistema constitucional brasileiro concentra na figura do Presidente da República as funções de Chefe de Estado e de Chefe do Governo[105] – "Chefe de Estado governante" –, cabendo-lhe nessas qualidades funções específicas, a seguir sumariamente apresentadas.

2.2.3.1. *Chefia do Estado*

À semelhança de diversos textos constitucionais, a CB reserva à figura do Presidente da República um conjunto de competências "próprias" da chefia do Estado.

PAULO NAPOLEÃO NOGUEIRA DA SILVA destaca como funções do Chefe de Estado, entre outras; a) a sanção, a promulgação e o veto; b) as relações com o exterior; c) as mensagens presidenciais; d) o indulto e a comutação; e) o comando das Forças Armadas; e f) a outorga de distinções[106].

Dada a importância para o tema central do presente trabalho, analisemos apenas a primeira.

2.2.3.1.1. *A Sanção, a Promulgação e o Veto*

Sobre a principal actividade do Congresso Nacional (produção de leis) incide um importante poder de controlo do Presidente da República.

---

[103] JOSÉ AFONSO DA SILVA, *Curso* ..., *ob. cit.,* pág. 547.

[104] Situação ocorrida em 1985 com a morte de Tancredo Neves, eleito Presidente da República mas que por razões de saúde não chegou a tomar posse, tendo sido substituído por José Sarney, seu Vice-Presidente. (www.pt.wikipedia.org/wiki/Tancredo_Neves).

[105] Às quais JOSÉ AFONSO DA SILVA acresce a "chefia da Administração Federal"; cfr. *Curso* ..., *ob. cit.,* pág. 542; no mesmo sentido, MANOEL JORGE E SILVA NETO, *Curso Básico de Direito Constitucional*, tomo II, Editora Lúmen júris, 2005, pág. 227.

[106] Cfr. *Curso* ..., *ob. cit.,* págs. 309-313.

Caracterização dos Sistemas de Governo 57

A sanção, a promulgação e o veto (actos cujas naturezas jurídicas não são aqui e agora discutidas), acabam por ser, em última análise, formas de participação do Chefe de Estado no procedimento legislativo desencadeado pelo parlamento. Como refere MANOEL GONÇALVES FERREIRA FILHO, "o direito brasileiro ainda mantém a intervenção do Executivo no aperfeiçoamento da lei, o que foi abandonado por outras Constituições contemporâneas"[107]. Desta intervenção presidencial pode resultar, refere adiante o Autor, "no assentimento – a sanção – ou na recusa – o veto. A sanção é que transforma o projecto aprovado pelo Legislativo em Lei. Por ela fundem-se as duas vontades, a do Congresso e a do Presidente, de cuja conjunção o constituinte quis que resultasse a lei ordinária"[108].

Assim, de acordo com o artigo 84.º, IV e V, compete privativamente ao Presidente da República, por um lado, sancionar, promulgar e fazer publicar as leis e, por outro, vetar os projectos de lei, total ou parcialmente. Significa isto que um projecto de lei aprovado por uma das Câmaras do Congresso Nacional, depois de revisto e aprovado pela outra[109], é enviado ao Presidente da República para sanção. Recebido o diploma, deve o Presidente da República pronunciar-se no prazo de 15 dias úteis contados a partir da data da recepção, podendo vetá-lo, parcial ou totalmente, se o considerar inconstitucional ou contrário ao interesse público[110] (artigo 66.º, § 1.º). O veto parcial abrange apenas o texto integral do artigo, parágrafo, inciso ou alínea vetados (artigo 66.º § 2.º). O silêncio do Presidente por mais de 15 dias implica a sanção tácita do diploma recebido (artigo 66.º § 3.º), caso em que o mesmo deve ser promulgado pelo Presidente do Senado no prazo de quarenta e oito horas ou, em caso de omissão deste, pelo Vice-Presidente do Senado (artigo 66.º § 7.º).

O veto presidencial não é um acto de deliberação negativa de que resulta a rejeição definitiva do projecto[111], podendo ser superado pelo

---

[107] MANOEL GONÇALVES FERREIRA FILHO, *Do Processo Legislativo*, Editora Saraiva, 3.ª edição, 1995, pág. 209.

[108] *Idem.*

[109] Em caso de rejeição do projecto de lei pela Câmara revisora, este, de acordo com o artigo 65.º, é arquivado. Se o projecto for alterado deverá voltar à "Casa iniciadora".

[110] Sobre os fundamentos do exercício do direito de veto, cfr. OMAR KADRI, *O Executivo ...*, *ob. cit.*, págs. 84-86.

[111] Assim, MANOEL GONÇALVES FERREIRA FILHO, *Do Processo ...*, *ob. cit.*, pág. 219.

58 *Autorizações Legislativas e Controlo Parlamentar do Decreto-Lei Autorizado*

Congresso Nacional desde que, no prazo de trinta dias contados a partir da sua recepção, seja apreciado em sessão conjunta das duas Câmaras e rejeitado por uma maioria absoluta dos Deputados e Senadores, num processo de votação secreta (artigo 66.° § 4.°). Em caso de superação do veto pelo Congresso Nacional, o projecto é enviado ao Presidente da República para promulgação (artigo 66.° § 5.°).

2.2.3.2. *Chefia do Governo*

Da leitura do artigo 76.° resulta a primeira e mais importante nota caracterizadora do sistema de governo brasileiro: o poder executivo é unipessoal, é do Presidente da República. Isto significa, antes de mais, que, apesar de "auxiliado" pelos Ministros do Estado, permanece intocável a natureza e a estrutura monista do Executivo, sendo o Presidente da República o seu expoente máximo. Nesta qualidade, o Presidente da República possui amplos poderes, sendo aqui destacados alguns:

a) Nomeação e exoneração dos Ministros de Estado

A natureza presidencial do sistema de governo e a estrutura monista do Executivo fazem do poder de nomeação dos Ministros de Estado um poder exclusivo e livre do Presidente da República. Não há, no plano formal, qualquer influência dos resultados das eleições legislativas no processo de nomeação presidencial dos Ministros de Estado. Há, pelo contrário, uma ampla margem de discricionariedade e de autonomia do Presidente da República na escolha dos seus Ministros de Estado, situação que revela a sua indiscutível proeminência.

2.2.4. **Responsabilidade do Presidente da República**

Como é típico nos sistemas presidenciais, o Executivo brasileiro não responde, em termos de responsabilidade política, perante o Congresso Nacional. Não há, por isso, pela via da responsabilização política, a possibilidade deste destituir aquele. Daí que falar de responsabilidade do

Presidente da República brasileiro, enquanto Chefe do Governo, é falar de responsabilidade criminal[112].

O artigo 85.° enumera, a título meramente exemplificativo, os actos criminosos pelos quais pode ser responsabilizado[113]. Nos casos dos crimes de responsabilidade, a acusação é feita pela Câmara dos Deputados mediante deliberação aprovada por dois terços dos Deputados, sendo o julgamento feito perante o Senado Federal (artigo 86.°) sob a presidência do Presidente do Supremo Tribunal Federal (artigo 52.°, parágrafo único). A instauração do processo pelo Senado Federal tem como consequência directa e imediata a suspensão de funções pelo Presidente da República (artigo 86.°, § 1.°, II), podendo a mesma ir até aos cento e oitenta dias, caso o julgamento não esteja concluído, sem prejuízo do regular prosseguimento do processo (artigo 86.°, § 2.°). A condenação, que deve ser aprovada por dois terços dos votos do Senado Federal, implica a perda do cargo, com inabilitação para o exercício de função pública durante oito anos (artigo 52.°, parágrafo único).

2.2.5. Os Ministros de Estado[114]

Os Ministros de Estado são auxiliares imediatos do Presidente da República na tarefa de administração federal, sendo por ele livremente nomeados e exonerados[115]. São requisitos para o exercício desta função:

---

[112] OMAR KADRI fala aqui em "responsabilidade política objectiva" (cfr. *O Executivo ..., ob. cit.,* pág. 66), concluindo, embora, de forma inequívoca, que "o Presidente da República é irresponsável politicamente (responsabilidade institucional) perante o Congresso Nacional" (pág. 69).

[113] Pelos actos estranhos ao exercício das suas funções não pode o Presidente da República ser responsabilizado na vigência do seu mandato (artigo 86.°, § 4.°).

[114] A expressão "Ministro de Estado" é usada para três categorias: a) para os auxiliares do Presidente da República responsáveis por departamentos governativos (os "membros do Governo"); b) para os ministros diplomáticos, pertencentes à carreira diplomática; e c) para os "ministros judiciários", os membros do Supremo Tribunal Federal, dos Tribunais Superiores e os membros do Tribunal de Contas da União.

[115] Como refere PAULO NAPOLEÃO NOGUEIRA DA SILVA, essa qualidade de auxiliar imediato do Presidente da República é um cargo de confiança sendo, por isso, "demissíveis *ad nutum* – a qualquer tempo, e sem necessidade de explicações – e cujo exercício ou actuação não gera qualquer direito além da percepção do salário enquanto estiver no respectivo exercício"; cfr. *Curso ..., ob. cit.,* pág. 496.

60 *Autorizações Legislativas e Controlo Parlamentar do Decreto-Lei Autorizado*

a) nacionalidade brasileira; b) idade superior a vinte e um anos; e c) ausência de impedimentos ao pleno exercício de direitos políticos.

De entre os diversos actos praticados pelos Ministros, assume particular relevo, para além da direcção do seu departamento governativo, a referenda dos actos e Decretos assinados pelo Presidente da República, (artigo 87.°, parágrafo único, I), tornando-os solidariamente responsáveis pelas medidas adoptadas. São, por isso, peças vitais para o exercício do poder presidencial uma vez que todos os actos da Presidência da República não referendados serão inválidos. A CB não o exige formalmente, mas tem sido entendimento geral que a referenda deve ser feita pelo Ministro de Estado da área administrativa a que se refere o acto presidencial.

Os Ministros de Estado podem ainda, mediante delegação, exercer algumas competências primariamente reservadas ao Presidente da República, sem extinção da responsabilidade presidencial sobre os mesmos[116-117].

Os Ministros do Estado, bem como qualquer titular de órgão directamente subordinado à Presidência da República, podem ser convocados por qualquer uma das Câmaras do Congresso Nacional para prestarem informações sobre assunto previamente determinado. A ausência sem justificação adequada implica crime de responsabilidade.

2.2.6. O Relacionamento inter-orgânico entre o Presidente e o Congresso

Profundamente inspirada no princípio da separação de poderes, a CB afirma desde cedo a sua inclinação para a necessidade permanente de contactos institucionais entre os Poderes da União. Logo no seu artigo 2.°, a

---

[116] Neste sentido, WALTER CENEVIVA, *Direito* ..., *ob. cit.*, pág. 191.

[117] Nos termos do artigo 84.°, parágrafo único, a delegação encontra-se materialmente limitada aos actos previstos nos incisos VI, XII XXV, primeira parte, do referido artigo. São eles, respectivamente, (VI) dispor mediante decreto sobre: a) organização e funcionamento da administração federal, quando não implicar aumento de despesa nem criação ou extinção de órgãos públicos; b) extinção de funções ou cargos públicos, quando vagos. (XII) conceder indulto e comutar penas, com audiência, se necessário, dos órgãos instituídos por lei. (XXV) prover e extinguir os cargos públicos federais, na forma da lei.

Caracterização dos Sistemas de Governo 61

CB impõe não apenas a independência, mas também a harmonia entre o Presidente da República e o Congresso Nacional. É, pois, fundamental à compreensão do sistema de governo brasileiro uma leitura dos poderes constitucionais de contacto entre ambos.

Tanto o Presidente da República quanto o Congresso Nacional têm, no domínio das suas competências, esferas de inter-comunicação e inter--penetrações recíprocas das quais depende a optimização, o funcionamento prático e eficiente do sistema presidencial brasileiro.

Há aqui uma relação de complementaridade no que respeita às típicas actividades de cada um, decorrentes do princípio da separação de poderes. Senão vejamos: o Congresso Nacional colabora na função executiva de formas diversas: a) referenda os tratados, convenções e actos internacionais celebrados pelo Presidente da República (artigo 84.°, VIII); b) aprecia anualmente as contas referentes ao exercício anterior apresentadas pelo Presidente da República (artigos 71.°, I e 84.°, XXIV); c) delega competências ao Presidente da República para a elaboração de leis delegadas (artigo 68.°)[118]; e d) aprova iniciativas do Poder Executivo referentes a actividades nucleares (artigo 49.°, XIV), entre outras.

De igual modo, o Presidente da República colabora com o Congresso Nacional. Apenas alguns exemplos: a) participa no procedimento legislativo parlamentar (iniciativa, sanção, promulgação e publicação).

Noutro domínio, também o controlo recíproco entre ambos se apresenta como um aspecto fundamental do desenho do sistema presidencial do Brasil. Temos, por um lado, o Congresso Nacional (Câmara dos Deputados e Senado Federal) a controlar os actos normativos do Presidente da República que exorbitem o poder regulamentar ou os limites da delegação legislativa (artigo 49.°, V), a fiscalizar e controlar os actos do Poder Executivo, incluídos os da administração indirecta (artigo 49.°, X) ou a destituir o Presidente da República por via do julgamento por crimes de responsabilidade (artigos 85.° e 86.°) e, por outro, o Presidente da República cujos poderes negativos se reconduzem, essencialmente, ao poder de veto, total ou parcial, sobre os projectos de lei aprovados pelo Congresso (artigo 84.°, V).

---

[118] Esta delegação do poder de legislar, conhecida, entre nós, por autorização legislativa, é feita por meio de Resolução do Congresso Nacional.

3. SÍNTESE COMPARATIVA

Da exposição feita acerca dos sistemas de governo semipresidencial português e presidencial brasileiro podemos, em síntese, retirar as seguintes conclusões comparativas:

a) Tanto num sistema como no outro o Presidente da República possui legitimidade democrática directa. Ambos são eleitos por sufrágio universal e directo, através de um sistema eleitoral maioritário de duas voltas. No sistema brasileiro, contudo, o Presidente é eleito conjuntamente com um Vice-Presidente, que o substitui e sucede em caso de impedimento ou vagatura. Já no sistema português, a substituição do Presidente da República é feita pelo Presidente da Assembleia da República;

b) Ambos os Presidentes da República desempenham as típicas funções de Chefe de Estado, possuindo também poderes de intervenção nos domínios das forças armadas e da política externa;

c) O Executivo brasileiro é unipessoal enquanto o português é colegial. No Brasil, o Executivo é o Presidente da República ("Chefe de Estado Governante") ao passo que em Portugal o Executivo é chefiado pelo Primeiro-Ministro (figura inexistente no sistema brasileiro) e delibera em Conselho de Ministros. O Presidente da República português não exerce competências executivas, não podendo ser considerado, contudo, um poder simbólico;

d) Ambos os Presidentes da República não são politicamente responsáveis perante o parlamento, não podendo, por esta via, serem por este destituídos. Nos casos de responsabilidade criminal, pode o Presidente da República brasileiro ser destituído pelo Senado Federal (*impeachment*), que para o efeito se transforma em Tribunal, não acontecendo o mesmo no modelo português;

e) Nos termos da Constituição brasileira, os Ministros de Estado, enquanto auxiliares do Presidente da República, são por este livremente nomeados e exonerados, não havendo interferência parlamentar. No sistema constitucional português, pelo contrário, o Primeiro-Ministro é nomeado pelo Presidente da República de acordo com os resultados das eleições legislativas e os restantes membros do Governo são nomeados pelo Presidente da República sob proposta do Primeiro-Ministro. A margem de discricionariedade é notoriamente maior no sistema brasileiro do que no português;

Caracterização dos Sistemas de Governo 63

f) O Governo português é politicamente responsável perante a Assembleia da República, podendo ser destituído por via da moção de censura ou do voto de confiança;

g) O Presidente da República em Portugal tem importantes poderes de moderação ou racionalização do funcionamento do sistema, podendo mesmo, em situação de crise política, dissolver a Assembleia da República. O Presidente brasileiro não pode, em situação alguma, dissolver o Congresso Nacional;

h) Ambos os Presidentes da República intervêm na fase final do procedimento legislativo parlamentar através da promulgação dos diplomas aprovados pelos respectivos parlamentos;

i) Ambos os textos constitucionais consagram o poder de veto presidencial, embora com contornos jurídicos diferentes; e

j) Em qualquer um dos países a competência legislativa não é exclusiva do Parlamento. No modelo brasileiro também o Presidente da República a possui, nos casos da Lei delegada e das medidas provisórias, e, no sistema português, tem-na o Governo, originariamente ou mediante autorização legislativa.

CAPÍTULO III
O Direito Constitucional Angolano. Passado e presente

Ponto prévio: Considerações Gerais

Dois grandes períodos constitucionais marcam a vivência política pós-colonial angolana: o período revolucionário (1975-1991) e o período de transição democrática (1992 – aos nossos dias)[119]. Um e outro motivados não só por um conjunto de factores políticos, económicos, sociais e culturais internos, mas também pelo contexto e interferências internacionais[120]. Aliás, já o próprio processo da luta de libertação nacional, iniciado em Fevereiro de 1961, se mostrara refém do contexto internacional, sobretudo pelas acentuadas rivalidades geopolíticas da Guerra-fria[121-122]. Os três movimentos de libertação nacional[123] estiveram sempre longe de um dese-

---

[119] Na nossa perspectiva, só com a aprovação de um novo texto constitucional se conseguirá pôr fim à actual fase de transição.

[120] Para mais sobre o assunto cfr., entre outros, MANUEL JORGE, *Para Compreender Angola*, Publicações Dom Quixote, págs. 89 ss.; ARMANDO MARQUES GUEDES *et. al.*, *Pluralismo e Legitimação. A Edificação Jurídica Pós-Colonial de Angola*, Almedina, 2003, págs. 218 ss. e TONY HODGES, *Angola – Do Afro-Estalinismo ao Capitalismo Selvagem*, Principia, 2002, págs. 26-29. Falando sobre o conflito entre os três movimentos de libertação antes e depois da independência, TONY HODGES refere que "este conflito foi exacerbado pela intervenção externa, motivada não pela concorrência para controlar os recursos naturais de Angola, petrolíferos e outros, mas sim pelas rivalidades geopolíticas da Guerra fria e pela determinação do regime racista da África do Sul em impedir o apoio angolano aos nacionalistas da Namíbia, a sul do território angolano" (pág. 26).

[121] Contam-se intervenções estrangeiras directas da ex-União das Repúblicas Socialistas Soviéticas (URSS), de Cuba, dos Estados Unidos da América, da África do Sul e do ex-Zaire.

[122] Sobre a interferência dos Estados Unidos da América, cfr. GEORGE WRIGHT, *A Destruição de Um País – A política dos Estados Unidos para Angola desde 1945*, Editorial Nzila, 2000.

[123] O MPLA, fundado aos 10 de Dezembro de 1956, a Frente Nacional de Libertação de Angola (FNLA), fundada em 1962 e a União Nacional para a Independência Total de Angola (UNITA), fundada em 1966.

jável consenso na luta contra o colonialismo português que, ao contrário de outras potências colonizadoras – Grã-Bretanha e França –, até 1974, não se mostrara disposto a promover uma transição democrática nas colónias africanas[124].

Com a proclamação da independência a 11 de Novembro de 1975 pelo Presidente do MPLA, ANTÓNIO AGOSTINHO NETO, marcando o culminar de um turbulento processo de transição para a independência, as decisões impunham-se e, antes delas, as opções. Um dia antes, ainda num clima de fervor revolucionário, o Comité Central do MPLA aprovara "por aclamação" a primeira Constituição angolana (e com ela a Lei da Nacionalidade).

Assumido o poder, o MPLA adoptou o marxismo-leninismo como ideologia oficial.

Este período, aqui denominado revolucionário, foi caracterizado pela adopção de duas grandes opções estratégicas, como aspectos fundamentais da "ideologia oficial do poder"[125]:

a) Consagração de um sistema económico que privilegia a apropriação colectiva dos meios de produção[126], sendo o Estado o principal agente económico e simultaneamente o orientador e planificador de toda a actividade económica (artigo 8.º LC/75); e

b) Consagração de um sistema político de concentração de poderes, assente num sistema de partido único[127-128].

---

[124] Cfr., neste sentido, TONY HODGES, *Angola ...*, *ob. cit.*, pág. 24.

[125] No sentido referido por PAULO OTERO, *A Democracia Totalitária*, Principia, 2001, pág. 24.

[126] Recorde-se que a LC/75 consagrava, no seu artigo 9.º, a coexistência dos sectores público e cooperativo, bem como, no artigo 10.º, a necessidade de reconhecimento, protecção e garantia das actividades e a propriedade privada.

[127] Sobre a caracterização do Estado de partido único no quadro do "Estado de legalidade socialista", cfr. MARCELO REBELO DE SOUSA, *Os Partidos Políticos no Direito Constitucional Português*, Livraria Cruz – Braga, 1983, págs. 38-43.

[128] Para além destes dois elementos, JORGE BACELAR GOUVEIA fala, a propósito do que chama de "traços comuns" dos sistemas constitucionais dos Países Africanos de Língua Oficial Portuguesa, na existência de um sistema social caracterizado pela "prevalência dos direitos económicos e sociais, como instrumentos de "desalienação do homem", em detrimento dos direitos e liberdades políticos e civis, num forte monismo ideológico e partidário"; cfr. *Sistemas Constitucionais Africanos de Língua Portuguesa: A caminho de um paradigma*, Themis, RFDUNL, Edição Especial, Almedina, 2006, pág. 128. Tal visão,

De facto, afirmando o princípio da soberania popular no quadro de uma democracia monopartidária, a LC/75 reconhece ao MPLA, enquanto "legítimo representante" do povo angolano, "a direcção política, económica e social da Nação" (artigo 2.°). Lê-se ainda, no artigo 3.°, que "às massas populares é garantida uma ampla e efectiva participação no exercício do poder político, através da consolidação, alargamento e desenvolvimento das formas organizativas de poder popular".

Na sua apreciação acerca dos elementos comuns dos sistemas constitucionais instituídos pelas primeiras Constituições dos países africanos de língua portuguesa, JORGE MIRANDA destaca os seguintes elementos:

a) Concepção monista do poder e institucionalização de partido único (...);
b) Abundância de fórmulas ideológico-proclamatórias e de apelo às massas populares;
c) Empenho na construção do Estado – de um Estado director de toda a sociedade;
d) Compreensão acentuada das liberdades públicas, em moldes autoritários e até, em alguns casos, totalitários;
e) Organização económica de tipo colectivizante; e
f) Recusa de separação de poderes a nível da organização política e primado formal da assembleia popular nacional[129].

---

se correcta à luz dos textos constitucionais de alguns países africanos de expressão portuguesa, não parece encontrar respaldo na LC/75. Com efeito, a primeira Lei Constitucional angolana no seu catálogo sobre "direitos e deveres fundamentais" reconhece um conjunto de direitos, liberdades e garantias fundamentais como sejam, entre outros, o direito à vida e à integridade pessoal (artigo 17.°), o princípio da igualdade e proibição de qualquer tipo de distinção entre os cidadãos (artigo 18.°), a participação política (artigo 20.°), a liberdade de expressão, reunião e associação (artigo 22.°), a garantia do direito de defesa (artigo 23.°), inviolabilidade de domicílio e sigilo de correspondência (artigo 24.°), etc.

[129] JORGE MIRANDA, *Manual ... ob. cit.*, tomo I, 7.ª Edição, págs. 240 e 241.

68 *Autorizações Legislativas e Controlo Parlamentar do Decreto-Lei Autorizado*

1. O SISTEMA DE GOVERNO NA HISTÓRIA CONSTITUCIONAL ANGOLANA

1.1. A Lei Constitucional de 11 de Novembro de 1975 (LC/75)[130]

Influenciada pela ideologia política[131] assumida pelo MPLA, enquanto Movimento proclamador da independência[132], a Lei Constitucional angolana de 1975[133] adoptou um modelo de organização do Estado marxista-leninista enquadrado na família constitucional[134] de matriz soviética[135], cujas linhas orientadoras foram enunciadas logo no discurso de proclamação da independência e os objectivos enfatizados no artigo 1.º da LC/75[136].

---

[130] A Lei Constitucional de 1975, bem como as suas sucessivas alterações, pode ser encontrada em Adérito Correia e Bornito de Sousa, *Angola – História Constitucional*, Almedina, 1996.

[131] Concordamos com a definição de Armando Marques Guedes para quem "as ideologias seriam sempre versões simplificadas das teorias e das doutrinas relativas à detenção e ao exercício do poder, com mira à sua aceitação pelo comum das pessoas e à implantação no meio social"; cfr. *Ideologias* ..., *ob. cit.*, pág. 17.

[132] Recorde-se que, a 11 de Novembro de 1975, a FNLA e a UNITA proclamaram, na cidade do Huambo, a "República Democrática de Angola", a qual veio a ter uma duração bastante efémera.

[133] Doravante designada por LC/75.

[134] Usamos aqui a expressão "família constitucional" como, citando Carlos Blanco de Morais, "um agrupamento sistemático de Constituições ou de experiências constitucionais, em torno de elementos relevantes, dotados de identidade ou semelhança"; cfr. *Tópicos sobre a Formação de uma Comunidade Constitucional Lusófona*, AB VNO AD OMNES 75 anos da Coimbra Editora, Coimbra Editora, 1998, pág. 56.

[135] Sobre os sistemas constitucionais de matriz soviética cfr., entre outros, Jorge Miranda, *Manual* ..., *ob. cit.*, tomo I, 7.ª Edição, págs. 183-197; Armando Marques Guedes, *Ideologias* ..., *ob. cit.*, págs. 223-262 e Paulo Otero, *A Democracia* ..., *ob. cit.*, págs. 108-123.

[136] De acordo com o artigo 1.º da LC/75, "a República Popular de Angola é um Estado soberano, independente e democrático, cujo primeiro objectivo é a total libertação do Povo Angolano dos vestígios do colonialismo e da dominação e agressão do imperialismo e a construção dum país próspero e democrático, completamente livre de qualquer forma de exploração do homem, materializando as aspirações das massas populares".

Como enfatizam Adérito Correia e Bornito de Sousa, "a influência dos princípios políticos da III Internacional[137], e as concepções marxistas-leninistas estavam, assim, reflectidas na Constituição de 11 de Novembro de 1975, traduzindo a concepção Partido-Estado Nação"[138].

1.1.1. Órgãos do Poder Político

No seu título III "Dos Órgãos do Estado", a LC/75 consagra quatro órgãos do poder político: o Presidente da República (capítulo I), a Assembleia do Povo (capítulo II), o Conselho da Revolução (capítulo III) e o Governo (capítulo IV). Analisemos um a um[139].

1.1.1.1. *O Presidente da República*[140]

1.1.1.1.1. *Preliminares*

Coerente com um modelo de organização do Estado assente num sistema de partido único – em que ao MPLA era reservado um lugar estrutural importantíssimo no aparelho do Estado –, o artigo 31.º estabelece no seu primeiro parágrafo que "o Presidente da República Popular de Angola é o Presidente do MPLA". Resulta daí que lógica e, sendo possível uma separação temporal, cronologicamente o Presidente do MPLA antecede ao Presidente da República, ou seja, é com a designação daquele que se designa este. O Presidente da República é o Chefe de Estado e, nesta qualidade, é o representante máximo da "Nação Angolana" (artigo 31.º).

---

[137] A III Internacional é a Internacional Comunista; cfr., para mais, Armando Marques Guedes, *Ideologias* …, *ob. cit.,* pág. 256, nota de rodapé n.º 587.

[138] *Angola* …, *ob. cit.,* pág. 23.

[139] A adopção de um *Estado de partido único* e, por consequência, a enorme dificuldade de separação entre as estruturas partidárias e os órgãos do Estado implicaram a atribuição constitucional de "importantes tarefas do Estado" a entes partidários.

[140] A LC/75 dedica ao Presidente da República apenas três artigos, embora existam referências às suas competências fora do capítulo correspondente.

70 Autorizações Legislativas e Controlo Parlamentar do Decreto-Lei Autorizado

1.1.1.1.2. Competências do Presidente da República

Resulta do texto constitucional uma *posição de supremacia do Presidente da República* em relação aos demais órgãos do Estado. Ele é o ponto central do exercício do poder político, na medida em que preside ao Conselho da Revolução (artigo 32.°, alínea a)), órgão a quem compete definir e orientar a política interna e externa do país (artigo 38.°, alínea b)) que é executada pelo Governo, enquanto órgão executivo (artigo 40.°). O próprio Presidente da República, conjuntamente com o Conselho da Revolução, orienta a condução da política do Estado (artigo 40.°). Há, assim, uma dupla possibilidade de intervenção do Presidente da República nos processos de definição e condução da política do Estado: em primeiro lugar, como líder do Conselho da Revolução (na definição das políticas); em segundo lugar, quanto à sua execução, enquanto Presidente da República – órgão unipessoal – e como presidente do Conselho da Revolução. Esta posição suprema, interventora e coordenadora do Presidente da República é consolidada pela obrigatoriedade de participação, por meio de assinatura, nos decretos do Governo e os decretos regulamentares dos Ministros.

Enquanto Chefe do Estado, o Presidente da República confere posse aos membros do Governo e aos Comissários Provinciais, nomeados pelo Conselho da Revolução, declara a guerra e faz a paz após autorização do Conselho da Revolução, dirige a defesa nacional, bem como indulta e comuta penas.

No que respeita ao exercício da função legislativa, a intervenção do Presidente da República é visível em três níveis. Por um lado (a montante), enquanto Presidente da República – órgão a quem compete orientar a condução da política nacional – e do MPLA[141], num segundo momento (concomitantemente), enquanto Presidente do Conselho da Revolução participa e influencia de modo determinante a discussão dos projectos de lei e, por fim (a jusante), pela promulgação das leis aprovadas pelo Conselho da Revolução (artigo 32.°, alínea e)).

O Presidente da República "dirige a defesa nacional" (artigo 32.°, alínea f)), sendo o Comandante em Chefe das FAPLA, "braço armado do Povo", que funciona "sob direcção do MPLA" (artigo 6.°). Nesta qualidade, compete-lhe nomear e demitir os responsáveis militares de escalão superior.

---

[141] Não sendo, por isso, negligenciável a forte capacidade de influência sobre as principais opções partidárias e a acentuada disciplina partidária.

1.1.1.2. *A Assembleia do Povo*

A Assembleia do Povo é o órgão supremo do Estado na República Popular de Angola (artigo 34.°). Pouco mais há na LC/75 sobre este órgão, situação que resulta do facto de, embora formalmente prevista, o processo para sua instituição ter sido concluído apenas em 1980. Aliás, de acordo com o artigo 35.°, "enquanto não se verificar a total libertação do território nacional e não estiverem preenchidas as condições para a instituição da Assembleia do Povo, o órgão supremo do poder do Estado é o Conselho da Revolução". É sobre ele que passamos a falar.

1.1.1.3. *O Conselho da Revolução*

O Conselho da Revolução, órgão supremo do poder do Estado durante a inexistência da Assembleia do Povo, era presidido pelo Presidente da República e constituído pelos membros do Bureau Político do MPLA, pelos membros do Estado-Maior General das FAPLA[142], pelos membros do Governo designados para o efeito pelo MPLA, pelos Comissários Provinciais[143] e pelos Chefes de Estados-Maiores e Comissários Políticos das Frentes Militares (artigo 36.°).

Ao Conselho da Revolução competia exercer a função legislativa[144], que podia ser delegada no Governo (artigo 38.°, alínea a)), definir a política interna e externa do país e aprovar o Orçamento Geral do Estado e o Plano Económico elaborados pelo Governo.

---

[142] Forças Armadas Populares de Libertação de Angola. Para mais sobre as FAPLA cfr. MANUEL JÚNIOR, *Forças Armadas Populares de Libertação de Angola – 1.° Exercito Nacional (1975-1992)*, Prefácio, 2007.

[143] Os Comissários Provinciais eram, ao nível provincial, os representantes directos do Conselho da Revolução e do Governo (artigo 48.°).

[144] Convém realçar, contudo, que, embora não fosse formalmente um órgão do Estado, era ao Comité Central do MPLA que competia modificar a Lei Constitucional enquanto não fosse criada a Assembleia do Povo. Isto é, a substituição da Assembleia do Povo no exercício desta competência era feita por um órgão partidário e não por um órgão do Estado (num quadro em que, reconheça-se, não se afigura fácil distinguir órgão do Estado de órgão estritamente partidário). Diz o artigo 57.° que "*até à criação da Assembleia com poderes constituintes* (entenda-se, Assembleia do Povo), *a modificação da presente Lei Constitucional só poderá ser feita pelo Comité Central do MPLA*".

Os membros do Governo, bem como os Comissários Provinciais, eles próprios membros do Conselho da Revolução[145], eram por este nomeados e exonerados. Contudo, este poder de nomeação era um mero poder formal na medida em que era partilhado com o MPLA, a quem competia indicar as pessoas a nomear ou exonerar. Uma tal partilha no processo de nomeação dos membros do Governo, nos termos da configuração constitucional, permite levantar, pelo menos no plano teórico – talvez não só –, a questão de saber se podia o Conselho da Revolução recusar nomear ou exonerar um membro do Governo. A leitura que fazemos da LC/75 leva--nos a concluir pela impossibilidade de recusa pelo Conselho da Revolução de nomeação ou de exoneração de um membro nos termos indicados pelo MPLA. Com efeito, essa indicação tem, em nosso entender, um carácter vinculativo, ficando o Conselho da Revolução sem espaço de manobra para a adopção de uma postura diferente.

1.1.1.4. *Governo*

O Governo é constituído pelo Primeiro-Ministro, pelos Ministros e pelos Secretários de Estado, ambos nomeados pelo Conselho da Revolução, sob indicação do MPLA, e empossados pelo Presidente da República.

Apesar de toda uma construção constitucional marcada pela omnipresença da figura do Presidente da República, não deixa de merecer realce, na análise da configuração constitucional do Governo, a figura do Primeiro-Ministro[146]. Nos termos do segundo parágrafo do artigo 39.º, "o Governo é presidido pelo Primeiro-Ministro", dando-lhe uma aparência de sistema de governo semipresidencial[147], introduzindo uma "hipotética bicefalia"[148] e levantando dúvidas sobre a sua autonomia executiva face

---

[145] No caso dos membros do Governo, apenas aqueles para efeito designados pelo MPLA.

[146] O facto de a LC/75 atribuir expressamente a chefia do Governo ao Primeiro-Ministro leva CARLOS FEIJÓ a considerar que a mesma (a Constituição) "não era de todo em todo de inspiração marxista-leninista"; cfr. *O Semi-Presidencialismo em Angola ...*, *ob. cit.*, pág. 31.

[147] Falamos aqui em "aparência de semipresidencialismo" porque nele só se pode verdadeiramente falar nos sistemas de democracia pluripartidária.

[148] Na linguagem de ARMANDO MARQUES GUEDES *et al.*, *Pluralismo ...*, *ob. cit.*, pág. 227.

ao Presidente da República. Nada mais se diz, contudo, sobre as competências do Primeiro-Ministro, não sendo, por isso, indigno de realce o quase absoluto esquecimento da figura constitucional do presidente do governo, pelo constituinte.

Um olhar unitário e sistemático em torno da LC/75 aconselha-nos uma interpretação hábil do citado preceito. Com efeito, o entendimento da presidência do Governo conferida ao Primeiro-Ministro anda algo distante da efectiva coordenação e comando das actividades executivas[149]. Os exactos termos do relacionamento inter orgânico, sustentado por uma evidente concentração de poderes, sugere uma indiscutível proeminência do Presidente da República na direcção e na condução das políticas do Estado, sendo o Primeiro-Ministro, em relação aos restantes membros do Governo, não mais do que um *primus inter pares*. Não há sequer indícios constitucionais de intervenção do "Presidente do Governo" no processo de nomeação dos demais membros do órgão executivo.

Ao Governo compete conduzir a política interna e externa, convém reafirmar, sob a orientação do Conselho da Revolução e do Presidente da República. Compete-lhe ainda superintender a actividade da administração pública, garantir a segurança das pessoas e bens, elaborar o Orçamento Geral do Estado e o Plano Económico e executá-los após a aprovação pelo órgão competente.

Os Ministros têm poder regulamentar tanto sobre as leis do Conselho da Revolução como sobre os decretos do Governo.

Não há qualquer referência à existência de um Conselho de Ministros ou órgão com semelhante natureza.

1.1.2. Relacionamento inter-orgânico

Afigura-se algo formal abordar o relacionamento entre os órgãos do poder político num sistema de forte pendor marxista-leninista, baseado no princípio da unidade do poder do Estado e em que a distribuição dos poderes obedece a uma lógica monopartidária de concentração de poderes.

---

[149] Algo que veio a ser confirmado logo nas primeiras alterações constitucionais, como veremos.

A caracterização formal do relacionamento entre os órgãos do Estado na LC/75 apresentava os seguintes traços característicos principais[150]:

a) Presidente da República e Conselho da Revolução

- O Presidente da República preside ao Conselho da Revolução e orienta os seus trabalhos;
- Ambos partilham o exercício de certas competências, nomeadamente: a) a declaração de guerra e a feitura da paz, que, enquanto actos do Presidente da República, carecem da autorização do Conselho da Revolução; b) a orientação da actividade do Governo enquanto órgão condutor da política interna e externa do Estado é feita por ambos;
- As leis aprovadas pelo Conselho da Revolução devem ser promulgadas pelo Presidente da República;
- Nas suas ausências ou impedimentos temporários o Presidente da República é substituído por um membro do Conselho da Revolução, por si indicado. Em caso de morte, renúncia ou impedimento permanente cabe ao Conselho da Revolução designar, de entre os seus membros, quem exercerá provisoriamente o cargo de Presidente da República (artigo 33.°); e
- A LC/75 permite ainda que o Conselho da Revolução confira outras funções ao Presidente da República (artigo 32.°, alínea i)).

b) Presidente da República e Governo

- O Presidente da República orienta o Governo na condução da política do Estado; e
- Confere posse ao Primeiro-Ministro e aos membros do Governo e assina e manda publicar os decretos regulamentares dos Ministros.

---

[150] Pelas razões acima expostas é excluída da presente análise a Assembleia do Povo; cfr. supra, ponto 1.1.1.2.

c) O Conselho da Revolução e o Governo

– As políticas interna e externa do país são definidas pelo Conselho da Revolução e conduzidas pelo Governo;
– O Conselho da Revolução orienta (conjuntamente com o Presidente da República) o Governo na condução da política do Estado;
– Compete ao Conselho da Revolução nomear e exonerar o Primeiro-Ministro e os restantes membros do Governo (sob indicação do MPLA);
– O Governo pode exercer função legislativa mediante delegação do Conselho da Revolução; e
– O Orçamento Geral do Estado e o Plano Económico são elaborados pelo Governo e aprovados pelo Conselho da Revolução.

1.2. AS METAMORFOSES DA LEI CONSTITUCIONAL DE 1975

A Lei Constitucional de 1975 sofreu duas alterações, uma em 1976 e a outra em 1977. Ambas foram feitas pelo Comité Central do MPLA, nos termos do artigo 57.°, e têm de comum o facto de não terem sido incorporadas na Constituição formal, tratando-se, no dizer de ADÉRITO CORREIA e BORNITO DE SOUSA, de "alterações tácticas"[151].

1.2.1. **A primeira revisão constitucional. A Lei n.° 71/76, de 11 de Novembro**[152]

A primeira alteração, que teve lugar em Novembro de 1976, pouco menos de um ano após o início de vigência da LC/75, foi feita na 3.ª Reunião Plenária do Comité Central do MPLA, marcada pela opção política e económica pela "via socialista de desenvolvimento". Em conformidade, as primeiras alterações constitucionais daí resultantes traduziram-se

---

[151] *Angola ..., ob. cit.,* pág. 25.
[152] Aprovada pelo Comité Central do MPLA no seu 3.° Plenário (Preâmbulo da Lei n.° 71/76, de 11 de Novembro).

em dois aspectos essenciais, como referem ADÉRITO CORREIA e BORNITO DE SOUSA: o reforço dos poderes e do papel do Presidente da República e o reforça do papel dirigente do MPLA[153]. Para além desses, podemos verificar um relativo enfraquecimento do Conselho da Revolução. Vejamos.

a) Reforço dos poderes e do papel do Presidente da República

De acordo com a Lei n.º 71/76, de 11 de Novembro, o Presidente da República passa a integrar o Governo[154] (artigo 6.º) sendo-lhe atribuída a presidência do Conselho de Ministros (artigo 4.º)[155]. O Presidente da República deixa, por isso, de assinar os decretos regulamentares dos Ministros. O Governo deixa de ser presidido pelo Primeiro-Ministro, passando, agora também formalmente, o Presidente da República a assumir tal posição[156]. O poder de nomeação e exoneração dos Comissários Provinciais é retirado ao Conselho da Revolução e atribuído ao Presidente da República[157-158]. Também o poder para decretar o estado de sítio ou o estado de emergência sai da esfera do Conselho da Revolução para a do Presidente da República.

---

[153] *Angola ..., ob. cit.*, pág. 24.

[154] São ainda criadas ao nível do Governo as figuras dos Vice-Primeiros-Ministros e dos Vice-Ministros, para além de aberta a possibilidade de, por via de lei, serem criadas outras categorias de membros do Governo.

[155] Sendo esta a única referência ao Conselho de Ministros.

[156] Como referem ARMANDO MARQUES GUEDES *et al.*, "a explicação aduzida para a nova repartição de poderes preferida prendia-se com o facto de a prática constitucional ter demonstrado que a existência de um Primeiro-Ministro com autonomia executiva face ao Presidente da República criava tensões insustentáveis no seio do MPLA e do Estado"; cfr. *Pluralismo ..., ob. cit.,* pág. 227.

[157] Passando a ser um poder próprio e de livre exercício do Presidente da República. No quadro da versão original da LC/75, a nomeação dos Comissários Provinciais era feita pelo Conselho da Revolução, sob indicação do MPLA, cabendo ao Presidente da República apenas conferir posse.

[158] O Presidente da República passa ainda a assinar os "decretos-leis" do Governo, não havendo, contudo, qualquer outra referência constitucional aos mesmos.

Caracterização dos Sistemas de Governo 77

b) *Reforço do papel dirigente do MPLA*

O papel dirigente do MPLA, "legítimo representante" do Povo Angolano, é substancialmente reforçado em 1976. Contrariamente ao estatuído na versão originária, a substituição provisória do Presidente da República nos casos de morte, renúncia ou impedimento não só deixa de ser feita pelo Conselho da Revolução para passar a ser feita pelo Comité Central do MPLA, como deixa o substituto de ser designado de entre membros do Conselho da Revolução para passar a ser feita de entre membros do Comité Central do MPLA. Também a indicação do seu substituto nas suas ausências e impedimentos passa a ser feita de entre membros do Bureau Político e não de entre membros do Conselho da Revolução.

Por outro lado, o Comité Central do MPLA passa ainda a definir a política interna e externa do Estado, anteriormente feita pelo Conselho da Revolução, cabendo a este apenas a sua orientação (artigo 5.°).

O reforço do papel dirigente do MPLA confirma-se ainda na composição do Conselho da Revolução que passa a integrar os membros do Comité Central e não apenas os membros do Bureau Político (artigo 4.°).

c) *Enfraquecimento do Conselho da Revolução*

Como ficou visível nos pontos anteriores, a alteração constitucional de 1976, reforçando os papéis do Presidente da República e do Comité Central do MPLA, traduziu-se, em consequência, no enfraquecimento quantitativo e qualitativo do Conselho da Revolução. Com efeito, este órgão do Estado deixou de nomear e exonerar os Comissários Provinciais, de designar de entre os seus membros o substituto do Presidente da República, de decretar o estado de sítio ou o estado de emergência e, *last but not the least*, deixou de definir a política interna e externa do Estado.

1.2.2. **A segunda revisão constitucional. A Lei n.° 13/77, de 16 de Agosto**

À semelhança da alteração constitucional de 1976, a de 1977 traduziu-se no reforço do poder presidencial e, em contrapartida, na redução das competências do Conselho da Revolução.

O Presidente da República passa a assumir o importante poder de nomeação e exoneração do Primeiro-Ministro e dos restantes membros do Governo, anteriormente exercido pelo Conselho da Revolução sob indicação do MPLA. É aqui notório o movimento no sentido de uma maior *presidencialização* do modelo de governação, na medida em que este poder passa a ser de livre exercício do seu titular. Só ao Presidente da República cabe decidir como e quando exercê-lo. Esta alteração constitucional não só retirou o poder de nomeação ao Conselho da Revolução como retirou ao MPLA o poder de indicação dos membros do Governo.

1.3. A LEI CONSTITUCIONAL DE 1978[159]

O I Congresso do MPLA, realizado a 11 de Novembro de 1977, assumiu opções político-ideológicas importantes cujo reflexo atingiu alguns aspectos da Lei Fundamental. O MPLA deixa de ser apenas um "Movimento de Libertação" e constituiu-se em Partido, passando a designar-se Movimento Popular de Libertação de Angola – Partido do Trabalho (MPLA-PT).

Em conformidade, a 7 de Fevereiro de 1978, o Comité Central do Partido aprovou uma nova Lei Constitucional, introduzindo, assim, profundas alterações ao quadro constitucional de 1975.

São, no essencial, os seguintes aspectos caracterizadores:

a) Reforço do papel dirigente do MPLA – Partido do Trabalho (enquanto partido marxista-leninista), constituindo-se em "vanguarda organizada da classe operária" e assumindo a "direcção política, económica e social do Estado nos esforços para a construção da Sociedade Socialista" (artigo 2.°);

b) Reafirmação do papel central do Presidente da República (que é o Presidente do Partido) enquanto Chefe do Estado, Chefe do Governo e representante da nação angolana (artigo 31.°). Neste quadro, o Presidente da República preside ao Conselho de Ministros[160] e ao Conselho da Revolução, dirige a política geral do

---

[159] Doravante designada apenas por LC/78.

[160] A Lei Constitucional passa a admitir formalmente a possibilidade de o Presidente da República delegar no Primeiro-Ministro a presidência do Conselho de Ministros (artigo 43.°, n.° 2).

Governo, nomeia e exonera o Primeiro-Ministro, os restantes membros do Governo e os Comissários Provinciais e dirige superiormente a defesa e a segurança nacional (sendo o Comandante em Chefe das FAPLA), entre outras competências (artigo 32.º);

c) É criada a Comissão Permanente do Conselho de Ministros, cuja composição é definida pelo Conselho de Ministros, à qual compete a coordenação sectorial dos diversos Ministérios e organismos centrais (artigo 44.º). O Conselho de Ministros passa ainda a dispor de um Secretariado, órgão encarregue da resolução dos problemas correntes e do controlo de execução das suas instruções e decisões (artigo 45.º);

d) Há um alargamento da composição do Conselho da Revolução que passa a integrar representantes das direcções nacionais da JMPLA[161], da OMA[162] e da ODP[163], designados pelo Bureau Político (artigo 36.º, alínea f));

e) O Primeiro-Ministro é definido como "colaborador directo do Presidente da República", sendo-lhe a atribuída a coordenação geral de toda a actividade governativa e a supervisão e o acompanhamento das actividades dos Comissários Provinciais (artigo 46.º);

f) O Conselho da Revolução passa a ter uma Comissão Permanente para decidir em caso de urgência sobre matérias da sua competência, composta pelos seus membros "que se encontrem em Luanda" (artigo 37.º);

g) É introduzida a reserva absoluta de competência legislativa do Conselho da Revolução sobre algumas matérias (artigo 39.º); e

h) Sobre as matérias não reservadas ao Conselho da Revolução, passa a haver competência legislativa concorrencial entre este e o Governo[164-165].

---

[161] Organização juvenil do MPLA.

[162] Organização da Mulher Angolana.

[163] Organização de Defesa Popular.

[164] Em relação às quais o Conselho de Ministros emite Decretos e Resoluções. É suprimida a figura do Decreto-Lei.

[165] Foram ainda introduzidas outras alterações no domínio do Poder Judicial e da organização local do Estado; cfr. ADÉRITO CORREIA e BORNITO DE SOUSA, *Angola ...*, *ob. cit.*, pág. 27.

80 *Autorizações Legislativas e Controlo Parlamentar do Decreto-Lei Autorizado*

1.4. A REVISÃO CONSTITUCIONAL FEITA PELA LEI N.° 1/79, DE 16 DE JANEIRO

A Lei n.° 1/79, de 16 de Janeiro, não sendo uma lei de revisão constitucional nem tendo, pelo menos aparentemente[166], esse propósito, introduz uma importante alteração à orgânica do Governo fixada pela Lei Constitucional de 1978, uma vez que determina a extinção dos cargos de Primeiro-Ministro e de Vice-Primeiros-Ministros (artigo 1.°), cargos esses previstos no artigo 43.° da referida Lei.

Reconhecendo tratar-se de verdadeiras "alterações constitucionais", ADÉRITO CORREIA e BORNITO DE SOUSA consideram haver aqui uma "alteração tácita"[167]. Concordamos com tal posição. Perece-nos, contudo, importante referir tratar-se de uma alteração organicamente inconstitucional por ter sido efectuada pelo Conselho da Revolução, num quadro constitucional em que a competência de modificação constitucional é atribuída ao Comité Central do MPLA (artigo 63.°)[168].

1.5. A LEI CONSTITUCIONAL DE 1980

Com vista a estabelecer "as bases da organização do Poder do Estado Democrático e Popular" para a "construção da Sociedade Socialista"[169], o Comité Central do MPLA aprovou, em 1980[170], a alteração do Título III da Lei Constitucional.

Constituem pontos fundamentais desta alteração, em termos gerais, os seguintes:

a) Formalização dos princípios da unidade do poder e do centralismo democrático[171] como princípios da organização e funcionamento do Estado (artigo 31.°);

---

[166] A Lei n.° 1/79, de 16 de Janeiro, para além de não revogar expressamente nenhum artigo, possui matérias desprovidas de natureza constitucional.

[167] *Angola ..., ob. cit.*, pág. 28.

[168] Neste sentido, ARMANDO MARQUES GUEDES *et al.*, *Pluralismo ..., ob. cit.*, pág. 230.

[169] Preâmbulo da Lei Constitucional de 1980.

[170] Proclamado como o "Ano do I Congresso Extraordinário do Partido e da Criação da Assembleia do Povo".

[171] Nos termos do artigo 32.°, "o princípio do centralismo democrático concre-

Caracterização dos Sistemas de Governo 81

b) A principal alteração introduzida em 1980 é, sem dúvida, a criação da Assembleia do Povo e a *constitucionalização* do seu regime jurídico. É extinto o Conselho da Revolução, entrando em funcionamento a Assembleia do Povo enquanto "órgão supremo do poder do Estado" (artigo 37.º), presidida pelo Presidente da República (artigo 41.º);

c) A Assembleia do Povo assume, entre outras funções, a de alterar a Lei Constitucional[172], o controlo da constitucionalidade, o controlo sobre os actos do Governo e demais órgãos centrais do aparelho do Estado (Tribunal Supremo Popular, Procuradoria-Geral da República, bem como sobre os actos das Assembleias Populares Provinciais (artigo 38.º));

d) A Assembleia do Povo é composta por deputados eleitos por sufrágio restrito e indirecto[173] pelo povo e perante estes responsáveis pelo exercício do seu mandato; e

e) Em cada província é criada uma Assembleia Popular Provincial, constituída por deputados eleitos.

1.6. A ALTERAÇÃO PELA LEI N.º 1/86, DE 1 DE FEVEREIRO

Na sequência do II Congresso do MPLA-PT, realizado em Dezembro de 1985, que orientou medidas tendentes à "reestruturação do Aparelho Central do Estado", foi aprovada pela Assembleia do Povo a Lei n.º 1/86, de 1 de Fevereiro. À semelhança das alterações anteriores, esta teve como

---

tiza-se pelas seguintes formas: a) cada órgão desenvolve, nos limites da sua competência, a iniciativa no sentido da participação das organizações de massas na sua actividade e do aproveitamento dos recursos locais; b) as determinações dos órgãos superiores são de cumprimento obrigatório para os inferiores; c) os órgãos inferiores respondem pela sua actividade perante os superiores; d) em todos os órgãos colegiais vigora a liberdade de discussão, o exercício da crítica e da autocrítica e a subordinação da minoria à maioria; e) a actividade dos órgãos executivos e administrativos locais obedece ao sistema da dupla subordinação ao órgão executivo e administrativo do escalão imediatamente superior e ao órgão do Poder Popular do respectivo escalão".

[172] Cuja iniciativa é exclusivamente reservada ao Comité Central do MPLA--Partido do Trabalho e à Comissão Permanente da Assembleia do Povo (artigo 45.º).

[173] Sobre o direito eleitoral vigente em Angola antes de 1992, cfr., por todos, VIRGÍLIO DE FONTES PEREIRA, *Subsídios para o Estuda do Direito Eleitoral Angolano*, Estudos Vários de Direito Eleitoral, Lisboa 1996, págs. 241-350.

escopo principal "proceder ao alargamento da competência atribuída ao Presidente da República"[174]. É criado o cargo de Ministro de Estado para as principais áreas da actividade do Governo, sendo os seus titulares nomeados e exonerados pelo Presidente da República[175].

1.7. A ALTERAÇÃO PELA LEI N.º 2/87, DE 31 DE JANEIRO

Um ano mais tarde, como consequência do processo de renovação de mandatos ao nível da Assembleia do Povo, é aprovada uma nova composição da sua Comissão Permanente, órgão que assume as atribuições da Assembleia do Povo no intervalo das suas sessões. Assim, com o fito de garantir maior representatividade na Comissão Permanente das diferentes classes e camadas sociais que compõem a Assembleia do Povo, aquela passa a ser composta pelo Presidente da República (que a preside), pelos Deputados membros do Bureau Político do Comité Central do MPLA--Partido do Trabalho e por um número de Deputados da Assembleia do Povo eleitos por esta, sob proposta do Comité Central do MPLA-Partido do Trabalho.

1.8. A LEI CONSTITUCIONAL DE 1991 (LEI N.º 12/91, DE 6 DE MAIO)

1.8.1. Generalidades

Assumindo-se ainda formalmente como "Lei Constitucional de 1975"[176], a Lei n.º 12/91, de 6 de Maio, introduz profundas alterações,

---

[174] Como se refere no próprio preâmbulo da Lei n.º 1/86; cfr. ADÉRITO CORREIA e BORNITO DE SOUSA, *Angola ...*, *ob. cit.*, pág. 149.

[175] A alínea d) do artigo 53.º passou a ter a seguinte redacção: "nomear e exonerar os Ministros de Estado, os Ministros, Secretários de Estado, Vice-Ministros, Comissários Provinciais e respectivos Adjuntos, os Juízes do Tribunal Popular Supremo, o Procurador-Geral da República e o Vice Procurador-Geral da República, o Governador e os Vice-Governadores do Banco Nacional e os Reitores e Vice-Reitores das Universidades".

[176] O artigo 100.º dispõe que "o presente diploma entra em vigor às zero horas do dia 11 de Novembro de 1975.

Caracterização dos Sistemas de Governo 83

rompe com a tradição constitucional vigente e marca o início de um novo ciclo constitucional[177].

Efectuadas num clima de viragem ideológica[178], sobretudo nos domínios político e económico, as alterações introduzidas nessa *revisão parcial* visaram "criar a abertura democrática que permita ampliar a participação organizada de todos os cidadãos na vida política nacional e na direcção do Estado, ampliar o reconhecimento e protecção dos direitos, liberdades e deveres fundamentais dos cidadãos no âmbito de uma sociedade democrática, assim como consagrar constitucionalmente os princípios da reforma económica em curso, nomeadamente, aqueles que visam estimular a iniciativa e a protecção da actividade de todos os agentes económicos"[179].

A Lei n.º 12/91, de 6 de Maio, marcadamente provisória, uma vez que antecedeu o acordo de paz de Bicesse[180-181] do qual resultou não ape-

---

Aprovada por aclamação pelo Comité Central do Movimento Popular de Libertação de Angola, em 10 de Novembro de 1975.

Revista e alterada pelo Comité Central do MPLA-Partido do Trabalho, em 11 de Agosto de 1980.

Revista e alterada pela Assembleia do Povo em 25 de Março de 1991."

[177] Para ADÉRITO CORREIA e BORNITO DE SOUSA, as inovações introduzidas pela Lei n.º 12/91 traduziram-se numa "alteração radical, de um ponto de vista constitucional, do sistema político e económico". Estes Autores vão mais longe ao afirmar tratar-se de "uma nova Constituição, já que entre a Lei Constitucional que até à altura vigorava e a que passou a vigorar existe uma nítida descontinuidade ..."; cfr. *Angola ..., ob. cit.,* pág. 31; no mesmo sentido, RAUL ARAÚJO, para quem "a revisão de 1991 marca a primeira grande ruptura da continuidade do texto constitucional de Novembro de 1975 ..."; cfr. *Os Sistemas de Governo* de Transição Democrática nos PALOP, Coimbra Editora, 2000, pág. 200; cfr. ainda ARMANDO MARQUES GUEDES *et. al., Pluralismo..., ob. cit.,* pág. 240.

[178] Ao nível do MPLA, como refere TONY HODGES, "numa reunião do seu Comité Central em Junho de 1990, o MPLA-PT decidiu abandonar o sistema de partido único e permitir uma concorrência política aberta entre diferentes partidos políticos. A isto seguiu-se o abandono formal do marxismo-leninismo e da referência ao «Partido do Trabalho» na denominação do partido, no seu terceiro congresso, realizado em Dezembro de 1990, e a aceleração da liberalização económica nos termos do Programa de Acção do Governo (PAG), lançado em Agosto de 1990"; cfr. *Angola ..., ob. cit.,* págs. 29 e 30.

[179] Preâmbulo da Lei n.º 12/91, de 6 de Maio.

[180] Assinado no Estoril entre o Governo angolano e a UNITA, em 31 de Maio de 1991.

[181] Para mais sobre o acordo de paz de Bicesse e, em particular, sobre a sua mediação, cfr., ANÍBAL CAVACO SILVA, *Autobiografia Política*, vol. II, Temas e Debates, 2004, págs. 221-254; sobre o posicionamento americano nas negociações de que resultaram os Acordos de Bicesse, cfr. GEORGE WRIGHT, *A Destruição ..., ob. cit.,* págs. 289-315.

nas o cessar-fogo mas também a definição da data para a realização das primeiras eleições gerais multipartidárias[182], marcou, assim, a abertura de um longo e complexo período de transição para a democracia pluripartidária[183].

1.8.2. O Sistema de Governo na Lei Constitucional de 1991

Embora consagrando formalmente um conjunto de princípios inerentes ao regime democrático pluripartidário (artigos 1.°, 2.°, 3.° e 4.°) e o princípio da separação e interdependência de funções dos órgãos de soberania (artigo 41.°, alínea c)), o sistema de governo instituído pela Lei n.° 12/91 pouco trás de novo, apresentando-se, pelo contrário, refém do modelo que foi sendo moldado desde 1975. Aliás, como atrás referimos, apesar dos notáveis elementos de ruptura com a ordem constitucional anterior, a Lei n.° 12/91 continua a assumir-se como uma revisão parcial (apesar de publicada na íntegra[184]) da Lei Constitucional de 1975.

O estatuto e a influência constitucionais do Presidente da República não foram substancialmente alterados. Com efeito, a Lei n.° 12/91 reserva-lhe a chefia do Estado, a chefia do Governo e a chefia das Forças Armadas Angolanas (artigo 46.°), competindo-lhe, assim, de entre outras funções:

a) Representar o Estado angolano e o Governo, dirigir a sua política geral e velar pelo cumprimento da Lei Constitucional (artigo 47.°, alínea a));

b) Dirigir e coordenar a actividade do Governo (artigo 47.°, alínea b));

c) Nomear e exonerar o Primeiro-Ministro, os Ministros, os Secretários de Estado, os Vice-Ministros, os Governadores e Vice-

---

[182] Realizadas a 29 e 30 de Setembro de 1992.

[183] Foram igualmente aprovadas, em conformidade, a Lei da Nacionalidade (Lei n.° 13/91 – já revogada), a Lei das Associações (Lei n.° 14/91), a Lei dos Partidos Políticos (Lei n.° 15/91 – já revogada), a Lei sobre o Direito de Reunião e Manifestação (Lei n.° 16/91), a Lei sobre o Estado de Sítio e o Estado de Emergência (Lei n.° 17/91) e a Lei de Imprensa (Lei n.° 22/91 – já revogada).

[184] Como refere o próprio preâmbulo "embora se trate de uma revisão parcial, as alterações em causa, pela sua natureza e envergadura, abarcam praticamente todos os títulos da Lei Constitucional, aconselhando por consequência a publicação integral do novo texto constitucional com as emendas introduzidas".

-Governadores de província, o Procurador-Geral da República (artigo 47.º, alínea c));

d) Dirigir, na qualidade de Comandante-em-Chefe, as Forças Armadas Angolanas, a defesa e segurança nacionais (artigo 47.º, alínea f));

e) Assinar as leis e resoluções da Assembleia do Povo e os decretos e resoluções do Conselho de Ministros (artigo 47.º, alínea q)); e

f) Revogar os actos dos membros do Governo e dos Governadores das províncias que violem a Lei Constitucional, as leis e demais disposições legais que sejam contrários aos interesses gerais do país (artigo 47.º, alínea r)).

As competências citadas, a título meramente exemplificativo, não deixam dúvidas acerca do papel e posicionamento proeminentes do Presidente da República na direcção do Estado e do Governo. Note-se, ainda, que durante o período de vigência da Lei n.º 12/91 o Presidente da República assumiu também as funções de Presidente da Assembleia do Povo (artigo 98.º).

A existência do Primeiro-Ministro não descaracterizou a natureza *monocéfala* do Governo[185]. Tal conclusão pode ser extraída não só do facto de o Primeiro-Ministro ser livremente nomeado pelo Presidente da República, mas também, e fundamentalmente, pelo facto daquele ser um órgão constitucionalmente criado para auxiliar este. Em conformidade, dispõe o artigo 69.º que incumbe ao Primeiro-Ministro "apoiar o Chefe do Governo na condução da política geral do Governo". Fica, pois, clara e inequivocamente definido o seu papel.

À Assembleia do Povo pouco mais é reservado do que as típicas funções constituinte, legislativa e de controlo sobre os actos do Governo (artigo 51.º), podendo "interpelar o Conselho de Ministros ou qualquer dos seus membros" (artigo 59.º). Aliás, muito mais não seria de esperar de um parlamento que reúne ordinariamente duas vezes por ano (artigo 54.º), embora possua uma Comissão Permanente, composta pelo Presidente da Assembleia do Povo e por mais vinte e nove deputados eleitos sob proposta da Assembleia do Povo e da sua Mesa (artigo 62.º), que assume as suas funções no intervalo das suas sessões[186], devendo apresentar anual-

---

[185] Cfr., no mesmo sentido, CARLOS FEIJÓ, *O Semi-Presidencialismo ...*, *ob. cit.*, pág. 32.

[186] O artigo 61.º retira do âmbito de intervenção da Comissão Permanente, reser-

mente à Assembleia do Povo relatórios de prestação de contas da sua actividade (artigo 63.°).

A gestão administrativa do Estado é assumida pelo Conselho de Ministros que constitui "o Governo da República Popular de Angola" (artigo 64.°). A LC/91 optou por não fixar ao mais alto nível hierárquico-normativo a composição do Conselho de Ministros, deixando tal missão para o legislador ordinário. Contudo, o artigo 69.°, ao descrever as competências do Primeiro-Ministro, dos Ministros e dos Secretários de Estado, deixa ao legislador uma orientação clara sobre a questão e reduz o seu espaço de manobra. Com o legislador ordinário fica igualmente a decisão sobre a possibilidade da criação de um órgão deliberativo permanente que exerça as funções do Conselho de Ministros no intervalo das suas sessões.

Não há, no texto constitucional em análise, referência expressa à presidência do Conselho de Ministros. Tal omissão afigura-se pouco relevante porquanto colmatada pelo artigo 46.°, que atribui ao Presidente da República a chefia do Governo e pela alínea b) do artigo 47.° que lhe reconhece competência para "dirigir e coordenar a actividade do Governo", podendo-se daí surpreender que nele recaí, por consequência, a presidência do Conselho de Ministros.

Em termos dificilmente qualificáveis, o artigo 68.° prevê a responsabilidade do Conselho de Ministros perante a Assembleia do Povo. Será uma verdadeira responsabilidade política, ou apenas uma responsabilidade funcional? Eis a questão. Duas notas caracterizadoras do sistema previsto pela LC/91 ajudam-nos a encontrar uma resposta: a primeira é resultante do facto de o Governo ser de iniciativa exclusiva presidencial, não havendo interferência parlamentar no seu processo de formação; em segundo lugar, a consistência e a subsistência do Governo dependem apenas do Presidente da República. No sistema constitucional desenhado em 1991 o Governo não está dependente da confiança política parlamentar. Estes dois elementos retiram a possibilidade da responsabilidade referida no artigo 68.° ser política. É, em nosso entender, apenas uma responsabilidade funcional, no âmbito da qual a Assembleia do Povo, entre outras funções, aprova o Programa do Governo, controla os seus actos, revoga

---

vando exclusivamente ao Plenário da Assembleia do Povo a alteração da Lei Constitucional, a autorização ao Presidente da República para a declaração de guerra, a alteração da divisão político-administrativa do país e a ratificação, adesão e denúncia de tratados internacionais.

decretos e resoluções do Conselho de Ministros, etc. Aliás, o próprio artigo 68.° parece implicitamente sugerir o mesmo caminho, ao prever, a respeito da responsabilidade, o dever de apresentação anual pelo Conselho de Ministros do relatório de prestação de contas e de execução do Plano Nacional e do Orçamento Geral do Estado.

Para além do Presidente da República, que chefia o executivo, três outras categorias de órgãos integrantes do Governo têm as suas competências constitucionalmente descritas, nomeadamente; o Primeiro-Ministro, os Ministros e os Secretários de Estado. Ao primeiro cabe essencialmente um papel coadjutor do Chefe do Governo, a quem auxilia na condução da política geral do Governo, possuindo apenas funções delegadas. Aos Ministros e Secretários de Estado cabe assegurar o cumprimento da política definida para o respectivo departamento governativo.

2. O Sistema de Governo na Lei Constitucional de 1992[187]

2.1. Perspectiva de análise

Urge, antes de mais, precisar a perspectiva de abordagem da problemática do sistema de governo angolano durante o nosso estudo. Com efeito, como atrás assinalámos, as principais abordagens (e discussões) põem em confronto a perspectiva jurídica e a perspectiva política, isto é, são feitas numa, noutra ou em ambas as perspectivas. A noção por nós adoptada de sistema de governo tem subjacente uma ideia básica: só é possível compreender com rigor um determinado sistema de governo se partirmos de uma perspectiva jurídico-constitucional, ou seja, a partir da sua Constituição formal. Em conformidade, é através da compreensão normativo-constitucional, e não da *leitura estratégica dos poderes dos órgãos de soberania*[188], que se surpreende o quadro das relações entre os órgãos políticos[189].

---

[187] Doravante, todas as disposições legais citadas sem qualquer referência expressa do diploma legal a que pertencem são da Lei Constitucional de 1992.

[188] Expressão usada por J. J. GOMES CANOTILHO e VITAL MOREIRA, *Os Poderes ...*, *ob. cit.*, pág. 8.

[189] Não faltam, contudo, estudos que procuram analisar e compreender o sistema de governo angolano a partir da prática constitucional. Assim acontece, por exemplo, com

O sentido aqui defendido tem como ponto de partida a ideia segundo a qual há aqui dois problemas diferentes que devem, por consequência, ser tratados de modos diferentes. Temos, por um lado, o sistema de governo e, por outro, as variáveis funcionais de um determinado sistema, estas últimas mutáveis em função das variações contextuais subjectivas e objectivas. Como conclui JORGE REIS NOVAIS, "é o conhecimento da Constituição de um dado país que nos permite saber qual o sistema de governo vigente"[190]. Mais adiante, escreve o mesmo autor: "uma coisa é o sistema de governo (...) e outra é o funcionamento conjuntural e circunstancial desse sistema de governo"[191]. As análises aos sistemas de governo feitas tendo por base exclusiva a "Constituição real", a prática constitucional, pecam, uma vez que apenas sobrevivem se e na medida em que certa prática prevalecer. Há nelas subjacente um permanente risco de mutação constante, facto perigoso para uma questão demasiado séria como é o direito constitucional positivo.

A assunção desse ponto de partida não implica, contudo, que a correcta leitura do sistema de governo descrito em determinado texto constitucional exclua a "intromissão" da realidade política. Sendo a Constituição o *estatuto jurídico do político*, não pode a sua correcta *compreensão normativa*[192] ser feita sem ter em conta o contexto político e constitucional, isto é, a concreta variável contextual[193]. A Constituição define o sistema de governo (parlamentar, presidencial e semipresidencial) deixando, contudo, margens funcionais mais ou menos amplas que lhes garantem elasticidade

---

O Semi-Presidencialismo em Angola. Dos Casos à Teorização da Law in The Books e da Law in Action, Revista Negócios Estrangeiros, 11.4 número especial (O Semipresidencialismo e o Controlo da Constitucionalidade na África Lusófona), Outubro, 2007 de CARLOS FEIJÓ, em que o autor se propõe a uma análise da diarquia do poder executivo em Angola baseada no *case method*, apresentando "casos reais das relações entre Primeiros-Ministros e os Presidentes da República". Cfr. ainda CREMILDO PACA, *A Compreensão do Sistema de Governo Angolano a partir da Prática Constitucional*, Luanda, 2006 (inédito).

[190] JORGE REIS NOVAIS, *Semipresidencialismo ..., ob. cit.,* pág. 42.

[191] *Idem,* pág. 55.

[192] Na linguagem de J. J. GOMES CANOTILHO e VITAL MOREIRA, *Os Poderes ..., ob. cit.,* pág. 8.

[193] Sobre a matéria escreve JORGE REIS NOVAIS que "a perspectiva jurídica só é adequada, só é uma perspectiva jurídico-constitucional, quando integra e considera intrinsecamente a dimensão política da norma constitucional e da sua aplicação, quando tem em conta o fenómeno político no próprio momento de interpretação da norma constitucional", *Semipresidencialismo ..., ob. cit.,* pág. 52.

Caracterização dos Sistemas de Governo 89

e flexibilidade bastantes para a sua adaptação às diferentes variáveis contextuais. É possível, assim, que um determinado sistema de governo (conclusão que resulta da análise do texto constitucional) possua num dado momento uma modalidade concreta de funcionamento coincidente com outra modalidade de outro sistema de governo, sem que isso, note-se, altere o sistema de governo em si. Como refere PAULO OTERO, "todos sabemos que não há Constituições perfeitas. Há, isso sim, Constituições cujo texto e a prática são ou não conformes com os princípios por elas proclamados"[194]. O Direito Constitucional não é um direito *apolítico*.

2.2. TRAÇOS GERAIS

O modelo constitucional de repartição dos poderes entre os órgãos político-constitucionais é *semipresidencial*[195]. Esta é uma conclusão a que chega a generalidade da doutrina angolana[196] (e também a estrangeira, mormente a portuguesa, que se debruça sobre o sistema de governo angolano[197-198]) e que encontra acolhimento formal no preâmbulo da LC/92

---

[194] PAULO OTERO, *A «Desconstrução» da Democracia Constitucional*, Perspectivas Constitucionais, vol. II, Coimbra Editora, 1997, pág. 601.

[195] Segundo MAURICE DUVERGER, "os regimes semipresidencialistas se caracterizam pelo facto de o Chefe de Estado ser eleito por sufrágio universal directo e possuir certos poderes que excedem os dum Chefe de Estado parlamentar normal. No entanto, o Governo continua a ser confiado a um Gabinete formado por um Primeiro-Ministro e ministros, que podem ser derrubados por um voto do Parlamento". (*Os Grandes Sistemas Políticos – Instituições Políticas e Direito Constitucional – I* (tradução), Almedina, 1985, pág. 268).

[196] Cfr., entre outros, RAUL ARAÚJO, *Os Sistemas de Governo de Transição Democrática nos PALOP*, Coimbra Editora, 2000, pág. 205; CARLOS FEIJÓ, *O Semi-Presidencialismo em África e, em especial, nos PALOP*, RFDUAN, n.º 2, Luanda, 2002, pág. 54.

[197] Cfr., por exemplo, J. J. GOMES CANOTILHO, *Direito Constitucional ...*, *ob. cit.*, pág. 611; ARMANDO MARQUES GUEDES et. al., *Pluralismo e Legitimação ...*, *ob. cit.*, pág. 245; e CARLOS BLANCO DE MORAIS, *Tópicos Sobre a Formação de Uma Comunidade Constitucional Lusófona*, AB VNO AD OMNES 75 Anos da Coimbra Editora 1920-1995, Coimbra Editora, 1998, págs. 61 e 62. Também ROBERT ELGIE inclui o sistema angolano no seu rol de sistemas semipresidenciais; cfr. *What is semi-presidentialism and where is it found?*, Semi-presidentialism outside Europe – a comparative study, org. Robert Elgie e Sophia Moestrup, Routledge, 2007, pág. 9.

[198] Não é, contudo, o caso de VITALINO CANAS para quem "a Lei Constitucional de

90   *Autorizações Legislativas e Controlo Parlamentar do Decreto-Lei Autorizado*

onde se pode ler "… assente num modelo de organização do Estado baseado na separação de funções e interdependência dos órgãos de soberania e num sistema político **semi-presidencialista** …". Tentando orientar ou predefinir a variante funcional ou matriz do nosso sistema de governo, o preâmbulo vai mais longe ao referir que a Lei Constitucional reserva ao Presidente da República "um papel activo e actuante".

Os principais elementos caracterizadores do modelo apresentado pela LC/92 permitem-nos extrair as seguintes conclusões iniciais:

a) *O sistema de governo angolano não é parlamentar.* Com efeito, não pode ser parlamentar um sistema cujo funcionamento é tripartido, no sentido de que intervêm de modo determinante três órgãos políticos: Presidente da República, Assembleia Nacional e Governo; não pode igualmente ser parlamentar um sistema que reserva ao Chefe de Estado "um papel activo e actuante"[199]; finalmente, também não é parlamentar um sistema em que o Governo não resulta da maioria parlamentar (pelo menos em termos formais);

b) De igual modo, *o sistema de governo angolano não é presidencial.* Antes de mais, à semelhança do que acontece com o sistema parlamentar, porque no sistema presidencial apenas existem dois órgãos politicamente intervenientes (o Chefe de Estado e o Parlamento), contrariamente ao que se passa no sistema angolano; por outro lado, não pode ser considerado presidencial um sistema em que o Executivo responde politicamente perante o Presidente da República e o Parlamento; não é ainda presidencial, finalmente, um sistema que se apresenta com uma estrutura executiva bicéfala[200];

Angola de 1992, não obstante o anúncio de um sistema semi-presidencial no seu Preâmbulo, consagra um sistema com clara macrocefalia presidencial"; cfr. *Reler Duverger: O Sistema de Governo Semi-Presidencial ou o Triunfo da Intuição "Científica"*, Revista Negócios Estrangeiros, 11.4 número especial (O Semi-Presidencialismo e o Controlo da Constitucionalidade na África Lusófona), Outubro 2007, pág. 106).

[199] Preâmbulo da Lei Constitucional de 1992.

[200] Negando a bicefalia no executivo como característica geral do semipresidencialismo, JORGE REIS NOVAIS afirma que "a bicefalia de executivo (…) é, claramente, um dado relevantíssimo do semipresidencialismo francês, mas, se não for devidamente compreendido enquanto uma sua especificidade (…) pode dar origem a confusões que com-

Caracterização dos Sistemas de Governo 91

c) As duas conclusões anteriores (as de que o sistema de governo angolano não é parlamentar nem é presidencial) conjugadas com o facto de o nosso modelo aglutinar características dos dois modelos clássicos só nos permitem chegar a uma terceira conclusão: *o sistema de governo angolano é semipresidencial*[201].

2.3. CARACTERIZAÇÃO DO SISTEMA SEMIPRESIDENCIAL ANGOLANO

2.3.1. Bicefalia no executivo e preeminência do Presidente da República

Em vigor desde 1992, e para vigorar por um certo e determinado período de tempo (Constituição de transição), a LC/92 é clara na opção por um sistema de governo semipresidencial mas não é, em nosso entender, suficientemente clara na opção por uma determinada e invariável matriz de semipresidencialismo, nem tão-pouco (e aqui acertadamente, parece-nos) na fixação de uma determinada variável funcional. Este facto, juntamente com o facto de os anos até agora percorridos terem sido insuficientes para "testar" outras variantes do sistema[202-203], razão por que CARLOS FEIJÓ considera o semipresidencialismo em Angola como um processo "que se vai fazendo ou não fazendo"[204-205], abrem um vasto caminho à "especulação científica", incompreensões e profundas divergências de análise ao respeito da mesma questão.

---

prometem o próprio entendimento do semipresidencialismo enquanto sistema de governo", *Semipresidencialismo …, ob. cit.*, pág. 216.

[201] Abstraímo-nos, pelas razões já apresentadas, de quaisquer discussões em torno da denominação do sistema.

[202] Posição igualmente defendida por RAUL ARAÚJO, *Semipresidencialismo em Angola: Uma Tentativa Falhada de Modelo de Governo*, RFDUAN n.º 7, Luanda 2007, pág. 44.

[203] Concorre para isso sobretudo o facto de, por razões objectivas, não terem sido realizadas eleições nos períodos constitucionalmente previstos.

[204] CARLOS FEIJÓ, *O Semi-Presidencialismo em Angola. Dos casos …, ob. cit.*, pág. 30.

[205] Referindo-se à *teorização* do semipresidencialismo nos PALOP, N'GUNU TINY considera que a mesma deve ser vista como um processo, "como algo que se vai fazendo"; cfr. *Teorizando o Semi-Presidencialismo Angola e S. Tomé e Príncipe*, RNE …, ob. cit., pág. 92.

92 *Autorizações Legislativas e Controlo Parlamentar do Decreto-Lei Autorizado*

No quadro do sistema desenhado na LC/92 há ou não duas cabeças no exercício da função executiva? Havendo, qual delas assume preeminência na cadeia de comando do poder executivo? Eis duas questões que julgamos prévias e determinantes para a correcta interpretação do nosso modelo constitucional. Preferimos estas a outra questão, mais frequentemente colocada, que é a de saber quem chefia o Governo, motivada pela inexistência de qualquer disposição constitucional que expressamente determine a chefia do governo[206]. Esta última é, para nós, uma questão secundária, na medida em que tem mais a ver com o funcionamento do sistema do que com o sistema em si.

Tal só é possível, contudo, se partirmos de uma base de entendimento comum: Executivo e Governo não são uma e mesma realidade[207]. Com efeito, em função da opção por um determinado modelo de sistema de governo, podemos encontrar pelo menos três realidades diferentes: a) perfeita equivalência entre Governo e Executivo; b) existência de Executivo sem que exista um Governo (como órgão autónomo); c) partilha do Executivo (da função executiva) entre o Governo e outro órgão, mormente o

---

[206] Para RAUL ARAÚJO, tal opção constitucional resultou, de entre outros, dos seguintes factores: "a existência, no período pré-eleitoral e de aprovação do texto constitucional, de duas organizações políticas com fortes probabilidades de ganharem as eleições legislativas e dos seus candidatos vencerem as eleições presidenciais – o MPLA e a UNITA; pretendeu-se, neste contexto, um sistema de contrapesos institucional que limitasse e controlasse o poder executivo. A forma encontrada foi a de repartir a função executiva por dois órgãos: o Presidente da República e o Governo"; cfr. *Os Sistemas ..., ob. cit.*, pág. 206.

[207] Parece ser também este o entendimento de J. J. GOMES CANOTILHO e VITAL MOREIRA que, analisando o sistema de governo português, afirmam: "Torna-se claro que o Governo, chefiado pelo Primeiro-Ministro, é o titular do «executivo», pelo que o Presidente da República não compartilha da função governamental"; cfr. *Os Poderes ..., ob. cit.*, pág. 43; a mesma posição parece defender, entre nós, RUI FERREIRA ao referir "a possibilidade de o executivo (o Presidente ou o Governo) ..."; cfr. *A Democratização e o Controlo dos Poderes Públicos nos Países da África Austral*, vol. II, 1995, pág. 633 (inédito); o mesmo entendimento parece ter JOSÉ LUIS LAZZARINI quando afirma, a respeito do sistema de governo francês, que "El gobierno integra con el presidente el Poder Ejecutivo francés"; cfr. *El Poder Ejecutivo de Francia y su Influencia*, in Estudios en Homenaje al Doctor Héctor Fix-Zamudio en sus Treinta Años con Investigador de las Ciencias Jurídicas, Tomo II, Universidade Nacional Autónoma de México, 1988, pág. 1096. Também JAIME VALLE se manifesta contra a identificação entre as noções de Governo e de poder executivo; cfr. *A Participação do Governo no Exercício da Função Legislativa*, Coimbra Editora, 2004, págs. 27 e 28.

Presidente da República. A primeira situação ocorre nos sistemas tipicamente parlamentares e, nalgumas variantes de semipresidencialismo, nos casos em que o Chefe de Estado não interfere no exercício da acção governativa. O segundo caso verifica-se nos sistemas presidenciais. Aí o executivo é o Presidente da República e o Governo, quando existe, não é um órgão político autónomo. O último caso verifica-se nos sistemas semipresidenciais, mormente nos de matriz francesa, em que dois órgãos politicamente autónomos (Presidente da República e Governo) partilham a função executiva. É neste último caso que a questão da preeminência no exercício da função executiva aparece.

A LC/92 rejeita claramente uma estrutura executiva *monista* prevendo, pelo contrário, um modelo que permite que tanto o Presidente da República quanto o Primeiro-Ministro exerçam funções políticas executivas[208]. Essa estruturação executiva bifronte[209] resulta expressamente dalguns preceitos constitucionais. Assim, sobre o Presidente da República, o texto constitucional dispõe: o **Presidente da República** define a orientação política do país (artigo 52.º, n.º 2), preside ao Conselho de Ministros e fixa a sua agenda de trabalhos (ouvido o Primeiro-Ministro) (artigo 66.º, alínea d) e artigo 68.º), nomeia, com alguma margem de discricionariedade (umas vezes maior e outras menor) o Primeiro-Ministro (artigo 66.º alínea a)) e põe termo às suas funções, promulga os decretos-leis e assina os decretos do Governo. Por seu turno, o **Primeiro-Ministro** representa o Governo, para efeitos da assunção da sua responsabilidade política, perante o Presidente da República e perante a Assembleia Nacional, dirige, conduz e coordena a acção geral do Governo (artigo 114.º, n.º 1), coordena e orienta a actividade de todos os Ministros e Secretários de Estado (artigo 114.º, n.º 2, alínea a)), dirige o funcionamento do Governo e as suas relações com os demais órgãos do Estado (artigo 114.º, n.º 2, alínea c)), assina os decretos-leis, os decretos e as resoluções do Conselho de Ministros[210]. A bicefalia executiva é, pois, uma realidade caracterizadora do semipresi-

---

[208] Caracterizando o semipresidencialismo como um sistema em que existe um Presidente da República eleito directamente para um período determinado e um Primeiro-Ministro e um Governo politicamente responsáveis, cfr. ROBERT ELGIE, *What is semi-presidentialism ...*, *ob. cit.*, pág. 6.

[209] Expressão usada por E. KAFFT KOSTA, *Estado de Direito – O Paradigma Zero: Entre Lipoaspiração e Dispensabilidade*, Almedina, 2007, pág. 416.

[210] Sendo que neste último caso é dispensada qualquer intervenção posterior do Presidente da República.

94 *Autorizações Legislativas e Controlo Parlamentar do Decreto-Lei Autorizado*

dencialismo angolano[211] cuja presença, em maior ou menor dimensão, se faz sentir em todos os seus momentos constitucionais[212].

A busca de uma resposta passa, pensamos nós, pela correcta interpretação e harmonização de dois preceitos constitucionais: "o Presidente da República define a orientação política do país"[213] e "o Governo conduz a política geral do país"[214]. Ao definir a orientação política do país através dos meios que a Constituição coloca ao seu dispor (presidência do Conselho de Ministros, nomeação do Primeiro-Ministro, direito de veto, etc.) o Presidente da República indica o caminho a seguir e os fins a alcançar, deixando ao Governo a missão de "conduzir a política" nos termos definidos. Assim como um motorista de táxi se limita a dirigir o carro para o destino solicitado pelo cliente, também o Governo, cuja acção é coordenada pelo Primeiro-Ministro, deve conduzir a sua acção de acordo com a orientação definida pelo Presidente da República, surgindo este como o "centro motriz do poder político"[215].

Afigura-se igualmente importante para a resolução do problema a compreensão da natureza do mandato presidencial. Contrariamente ao Governo, cuja legitimidade não resulta directamente da vontade popular, o Presidente da República é um órgão detentor de uma legitimidade democrática directa. Mais do que isso, o próprio interesse nacional em torno da eleição presidencial evidencia *a priori* alguma superioridade do Presidente da República na cadeia de comando do executivo. Não é por acaso, por exemplo, que nas eleições gerais de 1992, realizadas já no quadro da actual Constituição, o objectivo central das lideranças das duas principais forças políticas (MPLA e UNITA) tenha sido a disputa presidencial. Os líderes partidários são os "candidatos naturais" dos seus partidos a Presidente da República e apostam forte nessa corrida[216]. O Presidente da

---

[211] Conclusão a que chega também, entre nós, RAUL ARAÚJO, cfr. *Os Sistemas...*, *ob. cit.*, pág. 207. Também ARMANDO MARQUES GUEDES *et. al.*, *Pluralismo ...*, *ob. cit.*, pág. 245.

[212] CARLOS FEIJÓ considera mesmo a diarquia do poder executivo como um "elementos comuns característicos do semi-presidencialismo" ; cfr. *O Semi-Presidencialismo em Angola ...*, *ob. cit.*, pág. 30.

[213] Artigo 56.°, n.° 2.

[214] Artigo 105.°, n.° 1.

[215] Expressão usada por CARLOS BLANCO DE MORAIS, *As Leis Reforçadas*, Coimbra Editora, 1998, pág. 77.

[216] Aliás, é disso ilustrativo o facto de nas eleições gerais de 1992 tanto José

República em Angola é, por isso, não apenas um presidente *garante*, mas um presidente *militante*. Como refere JORGE REIS NOVAIS, "quando os protagonistas se centram num determinado órgão de exercício do poder político, é natural que dele se procurem extrair e seja ele a desenvolver as principais virtualidades no domínio da relevância política governativa"[217].

Essa conjugação permite-nos concluir pela preeminência do Presidente da República na cadeia de comando do executivo. À mesma conclusão chegou o Plenário Tribunal Supremo[218] ao acordar "em declarar que as competências do Presidente da República estabelecidas na Lei Constitucional lhe atribuem a *preeminência na cadeia de comando do poder executivo...*"[219-220]. À mesma conclusão parece chegar RAUL ARAÚJO. Este autor, apesar de algumas "oscilações" no seu pensamento (motivadas, eventualmente, pela permanente possibilidade de alteração funcional do nosso sistema) afirma que "mesmo que se assistisse a uma eventual coabitação política, a função de *direcção do executivo*[221] competiria sempre à entidade que tem a função que de estabelecer a orientação política do país que é o Presidente da República"[222].

2.3.2. A questão da chefia do Governo. A oscilação é ou não uma probabilidade?

2.3.2.1. *Perspectivas de análise* (uma vez mais)

Uma das principais causas da existência de muitas divergências na definição e caracterização dos sistemas de governo é a dificuldade na delimitação da perspectiva de análise. Como atrás referimos, a nossa análise

---

Eduardo dos Santos, Presidente do MPLA, quanto Jonas Savimbi, então Presidente da UNITA, não terem sido candidatos a deputado. Apenas interessava o lugar de Presidente da República.

[217] *Semipresidencialismo ..., ob. cit.*, pág. 223.

[218] Órgão que, nos termos constitucionais, exerceu as funções de Tribunal Constitucional até à sua institucionalização.

[219] Itálico nosso.

[220] O acórdão, proferido no processo constitucional 17, encontra-se publicado na Revista da Ordem dos Advogados de Angola, n.º 1, 1998, págs. 267-276.

[221] Itálico nosso.

[222] RAUL ARAÚJO, *A Problemática do Chefe de Governo em Angola*, RFDUAN, n.º 2, Luanda, 2002, pág. 72.

tem por base uma perspectiva que parte da Constituição e assume-a como elemento central à compreensão de um determinado sistema de governo de um Estado democrático constitucional, mas não negligencia os elementos de facto fornecidos pelo respectivo sistema político.

A questão assim vista impõe-nos, no quadro da análise da LC/92, a distinção, como temos tentado fazer, entre definição e caracterização do sistema e funcionamento (ou variáveis funcionais) do sistema. Nenhum sistema de governo funciona em todos os seus momentos constitucionais da mesma forma. O semipresidencialismo angolano, pela sua extraordinária complexidade, apresenta uma multiplicidade de factores, conjunturais e estruturantes, de ordem prática, política, psicológica e pessoal susceptíveis de influenciar o seu funcionamento prático. É nesse quadro que vemos a questão da chefia do Governo em Angola. Não tanto como uma questão de definição do nosso sistema, mas, fundamentalmente, como uma questão de determinação do seu modelo concreto de funcionamento.

Com esta visão, é possível descortinar duas questões diferentes na solicitação feita em 1998 pelo Presidente da República ao Tribunal Constitucional a propósito dessa matéria. Como se pode ler no acórdão, "solicita seja aclarado se as competências do Presidente da República (...), lhe atribuem a preeminência na cadeia de comando do executivo, bem como o poder de direcção e chefia do Governo"[223]. Entendemos que a *preeminência na cadeia de comando do executivo* é uma questão de definição do sistema, pelas razões acima apresentadas, e *o poder de direcção e chefia do Governo* é uma questão do funcionamento do nosso sistema.

2.3.2.2. *O Acórdão do Plenário do Tribunal Supremo e o desenvolvimento normativo infraconstitucional subsequente*

Em Dezembro de 1998, face à imprecisão constitucional e aos "conflitos de competências quanto à condução política do país"[224-225] entre o

---

[223] Cfr. *ROAA*, n.º 1, pág. 268.

[224] Neste sentido, ARMANDO MARQUES GUEDES *et. al.*, *Pluralismo ...*, *ob. cit.*, pág. 248; cfr. também RAUL ARAÚJO, *Os Sistemas ...*, *ob. cit.*, págs. 207 e 208.

[225] Situação que, como se lê no acórdão, "não contribui favoravelmente para a realização do interesse nacional de garantia da autoridade, eficiência e dinamismo do Governo enquanto órgão de soberania constitucionalmente responsável por realizar a política geral do país e administração estatal" (ROAA, n.º 1, pág. 267).

Presidente da República e o Primeiro-Ministro, o Chefe de Estado solicitou ao Tribunal Constitucional[226] pronunciamento sobre a questão de saber se a Lei Constitucional da República de Angola lhe atribui a "preeminência na cadeia de comando do executivo, bem como o poder de direcção e chefia do Governo". Analisada a questão, o Tribunal Constitucional concluiu: "Realçámos acima a delimitação de funções do Presidente da República e do Governo. Resta-nos concluir que o lugar e função do Presidente da República na estrutura do órgão do poder, o Governo, é de Chefe de Governo".

Da conjugação dos artigos 68.º, 114.º, 117.º e 118.º, alínea c) entendemos que a Lei Constitucional vigente atribui ao Presidente da República a preeminência na cadeia de comando do executivo, bem como o poder de direcção e chefia do Governo, sendo o Primeiro-Ministro seu coadjutor.

Pelo exposto, o Plenário do Tribunal Supremo acorda em declarar "que as competências do Presidente da República estabelecidas na Lei Constitucional lhe atribuem a preeminência na cadeia de comando do poder executivo, o poder de direcção e chefia do Governo"[227].

Ora, a conclusão a que chegou o Tribunal Constitucional pode, em nosso entender, ser dividida em dois aspectos: preeminência na cadeia de comando do executivo, por um lado, e, por outro, poder de direcção e chefia do Governo[228]. É necessário, pois, separar a análise do sistema de governo da análise sobre o seu funcionamento efectivo.

A questão da preeminência na cadeia de comando do poder executivo é, como atrás referimos, uma questão de definição do sistema de governo resultante da existência de uma bicefalia executiva. Sobre ela parece não haver muitas dúvidas. O facto de a definição da orientação política do país

---

[226] Abstraímo-nos aqui e agora de qualquer pronunciamento sobre a questão (também ela polémica) da competência do Tribunal Constitucional para exercícios de interpretação "autêntica" da Constituição.

[227] Acórdão do Tribunal Supremo, Processo Constitucional n.º 17. ROAA, n.º 1, pág. 276.

[228] Não está apenas em causa, contrariamente ao que a generalidade da doutrina defende, a questão da chefia do Governo. Estão em causa a preeminência no poder executivo e a chefia do Governo. Aliás, o próprio acórdão é intitulado "Acórdão do Tribunal Supremo sobre a preeminência do Presidente da República na cadeia de comando do poder executivo, de direcção e chefia do Governo". Também a forma como o pedido foi elaborado parece clara: "preeminência na cadeia de comando do executivo, *bem como* o poder de direcção e chefia do Governo".

98 Autorizações Legislativas e Controlo Parlamentar do Decreto-Lei Autorizado

ser da competência exclusiva do Presidente da República, por si só, lhe garante tal preeminência.

Já a questão da chefia do Governo parece mais polémica. Com efeito, sendo uma questão de funcionamento prático do sistema, parece implicar, logo à partida, a seguinte conclusão: a intervenção do Tribunal Constitucional nesse domínio particular é desnecessária e arriscada. Senão vejamos:

As questões respeitantes ao funcionamento do sistema de governo (típicas questões cuja margem de variação é mais ou menos ampla) são determinadas pela prática constitucional. E a prática flui, muda em função dos elementos contextuais concretos. Ora, o acórdão em análise foi construído com base no método tópico[229], ou seja, partiu-se da situação de facto para dar resposta ao problema colocado. Como se pode ler no acórdão, muitos dos fundamentos apresentados assentam na prática constitucional. Diz-se, por exemplo, "situações de crise que vimos vivendo no país, em momentos de debilidade das instituições *têm levado o Presidente da República a jogar um papel de chefe efectivo do Governo*"[230-231] A situação torna-se mais clara na caracterização do sistema político angolano. São apresentadas quatro características: "1.º a natureza semipresidencialista (...); 2.º o *carácter de maioria parlamentar*[232] (o Governo tem assegurada uma maioria estável na Assembleia Nacional, de modo que normalmente dura toda a legislatura; no nosso caso, o Presidente da República é também o Presidente do partido com a maioria), que resulta da existência duma maioria na Assembleia Nacional desde 1992; 3.º a *coincidência entre a orientação política desta maioria parlamentar e a orientação política do Presidente*[233], que estabelece uma estreita união entre o legislativo e o executivo; 4.º o facto de o *Presidente ser o chefe da maioria*[234], escolher e nomear o Primeiro-Ministro, presidir ao Conselho de Ministros, faz com que o Primeiro-Ministro seja uma espécie de estado-

---

[229] Sobre o assunto cfr., entre outros, KARL LARENZ, *Metodologia da Ciência do Direito* (tradução), 3.ª edição, Fundação Calouste Gulbenkian, 1997, págs. 201 ss. e J. J. GOMES CANOTILHO, *Direito Constitucional ..., ob. cit.*, págs. 1211 e 1212.

[230] Itálico nosso.

[231] ROAA, n.º 1, pág. 271.

[232] Itálico nosso.

[233] *Idem.*

[234] *Idem.*

Caracterização dos Sistemas de Governo 99

maior do Presidente"[235-236]. Estão claros os fundamentos da decisão e a tentativa de "aproximar o texto constitucional à realidade constitucional"[237].

Faz todo o sentido, por isso, perguntar: chegar-se-ia à mesma conclusão se os elementos de facto que a sustentaram fossem diferentes? E se o partido do Presidente da República não tivesse maioria parlamentar (ou se vencesse as eleições presidenciais um candidato independente), a decisão seria a mesma? Provavelmente não. Mas, atenção, havendo uma conclusão diferente (o que é permitido pelo sistema) o que muda não é o sistema (porque este só muda em caso de revisão constitucional ou de aprovação de uma nova Constituição) e sim o modo de funcionamento do sistema[238]. Dito de outro modo, afirmar-se que o Primeiro-Ministro é "coadjutor" do Presidente da República é uma questão de funcionamento do sistema de governo que vale hoje, no actual contexto e nas actuais circunstâncias, mas poderá não valer amanhã se o contexto e as circunstâncias forem diferentes, nomeadamente se o Presidente da República não tiver maioria parlamentar.

A conclusão a que se chegou no particular domínio da chefia do governo contém também um risco. Com efeito, dizer que "o Presidente da República é parte do Conselho de Ministros, o mesmo é dizer do Governo" ou "nota-se que as coisas não são assim tão nítidas porque de uma certa maneira o Presidente da República faz também parte do Governo"[239] legi-

---

[235] ROAA, n.º 1, pág. 275.

[236] Contra a consideração do Primeiro-Ministro como um "Chefe do Estado-Maior do Presidente da República", RAUL ARAÚJO refere que "se ao Chefe de Estado angolano compete definir «a orientação da política do país» ao Primeiro-ministro incumbe conduzir essa política e executá-la, o que desde logo estabelece uma relação de imbricação entre estas duas entidades e a necessidade de existência de uma lealdade e solidariedade institucional entre estes dois órgãos" ; cfr. *Os Sistemas de Governo ...*, *ob. cit.*, pág. 234.

[237] Assim, CARLOS FEIJÓ, *O Semi-Presidencialismo ...*, *ob. cit.*, págs. 39 e 40.

[238] Vale a pena citar, uma vez mais, JORGE REIS NOVAIS: "uma coisa é o sistema, aquilo que *é* (a sua definição, o tipo de relações que comporta entre os órgãos de exercício do poder político) – e tudo isso é dado pela Constituição – e outra coisa é a forma como num mesmo sistema de governo, em qualquer deles, o padrão de funcionamento varia em função de factores de ordem conjuntural que importa, consequentemente, conhecer e estudar, mas cuja ocorrência, em qualquer caso, nunca altera, porque logicamente não pode, a definição constitucional, ou seja, o próprio sistema de governo"; cfr. *Semipresidencialismo ...*, *ob. cit.*, pág. 36).

[239] ROAA, n.º 1, pág. 270.

tima o questionamento sobre se a aprovação de uma moção de censura ao Governo implica também a demissão do *"Chefe do Governo"*. Em última análise, tal decisão põe em causa a natureza autónoma do órgão de soberania "Governo".

As tentativas de resolução da questão não se limitaram ao domínio jurisprudencial. Pelo contrário, a decisão do Tribunal Constitucional "incentivou" uma tentativa de extensão dos poderes presidenciais por via de lei[240], prática que contraria os pilares de sustentação do Estado de Direito[241], especificamente o princípio da reserva da Constituição[242]. Veja-se, por exemplo, o Decreto-Lei n.° 16/02, de 9 de Dezembro (Estabelece a nova orgânica do Governo de Unidade e Reconciliação Nacional e os mecanismos da sua direcção, coordenação, articulação e funcionamento), que no seu artigo 2.°, com a epígrafe "Chefia do Governo" dispõe: "1. *Conforme estabelecido na Lei Constitucional e no Acórdão de 21 de Dezembro de 1998 do Tribunal Supremo, o poder de direcção e chefia do Governo de Unidade e Reconciliação Nacional incumbe ao Presidente da República. 2. No exercício do poder de direcção e chefia do Governo, o Presidente da República pode colocar sob responsabilidade do Primeiro-Ministro a coordenação de determinadas áreas do Governo"*. Já o artigo 3.° do mesmo diploma, sobre o Primeiro-Ministro, estabelece: *"O Primeiro-Ministro é o coadjutor do Presidente da República na coordenação e condução da acção geral do Governo"*.

Trata-se aqui de uma ampliação por via legal[243] dos poderes do

---

[240] Sobre o aditamento legal de competências às competências do Presidente da República cfr. JORGE MIRANDA, *Actos e Funções do Presidente da República*, ESC, 1.° volume, Livraria Petrony, 1977, págs. 278 e 279.

[241] Cfr., neste sentido, RAUL ARAÚJO, *Os Sistemas ...*, *ob. cit.*, pág. 211 e *A Problemática ...*, *ob. cit.*, pág. 75. Em sentido contrário, admitindo a clarificação de aspectos constitucionais por via de lei, LAZARINO POULSON, *Quem é o Chefe de Governo em Angola? É o Presidente da República ou o Primeiro-Ministro?* Pensar Direito, Casa das Ideias, 2007, págs. 129 e 130.

[242] Sobre o princípio da reserva da Constituição cfr., por todos, J. J. GOMES CANOTILHO, *Direito Constitucional e Teoria da Constituição*, 7.ª edição, Almedina, 2003, pág. 247.

[243] É imperioso não confundir, como realçam J. J. GOMES CANOTILHO e VITAL MOREIRA, a ampliação por via legal das competências do Presidente da República com a questão dos poderes implícitos. Neste último caso, explicam os Professores de Coimbra, a lei limita-se a explicitar poderes inerentes ou poderes constitucionalmente implícitos do Presidente da República, ou poderes adquiridos por via do costume constitucional", cfr.

Presidente da República. Na opinião de J. J. GOMES CANOTILHO e VITAL MOREIRA, "a lei só pode ampliar a competência do Presidente da República, caso a Constituição o autorize"[244-245]. JORGE MIRANDA, diferentemente, admite a possibilidade de tal aditamento desde que a lei ordinária não ponha em causa os poderes dos restantes órgãos e o sistema de governo[246]. Ora, à luz da LC/92 não há autorização constitucional expressa para o alargamento das competências constitucionais do Presidente da República, por um lado, nem, por outro, a citada disposição respeita as competências doutros órgãos constitucionais. A atribuição por lei dos poderes de direcção, condução e coordenação do Governo ao Presidente da República viola o disposto no artigo 114.º, n.º 1 da nossa Lei Fundamental.

2.3.2.3. *Os pronunciamentos da doutrina angolana*

São já alguns os pronunciamentos da doutrina angolana sobre a questão da chefia do Governo. Na maior parte deles fica, contudo, a dúvida sobre qual a perspectiva de análise, isto é, sobre se abordam a questão numa perspectiva eminentemente constitucional ou numa perspectiva política (a partir da realidade dos factos).

RAUL ARAÚJO, por exemplo, manifesta uma alteração (ou evolução?) no seu pensamento sobre a matéria. Numa primeira análise, que parece ter como base a Constituição formal, denota alguma inclinação para atribuição da chefia do Governo ao Primeiro-Ministro[247]. Tal conclusão pode ser retirada das seguintes referências: considera que a LC/92 institui uma "diarquia executiva" e concede ao Chefe de Estado "um conjunto de atribuições e competências, que lhe permitem contrariar a acção do governo,

---

Os Poderes ..., *ob. cit.*, pág. 36. Cfr. ainda JORGE MIRANDA, *Actos e Funções* ..., *ob. cit.*, pág. 278.

[244] *Os Poderes* ..., *ob. cit.,* pág. 34.

[245] Dispõe o artigo 53.º, n.º 2 da LC/92 "A formação, a composição e o funcionamento dos órgãos de soberania são os definidos na presente lei".

[246] *Actos e Funções* ..., *ob. cit.,* pág. 278.

[247] Aliás, chega mesmo a considerar que, em termos abstractos, a atribuição da chefia do Governo ao Primeiro-Ministro é uma característica dos sistemas de governo semipresidenciais (pelo menos os de matriz francesa); cfr. RAUL ARAÚJO, *A Problemática* ..., *ob. cit.,* pág. 70.

se houver coabitação"[248]. Ora, só num quadro em que o Presidente da República não é o Chefe do Governo faz sentido falar em "contrariar a acção do Governo, se houver de coabitação". Mais adiante, refere como sendo "pacífico" que "o Primeiro-Ministro como responsável da acção governamental, é o «Chefe da Equipa», não sendo apenas um *primus inter pares*"[249]. Não se diz no texto o que é ser "responsável pela acção governamental", nem "chefe da equipa", mas subentende-se. Na densificação dessas expressões, o Autor considera, sustentado pelo artigo 114.º, n.º 2, alínea c), o Primeiro-Ministro o coordenador e orientador da acção de todos os Ministros e Secretários de Estado, exercendo autoridade sobre cada um deles. Na sua visão, o Presidente da República "não deve chamar qualquer membro do Governo, directamente, sem que seja por intermédio do Primeiro-Ministro, porque só este é que responde política e directamente perante o Presidente da República"[250]. Enquanto responsável pela acção governamental, defende RAUL ARAÚJO, o Primeiro-Ministro tem o direito e a obrigação de se reunir com os membros do Governo, "dispondo de um poder de comando sobre o Governo", defendendo, por isso, que o Secretariado do Conselho de Ministros deva estar directamente subordinado ao Primeiro-Ministro[251]. Este cultor do direito constitucional angolano chega mesmo a considerar que a LC/92 previu "a formação de um Governo de base parlamentar em que a Assembleia Nacional tinha largas funções de fiscalização e controlo político sobre o executivo"[252].

Posteriormente, olhando para a Constituição influenciado (pensamos) pela prática constitucional, RAUL ARAÚJO "evolui" o seu pensamento, inclinando-se expressamente para o reconhecimento claro e inequívoco da figura do Presidente da República como Chefe do Governo no sistema de governo angolano. Tal é visível no comentário que fez ao Acórdão do Tribunal Constitucional sobre a matéria[253], concluindo que o Presidente da República é o "chefe do executivo" fundamentando que "a experiência e a

---

[248] *Os Sistemas ..., ob. cit.,* pág. 207.

[249] *Idem,* pág. 238.

[250] *Idem.*

[251] *Idem,* págs. 238 e 239.

[252] RAUL ARAÚJO, *As Perspectivas da Futura Constituição Angolana,* A Constituição Angolana – Temas e Debates, Universidade Católica de Angola, 2002, pág. 173.

[253] *Comentário ao Acórdão do Tribunal Supremo de 21 de Dezembro de 1998,* ROAA, n.º 1, págs. 277-279.

Caracterização dos Sistemas de Governo 103

prática constitucional mostram que a existência de *zonas cinzentas* é sempre favorável ao alargamento das competências do Presidente da República em sistemas de governo híbridos como o nosso, mesmo quando se está perante situações de coabitação política"[254]. Realçando ainda o "papel proeminente do Presidente da República", RAUL ARAÚJO afirma que este órgão constitucional é o *"chefe incontestável do executivo"*[255] ora fundamentando com o facto de dar lugar à demissão do Governo a eleição de um novo Presidente da República (artigo 118.°, alínea b))[256], ora, inclinando-se claramente para elementos de facto (mutáveis), sublinhando que tal acontece "quando se verifica uma situação de integração em que o Presidente da República, a Assembleia Nacional e o Governo pertencem a uma mesma maioria partidária"[257].

Julgamos que tal "evolução" ou mutação deve-se ao facto de, como o próprio refere, o sistema angolano "praticamente não chegou a ser testado" e de "o modelo governamental desenhado para a II República acabou por não ser testado na sua verdadeira dimensão"[258].

CARLOS FEIJÓ, por seu turno, reconhece a proeminência do Primeiro-Ministro no sistema de governo angolano[259], admitindo, embora, a existência de poderes reais do Presidente da República que lhe permitem "contrariar a acção do Governo em caso de coabitação"[260]. O Chefe de Estado é para si uma figura central do sistema de governo, não sendo, contudo, um Presidente governante mas um Presidente "liderante".

LAZARINO POULSON envereda por um caminho diferente. Na sua análise sobre o sistema de governo em vigor em Angola, que considera "semipresidencial de geometria variável"[261], entende ser o Presidente da

---

[254] *Idem*, pág. 279.

[255] *A Problemática ..., ob. cit.,* pág. 73.

[256] Note-se, contudo, que também a demissão do Primeiro-Ministro dá lugar à demissão do Governo (artigo 118.°, alínea c)), pelo que tal argumento, isoladamente, nos parece insuficiente para resolver a questão.

[257] *A Problemática ..., ob. cit.,* pág. 73. O autor vai mesmo ao ponto de afirmar que "mesmo em situação de coabitação política compete ao Chefe de Estado a chefia do Governo, tendo neste caso apenas de ter cuidado de não ter a maioria parlamentar contra si e o seu governo" (pág. 74).

[258] RAUL ARAÚJO, *Semipresidencialismo em Angola: Uma Tentativa Falhada de Modelo de Governo*, RFDUAN n.° 7, 2007, pág. 44.

[259] Cfr. *O Semi-Presidencialismo ..., ob. cit.,* pág. 55.

[260] *Idem*.

[261] LAZARINO POULSON, *Quem é o Chefe ..., ob. cit.,* pág. 128.

República o Chefe do Governo[262]. Fica desde logo claro que a sua análise não tem como elemento principal a Constituição. Pelo contrário, são avançadas, para além das razões de ordem constitucional, razões de ordem legal, razões de ordem jurisprudencial, razões de ordem costumeira e tradicional e razões de ordem prática. Apesar de denotar alguma firmeza na conclusão a que chega, o próprio autor reconhece implicitamente a ausência de clareza constitucional ao sugerir que o futuro texto constitucional clarifique o sistema de governo, nomeadamente em relação à questão da chefia do governo[263].

2.3.2.4. *A nossa posição*

Definida a perspectiva de análise e conhecidas as posições jurisprudenciais, legais e doutrinárias é tempo de apresentarmos a nossa posição acerca de algumas das principais questões do nosso sistema de governo.

O nosso texto constitucional, ao introduzir uma estrutura executiva bicéfala, optou por não definir (pelo menos em termos inequívocos) a questão da chefia do governo. Pelo contrário, consagrou um sistema dotado de uma elasticidade tal para permitir que do ponto de vista prático qualquer uma das hipóteses seja hábil a funcionar, embora não haja experiência de funcionamento do nosso sistema de governo em caso de coabitação[264]. A cabeça de comando do Governo é, no plano teórico, oscilante. Tal oscilação depende de um conjunto de factores políticos, psicológicos e pessoais.

O sistema de governo angolano tanto pode funcionar, como hoje, tendo o Presidente da República como Chefe do Governo, não se colocando aí necessariamente qualquer problema sobre a constitucionalidade desta vertente funcional, como pode perfeitamente funcionar tendo o

---

[262] Entende o autor, contudo, a respeito da geometria variável, que o sistema "pode ter um pendor mais presidencial ou mais parlamentar, de acordo com o resultado das eleições e protagonismo dos actores políticos" (pág. 128). Ora, será o Presidente da República o Chefe do Governo mesmo quando, por força dos resultados eleitorais, o funcionamento do sistema tenha um pendor parlamentar?

[263] *Quem é o Chefe ..., ob. cit.,* pág. 131.

[264] Sobre as dificuldades práticas da coabitação cfr., entre outros, GIANFRANCO PASQUINO, *The Advantages and Disadvantages of Semi-presidentialism – A west european perspective*, Semi-presidentialism Outside Europe ..., *ob. cit.,* págs. 20 e 21.

Primeiro-Ministro à cabeça do Governo (ou pelo menos com maior capacidade de intervenção política). Num quadro político como o actual, em que o Presidente da República é o líder do partido maioritário na Assembleia Nacional, facto que pesa, sobretudo quando a arrumação da Constituição possibilita a existência de conflitos negativos ou positivos de poderes[265], goza de grande prestígio no seio do seu partido, tem a favor uma maioria parlamentar estável e obediente (com um grupo parlamentar coeso e disciplinado[266]), naturalmente que pende para ele a chefia do Governo. Recorde-se, contudo, que isto é uma questão de funcionamento do sistema e não do sistema em si. Não concordamos, porém, com a interpretação inequivocamente *presidencialista* do nosso sistema de governo. Desde logo porque a Constituição não possui um sentido unívoco, antes introduz um sistema de "geometria variável" permitindo a existência de coabitação política[267]. O sistema instituído pela Constituição de 1992 é, por isso, um sistema de *dupla autoridade flexível* na medida em que permite um funcionamento *oscilante* quanto à chefia do governo[268]. Tudo depende, pensamos, da estabilidade das combinações entre as maiorias presidencial e parlamentar.

Num quadro de maioria dividida (ausência de consonância entre o Presidente da República e a maioria parlamentar) instala-se a coabitação e cresce substancialmente o nível de sustentabilidade política do Primeiro-Ministro e, com isso, a sua capacidade de intervenção política (podendo abrir-se aí um campo de conflitos e impasses[269]). Os seus poderes consti-

---

[265] No mesmo sentido, VITALINO CANAS, *O Sistema de Governo Moçambicano na Constituição de 1990*, LEX, pág. 169.

[266] Sobre as relações entre os Grupos Parlamentares e os partidos políticos veja MÁRIO RAMOS PEREIRA DA SILVA, *Grupos Parlamentares e Partidos Políticos: Da Autonomia à Integração*, Coimbra, 2006, págs. 51-57.

[267] Admitindo a possibilidade da existência de coabitação política no funcionamento do sistema de governo angolano cfr. RAUL ARAÚJO, *Os Sistemas ..., ob. cit.,* pág. 207, CARLOS FEIJÓ, *O Semi-Presidencialismo ..., ob. cit.,* pág. 55.

[268] Na esteira de GIOVANNI SARTORI, preferimos a expressão "oscilação" a "alternância" porque, como refere, *"alternância"* quer dizer a passagem de uma coisa para outra, enquanto *oscilação* é um movimento dentro do sistema"; cfr. *Engenharia Constitucional ..., ob. cit.,* pág. 139.

[269] Para mais sobre alguns problemas de funcionamento da coabitação em sistemas de governo semipresidenciais, veja, entre outros, GIANFRANCO PASQUINO, *Sistemas ..., ob. cit.,* págs. 141-149.

tucionais transformam-se em poderes reais e passa a ser ele, como preconiza a Constituição, a assumir a direcção, condução e coordenação efectivas da actividade governativa. Aliás, parece ser esse o sentido indicado pela Lei n.º 18/96, de 14 de Novembro (Lei de Revisão Constitucional)[270] quando refere no seu artigo 2.º, n.º 2 que "sem prejuízo do princípio de que *o Governo emana da maioria parlamentar*, o Governo de Unidade e Reconciliação Nacional integrará representantes de partidos políticos com assento na Assembleia Nacional"[271]. Tal implica, em caso de coabitação e de uma maioria parlamentar estável, a existência de um Primeiro-Ministro e de um Governo fortes e politicamente autónomos do Presidente da República. Pelo contrário, havendo coincidência entre Presidente da República e maioria parlamentar ou a ausência de uma maioria parlamentar estável contrária ao Presidente da República tendencialmente enfraquecerá a posição política do Primeiro-Ministro e abrir-se-á um espaço amplo à livre movimentação política do Presidente da República.

2.3.3. Outras notas caracterizadoras do sistema semipresidencial angolano

2.3.3.1. *O Presidente da República*

2.3.3.1.1. *Estatuto Constitucional do Presidente da República*

O Presidente da República é o primeiro dos quatro órgãos de soberania previstos no artigo 53.º da Lei Constitucional. Enquanto Chefe de Estado, simboliza a unidade nacional, representa a Nação no plano interno e internacional, assegura o cumprimento da Lei Constitucional e é o Comandante-em-Chefe das Forças Armadas (artigo 56.º, n.º 1).

O Presidente da República possui uma posição política reforçada porque é detentor de uma ampla e directa legitimidade democrática, sendo, por isso, um *órgão presidencial autónomo*[272]. Para a sua eleição (feita por

---

[270] Publicada no *Diário da República* n.º 48, I série, de 14 de Novembro de 1996.

[271] Itálico nosso.

[272] Sobre a distinção entre órgão presidencial «autónomo» e órgão presidencial «não autónomo», cfr. J. J. GOMES CANOTILHO, *Direito Constitucional ..., ob. cit.,* pág. 620.

Caracterização dos Sistemas de Governo 107

sufrágio universal e directo), a qual só podem concorrer cidadãos angolanos de origem[273] maiores de 35 anos, exige a Constituição a uma maioria absoluta dos votos validamente expressos[274], recorrendo-se a uma segunda votação, à qual concorrem os dois candidatos mais votados, caso nenhum dos candidatos consiga na primeira volta mais de metade dos votos (artigo 57.°, n.os 1 e 2). Não sendo a eleição directa do Presidente da República um elemento determinante para a qualificação de um sistema de governo[275], não pode ser, de igual modo, um elemento negligenciado[276].

O mandato tem a duração de cinco anos (mais um do que a legislatura) podendo um Presidente da República ser reeleito para mais dois mandatos, consecutivos ou interpolados (artigo 59.°). A Lei Constitucional permite a existência de candidaturas partidárias (apresentadas pelos partidos políticos ou coligações de partidos) e de candidaturas independentes[277] (apresentadas por um mínimo de cinco mil e um máximo de dez mil cidadãos eleitores) (artigo 60.°)[278]. Não há, por isso, uma necessária separação entre candidatos presidenciais e partidos políticos, não havendo, em conformidade, uma clara separação entre os programas políticos (do candidato e do partido político). Faz sentido, assim, falar-se em "maioria presidencial" e na inserção do Presidente da República na dialéctica maioria *versus* oposição, bem como na dificuldade de existência de um posicionamento equidistante. Tal facto, aliado aos poderes de definição da orientação política do país e presidência do Conselho de Ministros, fazem do Presidente da República um presidente *liderante* e permitem-lhe na prática ser também um presidente *governante*. O Presidente da República é, pelo

---

[273] Nos termos do artigo 9.°, n.° 1 da Lei n.° 1/05, de 1 de Julho (Lei da Nacionalidade), é cidadão angolano de origem "o filho de pai ou mãe de nacionalidade angolana nascido em Angola" e "o filho de pai ou mãe de nacionalidade angolana nascido no estrangeiro".

[274] Apenas têm capacidade eleitoral activa os cidadãos angolanos residentes no território angolano.

[275] Neste sentido, PAULO CASTRO RANGEL, *Sistemas de Governo Mistos – o Caso Cabo-Verdiano*, Juris et de Jure (Nos vinte anos da Faculdade de Direito da Universidade Católica Portuguesa – Porto), Porto 1998, pág. 724.

[276] Cfr. J. J. GOMES CANOTILHO e VITAL MOREIRA, *Constituição da República Portuguesa Anotada*, 3.ª Edição, Coimbra Editora, 1993, pág. 558.

[277] Sobre as razões que motivaram a opção pela coexistência entre as candidaturas partidárias e as não partidárias, cfr. RAUL ARAÚJO, *Os Sistemas ...*, *ob. cit.*, pág. 209.

[278] Não houve nas eleições presidenciais de 1992 qualquer candidato independente.

108 Autorizações Legislativas e Controlo Parlamentar do Decreto-Lei Autorizado

conjunto de poderes (de facto e de direito) que possui, uma figura central do nosso sistema de governo[279].

2.3.3.1.2. Poderes do Presidente da República

A LC/92 atribui ao Presidente da República um conjunto de poderes próprios[280]. Entendemos por *poderes próprios*, na esteira de J. J. GOMES CANOTILHO, *"aqueles que o Presidente da República é autorizado pela Constituição a praticar, só e pessoalmente, mesmo quando condicionados à observância de outras formalidades constitucionais (pareceres, consultas)"*[281]. Para além dos poderes próprios, o Presidente da República dispõe ainda de poderes partilhados, poderes de controlo e poderes simbólicos. Assim, do conjunto amplo de poderes do Presidente da República, merecem algum destaque, pela importância que têm na caracterização do sistema de governo:

a) Nomeação do Primeiro-Ministro

O poder de nomeação do Primeiro-Ministro é uma competência própria e pessoal do Presidente da República, devendo ser exercida após audição aos partidos políticos com assento parlamentar (artigo 66.°, alínea a)). Este procedimento prévio deve ser, quanto a nós, correctamente compreendido. Contrariamente ao que se passa nos sistemas parlamentares, ou nele directamente inspirados, em que o poder de nomeação do Primeiro--Ministro é meramente formal porque vinculado aos resultados das eleições legislativas (da composição do parlamento, portanto), no sistema angolano o Presidente da República goza de alguma margem de discricionariedade política, na medida em que não lhe é imposta qualquer limitação constitucional[282]. Não há sequer, nos termos da Constituição, qualquer

---

[279] No mesmo sentido, FILIPE FALCÃO OLIVEIRA, *Direito Público Guineense*, Almedina, pág. 99.

[280] Também designados por "poderes dominantes"; cfr., por exemplo, ISALTINO MORAIS, JOSÉ MÁRIO FERREIRA DE ALMEIDA e RICARDO LEITE PINTO, *O Sistema ..., ob. cit.,* pág. 101.

[281] *Direito Constitucional ..., ob. cit.,* pág. 622.

[282] No mesmo sentido, RAUL ARAÚJO, *Os Sistemas ..., ob. cit.,* pág. 214 e 216;

prerrogativa de indicação por parte do partido vencedor das eleições legislativas. A audição prévia constitucionalmente imposta, contudo, não é uma fútil formalidade. Ela ganha importância capital nos casos em que existe uma maioria parlamentar clara contrária ao Presidente da República[283]. Aí, diminui substancialmente a discricionariedade porque só com um acordo com a formação política vencedora (e provavelmente a criação de uma coabitação) parece ser possível evitar impasses políticos no exercício da acção governativa. É imprescindível não ter contra si mais deputados do que a favor. Em todo o caso, algo parece claro: mesmo neste contexto, a última palavra é do Presidente da República que pode sempre recusar nomear qualquer candidato a Primeiro-Ministro proposto pelo partido maioritário. Aliás, o acto de nomeação do Primeiro-Ministro encontra-se constitucionalmente desvinculado de qualquer indicação prévia da maioria parlamentar.

b) Nomeação dos demais membros do Governo e o Governador do Banco Nacional de Angola

Para além do Primeiro-Ministro, integram o Governo os Ministros, os Secretários de Estado e os Vice-Ministros. Estes, assim como o Governador do BNA, são nomeados pelo Presidente da República, sob proposta do Primeiro-Ministro. Trata-se aqui de um verdadeiro poder partilhado entre estes dois órgãos constitucionais, na medida em que sem a participação de ambos, em termos de intervenção efectiva, não se consuma o exercício do poder.

Naturalmente que, em termos práticos, a efectiva aplicação deste preceito constitucional está dependente da correlação de forças no parlamento. Havendo uma maioria parlamentar clara favorável ao Presidente da República, líder dessa maioria, reduz-se substancialmente a capacidade de influência do Primeiro-Ministro. Apenas em caso de coabitação, consequência da divergência entre as maiorias presidencial e parlamentar, a par-

---

CARLOS FEIJÓ, *O Semi-Presidencialismo ...*, *ob. cit.*, pág. 55 e LAZARINO POULSON, *Quem é o Chefe ...*, *ob. cit.*, pág. 128.

[283] No mesmo sentido, RAUL ARAÚJO, *Os Sistemas ...*, *ob. cit.*, pág. 216.

tilha tem condições para sobreviver. Neste último caso, o Primeiro-Ministro (provavelmente líder da maioria parlamentar) vê a sua influência política alargada, facto que lhe garante maior capacidade de intervenção política.

c) *Exoneração do Primeiro-Ministro e demissão do Governo*

De acordo com a alínea c) do artigo 66.º, o Presidente da República pode "pôr termo às funções do Primeiro-Ministro e demitir o Governo, após consulta ao Conselho da República".

Enquanto órgão assegurador do funcionamento regular dos órgãos do Estado (artigo 56.º, n.º 2) perante quem o Primeiro-Ministro e o Governo, por meio daquele, são politicamente responsáveis, o Presidente da República, sem qualquer limitação constitucional e com ampla discricionariedade política, decide sobre a continuidade em funcionamento ou não desses órgãos. A relação Presidente da República/Primeiro-Ministro e Governo é uma relação de confiança política. O Primeiro-Ministro e o Governo só funcionam com a confiança política do Presidente da República, só a este cabendo avaliar as circunstâncias e decidir sobre a capacidade de funcionamento regular (*efectividade e eficiência governativa*[284]) do Primeiro--Ministro e do Governo, facto que revela, nesse domínio, uma diminuta autonomia funcional do Governo, por um lado, e a possibilidade de exercício desse poder independentemente de desconfiança parlamentar, por outro.

Os poderes de exoneração do Primeiro-Ministro e de demissão do Governo para além de independentes de intervenção política real doutro órgão constitucional, não carecem de qualquer circunstância política excepcional para o seu exercício, não sendo, por isso, um instituto de "estado de necessidade constitucional"[285].

---

[284] Assim, ISALTINO MORAIS, JOSÉ MÁRIO FERREIRA DE ALMEIDA e RICARDO LEITE PINTO, *O Sistema ...*, *ob. cit.*, pág. 105.

[285] No sentido referido por J. J. GOMES CANOTILHO e VITAL MOREIRA, *Os Poderes ...*, *ob. cit.*, pág. 51.

Caracterização dos Sistemas de Governo

d) Dissolução da Assembleia Nacional

Instituto típico dos sistemas de governo semipresidenciais (não está dependente, como nos sistemas parlamentares, de proposta nem da concordância do Governo) a dissolução da Assembleia Nacional é igualmente um poder próprio do Presidente da República, não obstante a necessidade de audição prévia de um leque alargado de órgãos (Primeiro-Ministro, Presidente da Assembleia Nacional e Conselho da República).

O acto de dissolução da Assembleia é um acto livre e incondicionado, excepto nos casos em que a Constituição expressamente impõe algumas limitações (circunstanciais e temporais)[286]. Não há no texto constitucional, de igual modo, circunstâncias objectivas cuja verificação impõe ao Presidente da República a prática do acto de dissolução.

Na medida em que provoca o termo antecipado da legislatura (e a necessidade de, mediante eleições, formar um novo parlamento e dar início a uma nova legislatura), a dissolução da Assembleia Nacional dá lugar à demissão do Governo, dando corpo à regra constitucional "a cada legislatura um Governo"[287].

e) Promulgação e direito de veto (político)

Os actos normativos, de natureza legislativa, sejam eles da Assembleia Nacional ou do Governo, carecem da intervenção do Presidente da República, através da promulgação, para que possam produzir os seus efeitos. Na definição de AFONSO D'OLIVEIRA MARTINS, a promulgação é um "acto da exclusiva competência do Presidente da República, que é expressão de um poder de controlo inerente à função de chefia do Estado e se encontra sujeito a referenda do Governo, do qual se faz depender a existência jurídica formal, com o valor correspondente, das leis constitu-

---

[286] Nos termos da Lei Constitucional, a Assembleia Nacional não pode ser dissolvida enquanto durar o exercício de poderes especiais do Presidente da República (artigo 67.º, n.º 3), pelo Presidente da República interino (artigo 72.º e artigo 95.º, n.º 1) e nos seis meses posteriores à sua eleição, no último semestre do mandato do Presidente da República ou durante a vigência do estado de sítio ou do estado de emergência (artigo 95.º, n.º 1).

[287] Neste sentido, JORGE MIRANDA e RUI MEDEIROS, *Constituição ...*, *ob. cit.*, Tomo II, pág. 672.

cionais, das leis, dos decretos-leis e dos decretos regulamentares e mediante o qual se reconhece autenticidade, definitividade e capacidade executória a tais diplomas"[288]. Tal definição, naturalmente construída na base do direito constitucional português, deve merecer uma ligeira adaptação para ser aplicável ao direito constitucional angolano, na medida em que, entre nós, os decretos do governo não são passíveis de promulgação mas sim de assinatura[289-290]. Uma análise conjunta dos artigos 66.º, alínea s), 69.º, 70.º, 71.º e 114.º, n.º 2, alíneas e) e f), apesar da confusão, permite chegar a essa conclusão.

Enquanto *poder de controlo e de freio*, o poder de promulgação é um poder discricionário, gozando o seu titular de uma ampla margem de decisão. Tal não significa, contudo, que estejamos perante um poder juridicamente ilimitado. Em conformidade, o exercício desse poder deve concretizar-se sempre com fidelidade ao interesse público inerente à defesa da Constituição e da legalidade democrática[291].

As leis da Assembleia Nacional e os decretos-leis do Governo, uma vez aprovados, são submetidos à promulgação do Presidente da República. Este, após a recepção, dispõe de trinta dias para se pronunciar (artigo 69.º, n.º 1). Não há na Constituição qualquer sanção jurídica para a omissão. Pelo contrário, são considerados juridicamente inexistentes as leis e os decretos-leis não promulgados (e os decretos não assinados) pelo Presidente da República. A liberdade de actuação e a discricionariedade implicam a possibilidade de exercício de direito de veto sempre que considere, por razões políticas, inconveniente ou inoportuna a entrada em vigor do diploma submetido à promulgação[292].

O veto, uma vez exercido, é superável em relação aos diplomas aprovados pela Assembleia Nacional e insuperável quanto aos decretos-leis do

---

[288] Afonso D'Oliveira Martins, *Promulgação*, DJAP, vol. VI, Lisboa 1994, pág. 560.

[289] No mesmo sentido, cfr. Raul Araújo, *Os Sistemas* ..., *ob. cit.*, pág. 221.

[290] Apesar de fazer essa diferenciação formal, a Lei Constitucional não deixa muito clara a distinção material entre os actos de promulgação e de assinatura do Presidente da República; para mais, sobre a dificuldade da diferenciação entre promulgação e assinatura cfr. J. J. Gomes Canotilho e Vital Moreira, *Constituição* ..., *ob. cit.*, 3.ª edição, pág. 590.

[291] Neste sentido, Afonso D'Oliveira Martins, *A Promulgação* ..., *ob. cit.*, pág. 569.

[292] No mesmo sentido, J. J. Gomes Canotilho, para quem "o controlo (melhor: o *controlo prévio*) do Presidente da República estende-se ao próprio mérito e oportunidade política das medidas legislativas"; cfr. *Direito Constitucional* ..., *ob. cit.*, pág. 625.

Governo. Por isso, no primeiro caso, o veto efectiva-se pela recusa de promulgação e a devolução do diploma ao Parlamento para efeitos de reapreciação (artigo 69.º, n.º 2). A superação do veto pelo Parlamento dá-se pela aprovação do mesmo diploma por uma maioria de 2/3 dos deputados, caso em que é o Presidente da República constitucionalmente obrigado a promulgá-lo nos quinze dias subsequentes à sua recepção (artigo 69.º, n.º 3). No caso dos decretos-leis do Governo o exercício do direito de veto, porque insuperável, não carece de devolução do diploma ao Governo. Naturalmente que, como logicamente se compreende, o veto exercido sobre diplomas do Governo é um expediente ao serviço do Presidente da República para contrariar a acção governativa sobretudo em situações de coabitação. Havendo coincidência entre as maiorias presidencial e parlamentar e sendo o Presidente da República o Presidente do Conselho de Ministros, órgão que aprova os decretos-leis, torna-se praticamente impossível o exercício do direito de veto.

O Presidente da República pode ainda exercer o veto por inconstitucionalidade, como consequência da apreciação preventiva da constitucionalidade de um diploma pelo Tribunal Constitucional. Mas essa é outra questão.

2.3.3.2. *A Assembleia Nacional*

2.3.3.2.1. *Caracterização Geral*

Segunda na linha hierárquica dos órgãos de soberania, a Assembleia Nacional é, nos termos do artigo 78.º, n.º 1, "a assembleia representativa de todos os angolanos e exprime a vontade soberana do povo angolano". Tal enunciado quer significar, por um lado, que a Assembleia Nacional representa não apenas os cidadãos que participaram nas eleições exprimindo de forma directa, livre e secreta a sua opinião, mas também aqueles que não votaram (voluntária ou involuntariamente) e, por outro, que os deputados representam o povo angolano e não apenas o partido por que foram candidatos ou o círculo eleitoral por que foram eleitos (no caso dos círculos provinciais e do círculo das comunidades angolanos no exterior).

Composta por 223 deputados[293], a Assembleia Nacional apresenta-se

---

[293] Nas primeiras eleições gerais multipartidárias realizadas em 1992, por ter sido

como um órgão unicameral *sui generis,* na medida em que se assegura numa única câmara um modelo de representatividade similar ao usado tradicionalmente em sistemas bicamerais. Por um lado, há o círculo nacional, contando, para o efeito, todo os votos expressos no território nacional, que elege 130 deputados e, por outro, há dezoito círculos provinciais (um para cada província) elegendo cinco deputados cada (independentemente da extensão territorial e do número de habitantes) perfazendo um total de noventa deputados[294].

2.3.3.2.2. *Principais Funções da Assembleia Nacional*

Do ponto de vista funcional, tendo em conta a variedade das funções desempenhadas enquanto órgão reflector da soberania popular, a Assembleia Nacional caracteriza-se como uma instituição "polivalente"[295]. J. J. GOMES CANOTILHO, que aqui seguimos de perto, apresenta sete funções: a) função electiva (e de criação); b) função legislativa; c) função de controlo; d) função de fiscalização[296]; e) função autorizante; f) função de representação e g) função "europeia"[297-298]. Vejamos uma a uma[299].

---

considerado não estarem reunidas as condições políticas e matérias para a realização do registo eleitoral e, consequentemente, da votação, não foram eleitos os três deputados do círculo das comunidades angolanas no exterior.

[294] Tradicionalmente os sistemas bicamerais possuem uma câmara representativa do todo nacional e outra representativa de cada uma das regiões (ou Estados, no caso dos Estados federais). Essa característica encontra-se reflectida no unicameralismo angolano na medida em que permite uma representatividade similar à existente em sistemas bicamerais.

[295] No sentido referido por MAURIZIO COTTA, *Parlamento*, Dicionário de Política, Org.: Norberto Bobbio, Nicola Matteucci e Gianfranco Pasquino, Editora UNB – Dinalivro, 12.ª Edição, 2004 (tradução), pág. 883.

[296] O autor distingue a função de controlo da função de fiscalização por considerar esta mais extensa do que aquela. Preferimos, contudo, adoptar uma estruturação formal que permite a abordagem simultânea de ambas as funções.

[297] *Direito Constitucional ..., ob. cit.,* págs. 634-640.

[298] MAURIZIO COTTA agrupa a variedade de funções parlamentares em quatro funções fundamentais: representação, legislação, controlo do executivo e legitimação cf. *Parlamento..., ob. cit.,* pág. 883.

[299] Excluindo, naturalmente, a função "europeia".

a) Função electiva

Ao atribuir à Assembleia Nacional competência para eleger membros de órgãos constitucionais, a LC/92 reconhece-lhe importantes funções electivas. Elas são internas quando voltadas para a eleição de órgãos internos: eleição do Presidente, dos Vice-Presidentes da Assembleia Nacional (artigo 88.°, alínea p)) e dos Presidentes das Comissões Permanentes de Trabalho. Já a função electiva externa traduz-se na capacidade de eleger membros de outros órgãos. São exemplos a eleição de cinco membros do Conselho Superior da Magistratura Judicial (artigo 132.°, n.° 2, alínea b)), a eleição de três juízes do Tribunal Constitucional (artigo 135.°, n.° 1, alínea b)) ou a eleição do Provedor de Justiça (artigo 143.°, n.° 1). A função electiva, por força da abertura feita pela alínea r) do artigo 88.°, é passível de extensão por via legal.

b) Função legislativa

Como órgão legislativo por excelência, a produção legislativa é a principal função da Assembleia Nacional. Note-se, contudo, que, malgrado a sua caracterização como órgão legislativo por excelência, a Assembleia Nacional não detém o monopólio da função legislativa, visto que também o Governo, em domínios devidamente definidos pela Constituição, exerce função legislativa. Voltaremos à questão.

c) Função de controlo ou função de fiscalização[300]

A par da função legiferante (e como consequência do princípio da separação e interdependência de funções), a função de controlo ou de fiscalização surge como uma das mais importantes funções da Assembleia Nacional no quadro do sistema de governo angolano.

Esta função, como refere J. J. GOMES CANOTILHO, não se identifica com os mecanismos destinados a dar operacionalidade à *relação de con-*

---

[300] Cfr., para mais sobre a matéria, ANTÓNIO VITORINO, *O Controlo Parlamentar dos Actos do Governo*, Portugal. O Sistema Político e Constitucional 1974-1987, Coord. de Mário Baptista Coelho.

fiança Parlamento-Governo[301]. Com efeito, vários são os meios constitucionais ao dispor da Assembleia Nacional para o cumprimento dessa função. As interpelações ao Governo e aos seus membros (artigo 83.º), as perguntas e os pedidos de esclarecimento (formulados oralmente ou por escrito) de qualquer deputado, dirigidos ao Governo (artigo 99.º), a apreciação dos decretos-leis aprovados pelo Conselho de Ministros para efeitos de alteração ou recusa de ratificação (artigo 94.º), a constituição de comissões tendo em vista a realização de inquéritos parlamentares para a apreciação de actos do Governo ou da administração (artigo 101.º) e, *last but not the least*, a moção de censura como meio *mais radical* do controlo político parlamentar sobre o Governo, são os principais exemplos.

d) Função autorizante

No domínio do seu relacionamento com os demais órgãos políticos de soberania ganha ainda realce a função autorizante da Assembleia Nacional, através da qual esta controla e participa no exercício de certas competências doutros órgãos de soberania. A função autorizante traduz-se, nalguns casos, na partilha entre a Assembleia Nacional e o Presidente da República ou o Governo de certas competências, isto é, de uma "competência de *codecisão*". São, entre outros, os casos da autorização ao Governo para contrair ou conceder empréstimos (artigo 88.º, alínea f)), autorização ao Presidente da República para declarar estado de sítio ou estado de emergência (artigo 88.º, alínea i)), autorização ao Presidente da República para declarar a guerra e fazer a paz (artigo 88.º, alínea j)), ou concessão ao Governo de autorizações legislativas (artigos 88.º, alínea c) e 91.º).

e) Função de representação

Resumida no enunciado constitucional "a Assembleia Nacional é a assembleia representativa de todos os angolanos", a função de representação tem hoje um conjunto de corolários constitucionais, como sejam a necessidade de intervenção parlamentar no domínio das relações internacionais, militar e fiscal.

---

[301] *Direito Constitucional ..., ob. cit.,* pág. 635.

Caracterização dos Sistemas de Governo 117

A dimensão da função de representação do Parlamento e dos deputados implica a existência de garantias para que estes possam exercer livremente o seu mandato, garantias de liberdade essas que excluem a dependência de uma disciplina partidária absoluta[302]. Por outro lado, enquanto assembleia eleita por sufrágio universal e directo, a Assembleia Nacional assume-se como elemento concretizador do princípio da representação política[303].

2.3.3.3. *O Governo*

2.3.3.3.1. *Estrutura e composição do Governo*

2.3.3.3.1.1. O Governo como órgão de soberania complexo

De acordo com a sua estruturação constitucional, o Governo é um órgão colegial, porque formado por várias pessoas, e complexo, porque composto por uma pluralidade de órgãos colegiais e singulares com competências autónomas. A complexidade do Governo é ainda visível face à sua natureza de órgão de soberania, uma vez que compete ao Presidente da República definir a orientação política do país e presidir ao Conselho de Ministros, competindo-lhe, nessa qualidade, convocar as sessões e fixar a ordem de trabalhos.

É notória a heterogeneidade dos órgãos que compõem o Governo, que integra o Conselho de Ministros, órgão colegial presidido pelo Presidente da República, e órgãos singulares – o Primeiro-Ministro, os Ministros, os Secretários de Estado e os Vice-Ministros (artigo 108.°). Há na Constituição várias competências que apenas podem ser exercidas pelo Governo enquanto órgão colegial. Dos órgãos acima referidos, são de existência obrigatória o Conselho de Ministros, o Primeiro-Ministro e os Ministros. Já os Secretários de Estado são órgãos eventuais. Tal conclusão resulta do facto de as Secretarias de Estado, enquanto "departamentos governativos mais pequenos"([304]), serem como que órgãos que não ganha-

---

[302] Neste sentido, Marcelo Rebelo de Sousa e José de Melo Alexandrino, *Constituição da República Portuguesa Comentada*, Lex, 2000, pág. 268.

[303] Cfr., no mesmo sentido, Luís Sá, *Assembleia da República*, DJAP, 1.° Suplemento, Lisboa 1998, pág. 56.

[304] Cfr., neste sentido, Raul Araújo, *Os Sistemas ...*, *ob. cit.,* pág. 234.

ram ainda o direito de serem considerados na sua plenitude «departamentos governativos», ou seja, Ministérios[305].

Implícito no n.º 2 do artigo 53.º da LC/92[306] está o princípio da reserva da Constituição que proíbe, quanto à composição dos órgãos de soberania, a criação de categorias de órgãos para lá da previsão constitucional. Isto é, as categorias de órgãos que integram o Governo são apenas as previstas pela Constituição, não podendo ser criadas outras por lei[307]. Assim, é questionável a constitucionalidade da criação da Comissão Permanente do Conselho de Ministros[308], bem como a criação da figura do Ministro-Adjunto do Primeiro-Ministro[309]. O Conselho de Ministros pode, contudo, nos termos do artigo 108.º, n.º 4, criar comissões especializadas para a preparação de assuntos específicos a serem apreciados em Conselho de Ministros. Não se enquadra aí, parece-nos, a figura da Comissão Permanente do Conselho de Ministros. Enquadramento diferente, mais conforme com a orientação constitucional, tem a Comissão de Vice-Ministros, criada pelo artigo 19.º do Decreto-lei n.º 12/03, de 16 de

---

[305] *Idem*, págs. 234 e 235.

[306] "A formação, a composição, a competência e o funcionamento dos órgãos de soberania são os definidos na presente lei".

[307] Neste sentido, J. J. GOMES CANOTILHO, *Governo*, DJAP, vol. V, Lisboa 1993, págs. 22 e 23. Este autor fala mesmo na existência de um *numerus clausus* de membros do Governo como limite constitucional ao poder de organização do Governo; ALEXANDRE DE SOUSA PINHEIRO, *O Governo ...*, *ob. cit.*, pág. 192; JAIME VALLE, *A Participação ...*, *ob. cit.*, pág. 54.

[308] Nos termos do artigo 1.º do Decreto-lei n.º 17/02, de 9 de Dezembro, (Regimento da Comissão Permanente do Conselho de Ministros) "a Comissão Permanente do Conselho de Ministros é o órgão que funciona no intervalo das sessões do Conselho de Ministros, à qual compete no geral acompanhar e assegurar a implementação das deliberações do Conselho de Ministros sobre os assuntos de natureza humanitária, social, económica e produtiva". A Comissão Permanente do Conselho de Ministros é presidida pelo Presidente da República e integra, para além do Primeiro-Ministro, os seguintes Ministros: Defesa Nacional, Relações Exteriores, Interior, Ministro-Adjunto do Primeiro-Ministro, Finanças, Planeamento, Administração Pública, Emprego e Segurança Social, Agricultura e Desenvolvimento Rural, Assistência e Reinserção Social, Administração do Território, Indústria, Pescas, Obras Públicas, Geologia e Minas e Comunicação Social (artigo 2.º do Decreto-lei n.º 17/02, de 9 de Dezembro).

[309] Introduzido na orgânica do Governo pelo Decreto-Lei n.º 16/02, de 9 de Dezembro, posteriormente alterado pelo Decreto-lei n.º 2/03, de 28 de Fevereiro, "o Ministro-Adjunto do Primeiro-Ministro assegura a coordenação da execução da política económica e financeira do Governo" (artigo 4.º).

Caracterização dos Sistemas de Governo 119

Maio[310]. Já o número e a designação dos Ministros, Secretários de Estado e Vice-Ministros são determinados pelos respectivos decretos de nomeação (artigo 106.º, n.º 2) e as suas atribuições são determinadas por decreto-lei (artigo 106.º, n.º 3).

2.3.3.3.1.2. *O Conselho de Ministros*

Adaptando a definição proposta por DIOGO FREITAS DO AMARAL à realidade angolana diríamos que o Conselho de Ministros é o órgão colegial constituído pela reunião de todos os Ministros (e Secretários de Estado, se os houver[311]), sob a presidência do Presidente da República[312], a quem compete desempenhar as funções políticas e administrativas que a Constituição ou a lei atribuam colectivamente ao Governo[313].

O Conselho de Ministros é presidido pelo Presidente da República e constituído pelo Primeiro-Ministro, Ministros e Secretários de Estado (artigo 108.º, n.º 1). Os Vice-Ministros podem ser convocados para participar nas reuniões do Conselho de Ministros. No exercício da presidência do Conselho de Ministros, cabe ao Presidente da República convocar as suas sessões e fixar a agenda de trabalhos, ouvido o Primeiro-Ministro, bem como dirigir e orientar os trabalhos, podendo delegar expressamente no Primeiro-Ministro a presidência do Conselho de Ministros (artigo 68.º). Essa delegação, que deve ser feita por iniciativa do Presidente da República e não mediante solicitação do Primeiro-Ministro, assume, sobretudo em contextos de convergência entre as maiorias presidencial e parlamentar, um carácter excepcional.

Na medida em que dele faz parte – não apenas faz parte como é o seu presidente – o Presidente da República, o Conselho de Ministros não é apenas o órgão colegial do Governo. É mais do que isso. O Conselho de Ministros em Angola, pelos órgãos que o integram, é o ponto de concen-

---

[310] A Comissão de Vice-Ministros é, nos termos do artigo 1.º do Decreto n.º 90/03, de 7 de Outubro (Regimento da Comissão de Vice-Ministros), "uma instância encarregada da preparação técnica das reuniões do Conselho de Ministros".

[311] Na definição original, "e por vice-primeiros-ministros, se os houver".

[312] Na definição original, "do Primeiro-Ministro".

[313] DIOGO FREITAS DO AMARAL, *O Governo ..., ob. cit.,* pág. 19.

tração e unificação das *duas cabeças* que detêm a função executiva, nomeadamente o Presidente da República e o Governo, cuja acção é dirigida, conduzida e coordenada pelo Primeiro-Ministro.

Apesar de não ser clara a diferenciação entre Conselho de Ministros e Governo, excepto no que concerne à sua composição, deve entender-se que as competências atribuídas pela Constituição ao Governo devem ser exercidas em Conselho de Ministros, perante quem define a orientação política do país. Parece ser esse o sentido apontado pelo artigo 113.° ao referir que "o Governo, reunido em Conselho de Ministros, exerce a sua competência por meio ...". São disso exemplo, entre outras, a definição das linhas gerais da política governamental e as da sua execução, a aprovação de decretos-lei no exercício de funções legislativas, a elaboração, aprovação, direcção e execução do Orçamento do Estado, etc.

Não é nítida na Constituição a questão da admissibilidade de Conselhos de Ministros especializados[314]. Na definição de DIOGO FREITAS DO AMARAL, os Conselhos de Ministros especializados "são órgãos secundários e auxiliares do Conselho de Ministros, formados por alguns membros deste, e que funcionam como secções do Conselho de Ministros"[315]. Os Conselhos de Ministros especializados podem ter uma de três funções: a) a *função preparatória*, que consiste na preparação das decisões que hão-de ser tomadas pelo Conselho de Ministros propriamente dito; b) a *função decisória*, consistente na prática de actos nos casos em que a lei lhes confira competência para decidir, ou em que essa competência lhes tenha sido atribuída por delegação do Conselho de Ministros; e c) a *função executiva* que consiste em estudar e decidir sobre as formas de dar execução a deliberações do Conselho de Ministros ou de promover, acompanhar ou controlar a respectiva execução[316].

Ora a LC/92 admite apenas a existência de Conselhos de Ministros especializados – a que chama de "comissões especializadas" – com funções preparatórias (artigo 108.°, n.° 4). Tal não é o caso da Comissão Permanente do Conselho de Ministros, enquanto Conselho de Ministros especializado (ou restrito) que é, por definição legal, o órgão a quem com-

---

[314] Também designados por Conselhos de Ministros restritos.
[315] DIOGO FREITAS DO AMARAL, *O Governo* ..., *ob. cit.*, pág. 21.
[316] *Idem.*

Caracterização dos Sistemas de Governo 121

pete, no intervalo das sessões do Conselho de Ministros, "acompanhar e assegurar a implementação das deliberações do Conselho de Ministros". Tem, por isso, natureza executiva.

2.3.3.3.1.3. O Primeiro-Ministro

Como atrás ficou referido, o Primeiro-Ministro é nomeado pelo Presidente da República, ouvidos os partidos políticos representados na Assembleia Nacional (artigo 66.º, alínea a)). As suas funções iniciam-se com a sua tomada de posse e cessam com a tomada de posse do Primeiro-Ministro que o substituir (artigo 109.º, n.º 1). No processo de nomeação do Primeiro-Ministro o Presidente da República goza de uma ampla margem de discricionariedade, na medida em que não está constitucionalmente vinculado aos resultados eleitorais. A margem de autonomia no domínio do exercício desse *poder próprio* é, na prática, maior ou menor consoante exista ou não uma maioria parlamentar clara favorável ao Presidente da República. Apesar da nomeação do Primeiro-Ministro ser um acto de iniciativa presidencial, não fica afastada a possibilidade de os resultados das eleições legislativas serem atendidos e, mesmo, determinarem a escolha presidencial.

A LC/92 define o Primeiro-Ministro como o órgão a quem incumbe "dirigir, conduzir e coordenar a acção geral do Governo" (artigo 114.º, n.º 1). São vastos e significativos os poderes constitucionais do Primeiro--Ministro, podendo ser resumidos em poderes de co-organização, poderes de coordenação e orientação ministerial e poderes de representação.

Cabe, desde logo, ao Primeiro-Ministro o poder de propor ao Presidente da República a nomeação e a exoneração dos restantes membros do Governo (artigo 66.º alínea b)). O Primeiro-Ministro é o único membro do governo nomeado sem a intervenção do Primeiro-Ministro. O poder de intervir no processo de nomeação dos demais membros do Governo, como atrás dissemos, ganha importância substancial em caso de coabitação política. Depreende-se daí a existência de alguns *poderes de co-organização* do Governo. Essa conclusão resulta do facto de ser ao Presidente da República que cabe nomear os restantes membros do Governo e do exercício de tal competência carecer da participação do Primeiro-Ministro, através da apresentação de propostas, acto que determina a estrutura e a composição do Governo, uma vez que, como refere a Constituição, "o número e a designação dos Ministros, Secretários de Estado e Vice-Ministros serão determinados pelos decretos de nomeação dos respectivos titulares" (artigo 106.°, n.° 2).

O Primeiro-Ministro possui ainda importantes poderes de coordenação e orientação ministerial, sendo, mais do que um *primus inter pares*, uma espécie de *Primeiro-Ministro coordenador*, o "chefe da equipa"[317]. Nessa qualidade, não obstante a sua preeminência face aos demais membros do Governo, o Primeiro-Ministro, não sendo o presidente do Conselho de Ministros, surge como um órgão de execução da política governamental (traçada pelo Conselho de Ministros na base da orientação política do país definida pelo Presidente da República – órgãos de direcção política) e não como um órgão de direcção política[318].

O Primeiro-Ministro coordena e orienta a actividade de todos os Ministérios e Secretarias de Estado. Trata-se aqui de uma competência instrumental[319], na medida em que o programa do Governo é definido pelo Conselho de Ministros e a ele estão vinculados todos os membros do Governo (artigo 115.°). Por isso, o poder de coordenação e orientação ministerial não atribui ao Primeiro-Ministro direcção da acção de cada um dos Ministros[320], podendo, contudo, emitir orientações pontuais aos Ministros ou apresentar sugestões relativamente a determinadas matérias. Em relação à matéria do conteúdo da actividade ministerial o Primeiro-Ministro desempenha apenas uma função de orientação[321].

Por fim, o Primeiro-Ministro possui ainda poderes de representação do Governo, cabendo-lhe, nessa qualidade, representar o Governo perante a Assembleia Nacional e a nível interno e externo (artigo 114.°, n.° 2, alínea b)). Por outro lado, ao Primeiro-Ministro compete ainda representar o Governo junto do Presidente da República, na medida em que o Governo

---

[317] Cfr., neste sentido, RAUL ARAÚJO, *Os Sistemas* ..., *ob. cit.*, pág. 238.

[318] Para mais sobre a matéria cfr. JORGE MIRANDA, *A Posição Constitucional do Primeiro-Ministro*, Lisboa, 1984, págs. 27 e 28.

[319] Neste sentido, J. J. GOMES CANOTILHO, *Constituição* ..., *ob. cit.*, pág. 788.

[320] Neste sentido, MARCELO REBELO DE SOUSA e JOSÉ DE MELO ALEXANDRINO, *Constituição* ..., *ob. cit.*, pág. 327; ALEXANDRE DE SOUSA PINHEIRO, *O Governo* ..., *ob. cit.*, págs. 207 e 208 e JAIME VALLE, *A Participação* ..., *ob. cit.*, pág. 65 e 66.

[321] Neste sentido, MARCELO REBELO DE SOUSA, *Lições de Direito Administrativo* I, Lisboa, 1994/95, pág. 308.

responde politicamente perante o Presidente da República, devendo, assim, informá-lo directa e regularmente acerca dos assuntos respeitantes à condução da política do país (artigo 117.°, n.° 1).

2.3.3.3.1.4. Os Ministros e Secretários de Estado

São ainda membros do Governo com competências próprias, para além do Primeiro-Ministro, os Ministros e os Secretários de Estado.

Os Ministérios, enquanto departamentos da administração central do Estado dirigidos pelos Ministros respectivos[322], são órgãos necessários do Governo, na medida em que têm a seu cargo a direcção política e administrativa de um determinado departamento governativo. Os Ministros são órgãos simples integrantes do Governo, com assento no Conselho de Ministros, que exercem funções políticas e administrativas. Embora a Constituição não o diga expressamente, são responsáveis pela execução das políticas sectoriais respectivas definidas pelo Conselho de Ministros. Compete ainda aos Ministros propor ao Conselho de Ministros a adopção de políticas respeitantes ao respectivo departamento governamental. Os Ministros são coadjuvados por Vice-Ministros.

Já os Secretários de Estado são órgãos eventuais. A sua existência depende da existência de Secretarias de Estado na orgânica do Governo. As Secretarias de Estado são departamentos governativos, *quase Ministérios*, dirigidas por Secretários de Estado responsáveis pela execução das políticas do Governo definidas para o respectivo sector. A experiência constitucional angolana aponta para a evolução de algumas Secretarias de Estado para Ministérios[323]. Não há no quadro das Secretarias de Estado a previsão de Subsecretários de Estado, situação que torna problemática a substituição interina do Secretário de Estado.

Os Ministros e os Secretários de Estado são nomeados pelo Presidente da República, sob proposta do Primeiro-Ministro e respondem politicamente perante este. É o que resulta do poder do Primeiro-Ministro de coordenação e orientação da actividade dos Ministros e Secretários de

---

[322] Neste sentido, DIOGO FREITAS DO AMARAL, *O Governo* ..., *ob. cit.,* pág. 57; *Curso de Direito Administrativo*, vol. I, 3.ª edição, Almedina, 2006, pág. 278.

[323] É o que aconteceu, por exemplo, com a Secretaria do Estado dos Antigos Combatentes transformada hoje em Ministério dos Antigos Combatentes e Veteranos de Guerra.

Estado. Subsiste, contudo, a discussão acerca da possibilidade dos Ministros despacharem (ou responderem?) directamente com o Presidente da República. Nada na Constituição impede que tal aconteça. Pelo contrário, o facto dos Ministros e Secretários de Estado serem responsáveis pela preparação e execução das políticas sectoriais do Governo, definidas em Conselho de Ministros – órgão presidido pelo Presidente da República – e de o Presidente da República definir a orientação política do país e partilhar com o Governo a função executiva, ocupando aí uma posição preeminente, parece deixar uma porta aberta à sua efectivação. Maior será a probabilidade, inclusive de assunção pelo Presidente da República da coordenação ministerial, em contextos de convergência entre as maiorias presidencial e parlamentar[324].

2.3.3.3.2. *As principais funções do Governo*

A descrição funcional do Governo feita pelo artigo 105.º, n.º 1 da LC/92 permite extrair como conclusão a natureza mista (política e administrativa) do Governo. Como órgão político, cabe ao Governo conduzir a política geral do país e como órgão administrativo, é o órgão superior da administração pública. Essa natureza mista traduz-se na atribuição constitucional ao Governo de um vasto leque de competências subdivididas em: competência política (artigo 110.º), competência legislativa (artigo 11.º) e competência administrativa (artigo 112.º).

Não cabe neste estudo a análise pormenorizada da competência administrativa do Governo. A questão da competência legislativa em geral será objecto de análise mais adiante. Resta-nos, por agora, analisar a competência política do Governo[325].

---

[324] De entre os vários métodos de coordenação ministerial, têm sido usados entre nós, sobretudo, a coordenação por comissões interministeriais, a coordenação pelo Primeiro-Ministro, a coordenação pelo Conselho de Ministros e a coordenação pela Comissão Permanente do Conselho de Ministros (Conselho de Ministros especializado). Para mais sobre os métodos de coordenação ministerial cfr. DIOGO FREITAS DO AMARAL, *Curso de Direito Administrativo* ..., *ob. cit.,* págs. 264-267.

[325] A competência política do Governo traduz-se, no dizer de JORGE MIRANDA, "umas vezes em actividades autónomas, outras vezes em actividades respeitantes a outros órgãos, nomeadamente o Presidente da República e a Assembleia da República, numa perspectiva de colaboração ou de interdependência": cfr. *A Competência do Governo na Constituição de 1976*, ESC, vol. III, págs. 637-640.

Incumbe ao Governo, nos termos da 1.ª parte do n.° 1 do artigo 105.°, conduzir a política geral do país. Há uma estreita ligação entre essa questão e a definição da orientação política do país, competência do Presidente da República[326]. Com efeito, as linhas gerais da política governamental devem, no que respeita aos aspectos essenciais, pelo menos não divergir da orientação política definida pelo Chefe de Estado. A Constituição confia ao Governo a condução da política geral do país, cabendo ao Presidente da República a sua definição. Há, assim, dois grandes momentos: a) a definição e graduação dos fins ou objectivos públicos; e b) a adopção das medidas e meios adequados à prossecução dos fins definidos. Tal situação reconduz-nos ao conceito de *indirizzo politico*, definido por J. J. GOMES CANOTILHO como "a conformação dos objectivos político-constitucionais mais importantes e a escolha dos meios ou instrumentos idóneos ou oportunos para os prosseguir". A função política traduz-se, assim, num "complexo de funções legislativas, regulamentares, planificadoras, administrativas e militares, de natureza económica, social, financeira e cultural, dirigidas à individualização e graduação dos fins constitucionalmente estabelecidos"[327].

Apesar de ser uma actividade caracterizada por uma considerável margem de liberdade de conformação, a individualização dos fins da actuação estadual (no âmbito da definição e condução da política do país) está vinculada às linhas programáticas sobre o sentido da governação determinadas pela Constituição[328].

2.3.3.3.3. *A responsabilidade política do Governo*

Os dicionários definem *responsabilidade* como "qualidade de quem é responsável" ou "obrigação de responder por actos próprios ou alheios, ou por uma coisa confiada"[329]. Em termos jurídico-constitucionais, há res-

---

[326] VITALINO CANAS fala, ao respeito, em "decisão política fundamental ou conformadora" e em "execução da decisão política"; cfr. *O Sistema de Governo Moçambicano ...*, *ob. cit.*, págs. 170-172.

[327] J. J. GOMES CANOTILHO, *Direito Constitucional ...*, *ob. cit.*, pág. 648.

[328] Neste sentido, J. J. GOMES CANOTILHO, *Direito Constitucional ...*, *ob. cit.*, pág. 648 e 649.

[329] Dicionário da Língua Portuguesa, Porto Editora.

ponsabilidade quando um órgão ou o seu titular responde perante outro pelos efeitos resultantes da sua actividade. Havendo no domínio dessa responsabilidade uma relação de dependência política entre os órgãos envolvidos, passível de influenciar na subsistência do sujeito passivo da relação, ela diz-se política.

O artigo 105.º, n.º 2, prevê uma *cláusula de subsistência do Governo perante o Presidente da República e perante a Assembleia Nacional*[330], ao dispor que Governo é responsável politicamente perante o Presidente da República e perante a Assembleia Nacional. É o que vamos analisar.

2.3.3.3.3.1. *Responsabilidade política do Governo perante o Presidente da República*

A responsabilidade política do Governo perante o Presidente da República, que se forma com a nomeação do Primeiro-Ministro[331], efectiva-se de várias formas. Em primeiro lugar, o Presidente da República dispõe de um poder inicial e de um poder terminal relativamente ao Governo, nomeadamente a *nomeação* e a *exoneração do Primeiro-Ministro*. São dois poderes próprios do Presidente da República que lhe conferem ampla discricionariedade política, só a ele competindo decidir quando e como exercê-lo independentemente da existência de situações de crise, sem que se afaste em absoluto, contudo, o critério da *sustentabilidade parlamentar*. Há uma espécie de relação fiduciária[332] entre o Presidente da República e o Governo, de modo que a subsistência deste depende da existência de confiança política daquele. Por essa mesma razão, a Constituição determina a demissão do Governo em caso de eleição de um novo Presidente da República (artigo 118.º, alínea b)).

A par da responsabilidade política do Governo, a LC/92 prevê ainda a responsabilidade política do Primeiro-Ministro perante o Presidente da República (artigo 117.º, n.º 1).

---

[330] Neste sentido, Jorge Miranda e Rui Medeiros, *Constituição* ..., *ob. cit.,* tomo II, pág. 658.

[331] Assim, Pedro Lomba, *A Responsabilidade do Governo perante o Presidente da República no Direito Constitucional* (inédito), Lisboa, 2005, pág. 295.

[332] Na linguagem de Luís Sá, *Assembleia da República*, DJAP, 1.º Suplemento, pág. 57; expressão usada igualmente por J. J. Gomes Canotilho, *Direito Constitucional* ..., *ob. cit.,* pág. 646.

Por outro lado, a existência dessa responsabilidade política explica o carácter absoluto e insuperável do veto político presidencial sobre os decretos-leis aprovados pelo Conselho de Ministros[333].

Esta relação de responsabilidade não deixa, contudo, de se afigurar algo complexa em virtude de ser o Presidente da República co-responsável pelo exercício da função executiva, enquanto presidente do Conselho de Ministros, sobretudo em contextos de assunção presidencial dos poderes de direcção e coordenação ministerial.

2.3.3.3.3.2. Responsabilidade política do Governo perante a Assembleia Nacional

Em termos gerais, a responsabilidade política do Governo perante a Assembleia Nacional traduz-se na necessidade de aquele dispor do apoio maioritário deste (ou, pelo menos, de não ter contra si a maioria dos deputados), para efeitos de subsistência e estabilidade governativa.

Em primeiro lugar, o termo da legislatura (seja por dissolução da Assembleia Nacional, seja pelo decurso do tempo) dá lugar à demissão do Governo. Há, à semelhança do que vimos na relação de responsabilidade Presidente da República/Governo, uma relação fiduciária.

Não sendo muito clara no texto constitucional, a aprovação pela Assembleia Nacional do Plano Nacional (ou Programa do Governo[334]) aparece também como um dos institutos estruturantes da responsabilidade governamental perante o Parlamento. Com a sua designação e empossamento pelo Presidente da República, o Governo recebe deste a confiança necessária ao exercício das suas funções. A plenitude da confiança, porém, apenas se alcança com a aprovação (ou, pelo menos, a não reprovação) anual do Programa do Governo pelo Parlamento[335]. A confiança política

---

[333] Cfr. MARCELO REBELO DE SOUSA, *A Decisão de Legislar*, Cadernos de Ciência e Legislação, n.º 1, 1991, pág. 15 ss; CARLOS BLANCO DE MORAIS, *As Metamorfoses ...*, *ob. cit.*, pág. 146 e JAIME VALLE, *A Participação ...*, *ob. cit.*, pág. 82.

[334] Para mais sobre o "Programa do Governo", cfr. JORGE MIRANDA, *O Programa do Governo*, ESC..., *ob. cit.*, vol. I, págs. 301-304.

[335] Há aqui uma espécie de necessidade de renovação anual da relação de confiança entre o Parlamento e o Governo, na medida em que o Plano Nacional do Governo, aprovado conjuntamente com o Orçamento Geral do Estado, é aprovado anualmente pelo Conselho de Ministros e submetido à apreciação parlamentar.

da Assembleia Nacional ao Governo é primeiramente manifestada com a aprovação do Programa do Governo. Não há na Constituição qualquer referência expressa à consequência de uma eventual não aprovação parlamentar do Programa do Governo, podendo criar situações de impasse. Tal facto equipara-se, em nosso entender, à recusa de um pedido de confiança solicitado pelo Governo, sendo aliás comum a solicitação de votos de confiança aquando da apreciação parlamentar do Programa do Governo[336]. Entendemos, por isso, não estar habilitado ao exercício pleno das suas funções o Governo cujo Programa ainda não tiver sido aprovado ou tiver sido recusado pelo Parlamento, devendo, em caso de reprovação parlamentar, o Presidente da República demitir o Governo.

O Governo, através do Primeiro-Ministro, pode solicitar à Assembleia Nacional um voto de confiança, o qual, em caso de recusa, implica a demissão do Governo (artigos 116.°, n.° 5 e 118.°, alínea g)). A recusa deve ser aprovada por maioria absoluta dos deputados em efectividade de funções.

Por outro lado, os grupos parlamentares[337] ou um quarto dos deputados em efectividade de funções, podem ter iniciativa de apresentação de moções de censura ao Governo. A moção de censura tem por objecto a execução do Programa do Governo ou assuntos fundamentais da política governamental e a sua aprovação exige uma maioria absoluta dos votos dos deputados em efectividade de funções. A não aprovação de um pedido de moção de censura implica a impossibilidade de os seus signatários apresentarem novo pedido durante a mesma sessão legislativa (artigo 116.°, n.° 4). Em homenagem ao princípio da solidariedade governamental (artigo 115.°, n.° 2), as moções de censura só podem produzir efeitos em relação ao Governo no seu todo e não os seus membros individualmente considerados.

---

[336] Em sentido contrário à apresentação de pedidos de confiança ao parlamento com a apresentação do Programa do Governo, cfr. JORGE MIRANDA, *O Programa ..., ob. cit.,* pág. 304.

[337] De acordo com o artigo 21.° da Resolução n.° 19/03, de 23 de Maio (Regimento Interno da Assembleia Nacional), os deputados eleitos por cada partido ou coligação de partidos, em número igual ou superior a três, constituem um grupo parlamentar.

2.3.3.4. *Os Governos de gestão*

Entendemos por Governo de gestão, com Diogo Freitas do Amaral, o "Governo constitucional sujeito a um regime especial, e designadamente a uma substancial limitação de competência, em virtude da sua demissão ou da falta de apreciação parlamentar do seu programa"[338]. Em boa verdade, apesar de as funções do Primeiro-Ministro cessarem apenas com a tomada de posse do Primeiro-Ministro que o substituir (artigo 109.°, n.° 1), um Governo demitido ou um Governo cujo programa ainda não foi apreciado pelo Parlamento (portanto, um Governo sem a confiança política dos órgãos políticos de soberania detentores de legitimidade democrática directa) não pode (ou não deve) assumir a plenitude das suas funções constitucionais[339].

Não há no direito constitucional angolano qualquer referência expressa à obrigatoriedade de Governos nessas condições se limitarem à prática de actos de gestão. Tal não obsta, porém, a que cheguemos a tal conclusão. Com efeito, sendo o Governo politicamente responsável perante a Assembleia Nacional e estando a assunção plena das suas funções dependente da apreciação do seu programa pelos representantes do povo, não pode o Governo exercer as suas funções em termos plenos. De igual modo, um Governo que perdeu a confiança política em si depositada pelo Presidente da República ou pela Assembleia Nacional perde igualmente os pressupostos da sua subsistência, sendo este, quanto a nós, o fundamento último dos Governos de gestão[340-341].

---

[338] Diogo Freitas do Amaral, *Governos de Gestão*, 2.ª edição, Principia, 2002, pág. 12.

[339] Para além dos Governos demitidos e dos Governos sem programa apreciado, Diogo Freitas do Amaral considera também como espécie de Governo de gestão os Governos demissionários (aqueles cujo pedido de demissão apresentado pelo Primeiro-Ministro ainda não foi aceite pelo Presidente da República); cf. *Governos de Gestão ...*, *ob. cit.*, págs. 13 e 14.

[340] No mesmo sentido, Diogo Freitas do Amaral, *Governos de Gestão ...*, *ob. cit.*, pág. 19.

[341] Nos termos do artigo 118.°, dá lugar à demissão do Governo: a) o termo da legislatura; b) a eleição de um novo Presidente da República; c) a demissão do Primeiro-Ministro; d) a aceitação pelo Presidente da República do pedido de demissão apresentado pelo Primeiro-Ministro; e) a morte ou impossibilidade física duradoura do Primeiro-Ministro; f) a aprovação de uma moção de censura ao Governo e g) a não aprovação de um voto de confiança ao Governo.

Os Governos de gestão têm como principal dever o de se limitarem à "prática de actos estritamente necessários para assegurar a gestão dos negócios públicos". Trata-se de um dever apresentado sob a forma de conceito indeterminado, tornando difícil a delimitação do seu sentido e alcance. Entendemos, na linha de J. J. GOMES CANOTILHO, que os dois vectores principais à delimitação a extensão desses actos são a sua *importância* e a sua *inadiabilidade*. Um acto cuja missão afecte de forma relevante a gestão dos negócios públicos e que seja impossível "deixar", sem grave prejuízo, para a consideração do governo seguinte, preencherá os requisitos de actos "estritamente necessários"[342], devendo a relevância e a inadiabilidade dos interesses em questão ser aferidas casuisticamente e devidamente fundamentadas[343].

3. SÍNTESE CONCLUSIVA

A análise feita em torno do sistema de governo vigente em Angola e dos seus principais problemas e especificidades permite-nos chegar às seguintes conclusões:

a) A caracterização dos sistemas de governo deve ser feita tendo por base a Constituição formal em vigor num determinado Estado, a qual deve ser complementada por relevantes aspectos resultantes da prática constitucional;

b) A Lei Constitucional angolana de 1992 institui um sistema de governo semipresidencial, reservando um papel politicamente activo ao Presidente da República, à Assembleia Nacional e ao Governo;

c) O semipresidencialismo angolano apresenta-se como um sistema dualista, isto é, com um executivo bicéfalo, na medida em que a função executiva é partilhada pelo Presidente da República e o Governo;

d) Na nossa estrutura bicéfala, cabe ao Presidente da República a definição da orientação política do país e, por consequência, a

---

[342] J. J. GOMES CANOTILHO, *Governo* ..., *ob. cit.,* pág. 30.

[343] Neste sentido, MARCELO REBELO DE SOUSA e JOSÉ DE MELO ALEXANDRINO, *Constituição* ..., *ob. cit.,* págs. 307 e 308.

Caracterização dos Sistemas de Governo 131

assunção de um papel preeminente na cadeia de comando do executivo, aliás, conclusão a que também chegou o Tribunal Constitucional;

e) O Presidente da República é um órgão singular dotado de ampla legitimidade democrática directa, sendo não apenas um Presidente garante, mas um Presidente militante;

f) A questão da chefia do Governo é mais uma questão do funcionamento do sistema de governo do que do sistema em si;

g) Face à Constituição angolana, que institui um sistema de "geometria variável", a chefia do Governo é passível de oscilação entre o Presidente da República e o Primeiro-Ministro, em função da maioria parlamentar;

h) Na medida em que incide sobre um aspecto do funcionamento do sistema (e não sobre o sistema de governo), a decisão do Tribunal Constitucional afigura-se arriscada, pois fundamenta-se em elementos conjunturais passíveis de alteração;

i) O desenvolvimento infraconstitucional feito em torno da questão da chefia do Governo contraria, quanto a nós, os pilares de sustentação do Estado de Direito, sendo mesmo, nalguns casos, frontalmente inconstitucional;

j) Na análise da questão da chefia do Governo, a doutrina angolana divide-se e oscila entre uma análise tipicamente constitucional e uma análise baseada na "realidade constitucional";

k) O Presidente da República é o Chefe de Estado, simboliza a unidade nacional, representa a nação (interna e internacionalmente), assegura o cumprimento da Lei Constitucional e é o Comandante em Chefe das Forças Armadas Angolanas;

l) O Presidente da República possui um conjunto diversificado de poderes (próprios, partilhados, de controlo e simbólicos) do qual se destacam: a nomeação do Primeiro-Ministro, a nomeação dos demais membros do Governo, a exoneração do Primeiro-Ministro e a demissão do Governo e a dissolução da Assembleia Nacional;

m) O poder de nomeação do Primeiro-Ministro não é um poder meramente formal, na medida em que não se encontra vinculado aos resultados das eleições legislativas. Não obstante a necessidade de consulta prévia aos partidos políticos representados na Assembleia Nacional, o Presidente da República dispõe de uma ampla margem de discricionariedade;

n) A audição prévia aos partidos políticos no processo de nomeação do Primeiro-Ministro ganha importância prática nos contextos de inexistência de maioria parlamentar clara favorável ao Presidente da República, contexto em que diminui (quando não deixa de existir) a discricionariedade do Presidente da República;

o) Os restantes membros do Governo são nomeados pelo Presidente da República, sob proposta do Primeiro-Ministro. Trata-se de um poder partilhado entre o Presidente da República e o Primeiro--Ministro, na medida em que sem a comparticipação de cada um deles o mesmo não pode ser exercido. O Presidente da República não está, contudo, obrigado a aceitar a proposta apresentada pelo Primeiro-Ministro;

p) A exoneração do Primeiro-Ministro e a demissão do Governo são poderes próprios do Presidente da República, cujo exercício, na prática, está igualmente dependente da correlação de forças no Parlamento. Quanto maior for a sustentação parlamentar do Presidente da República, mais ampla será a margem de manobra para o seu exercício;

q) O Presidente da República pode ainda dissolver a Assembleia Nacional, sendo este um acto livre e incondicional. A dissolução da Assembleia Nacional provoca o termo antecipado da legislatura, a realização de eleições legislativas antecipadas e dá lugar à demissão do Governo;

r) Os actos normativos, de natureza legislativa, carecem da intervenção do Presidente da República, através da promulgação. Pode, entretanto, o Presidente da República vetar as leis da Assembleia Nacional e os decretos-lei do Governo;

s) A Assembleia Nacional é a Assembleia representativa de todos os cidadãos angolanos, sendo os deputados, em número de 223, eleitos por um sistema de representação proporcional;

t) São funções da Assembleia Nacional, entre outras: a função electiva, a função legislativa, a função de controlo ou fiscalização, a função autorizante e a função de representação;

u) O Governo apresenta-se estruturado como um órgão de soberania complexo;

v) O Conselho de Ministros é o órgão colegial do Governo, o qual é presidido pelo Presidente da República e integra o Primeiro-Ministro, os Ministros e os Secretários de Estado. Os Vice-Ministros

Caracterização dos Sistemas de Governo 133

não são membros do Conselho de Ministros, podendo, no entanto, ser convocados para as suas sessões;

w) Cabe ao Presidente da República, enquanto seu presidente, convocar as sessões do Conselho de Ministros e fixar a sua agenda de trabalhos. A Constituição permite que o Presidente da República delegue expressamente no Primeiro-Ministro a presidência de determinada sessão do Conselho de Ministros;

x) A Lei Constitucional angolana admite apenas os Conselhos de Ministros especializados com função preparatória;

y) O Primeiro-Ministro é o órgão constitucional a quem incumbe "dirigir, conduzir e coordenar a acção geral do Governo";

z) O Primeiro-Ministro possui importantes poderes de coordenação e orientação ministerial, sendo, mais do que um *primus inter pares*, uma espécie de Primeiro-Ministro coordenador;

aa) Os Ministros e Secretários de Estado são órgãos simples integrantes do Governo a quem compete a direcção política e administrativa dos respectivos departamentos governativos;

bb) O Governo é um órgão com funções simultaneamente políticas e administrativas. Como órgão político, cabe-lhe a condução da política geral do país e como órgão administrativo é o órgão superior da Administração Pública;

cc) A função do Governo de condução da política geral do país está intimamente ligada à competência do Presidente da República da definição da orientação política do país;

dd) O Governo é politicamente responsável perante o Presidente da República e perante a Assembleia Nacional; e

ee) Apesar de não referido expressamente, é possível descortinar no direito constitucional angolano a figura dos Governos de gestão aos quais compete a prática dos actos estritamente necessários para assegurar a gestão dos negócios públicos.

PARTE II
A FUNÇÃO LEGISLATIVA

CAPÍTULO I
Generalidades

1. O Princípio da Separação de Poderes e o Estado de Direito. Do Estado Liberal ao Estado Social[344]

O modelo teórico clássico do Estado liberal[345] desenvolveu uma ruptura radical com o modelo absolutista que lhe antecedeu, tendo introduzido profundas alterações ao modelo de organização e disposição do poder político, através da introdução do princípio da separação de poderes, sendo este um dos pontos de referência do movimento liberalista[346].

Reconhecendo a impossibilidade de resistência aos abusos em regime de concentração de poderes, MONTESQUIEU, na sua obra lapidar «De l'esprit des lois», propõe uma distribuição das várias funções do Estado, até então concentradas no Monarca, por diferentes órgãos, permitindo-se assim o equilíbrio entre o Legislativo, o Executivo e o Judicial, no quadro de uma colaboração e interdependência recíprocas. Aí, o princípio da separação de poderes, enquanto modelo orgânico-funcional do Estado, "é exclusivamente chamado a garantir o primado da lei, o seu império ou

---

[344] Tomamos a expressão Estado de Direito como sendo "um Estado limitado e organizado juridicamente com vista à garantia dos direitos fundamentais dos cidadãos"; cfr. JORGE REIS NOVAIS, *Os Princípios Constitucionais ..., ob. cit.,* pág. 20. Para uma análise exaustiva sobre o Princípio do Estado de Direito, cfr., por todos, JORGE REIS NOVAIS, *Contributo para uma Teoria do Estado de Direito,* Almedina, 2006; PIETRO COSTA e DANILO ZOLO (orgs.), *O Estado de Direito – História, Teoria e Crítica,* Martins Fontes, 2006.

[345] Sobre as características do Estado liberal de Direito, cfr. MARCELO REBELO DE SOUSA, *Direito Constitucional ..., ob. cit.,* págs. 298 ss.

[346] Sobre as «referências» do princípio da separação de poderes e suas influências contraditórias no Estado de Direito liberal, cfr., por todos, NUNO PIÇARRA, *A Separação dos Poderes como Doutrina e Princípio Constitucional,* Coimbra Editora, 1989, págs. 148-153.

soberania e, simultaneamente, o monismo do poder legislativo", o "legislador-soberano"[347-348], visando conferir-lhe a qualidade de único efectivo centro de poder do Estado, reservando aos demais órgãos estaduais a "mera" execução e aplicação da lei, funções por natureza subordinadas à função legislativa. Tudo tendo como fundamento último a racionalização do Estado, baseada na ideia de liberdade política[349].

A transição do Estado liberal para o Estado Social de Direito[350] eliminou a separação Estado/sociedade, designadamente a separação entre o Estado e a economia característica do primeiro[351], e trouxe ao poder político a obrigatoriedade de uma actuação global sobre a sociedade. A "questão social" e as "crises cíclicas do capitalismo" introduziram uma nova vocação e novos desafios ao poder político. O Estado é chamado a desempenhar novas funções do tipo económico e social[352]. A implantação desse novo modelo de organização do Estado passa, segundo SANTAMARIA PASTOR[353], por três fases: a fase da intervenção estadual na regulação da relação laboral, a fase de intervenção generalizada do Estado no funcionamento da economia e a fase do apogeu do Estado social, em que este se apresenta como um "aparelho prestador".

---

[347] NUNO PIÇARRA, *A Separação* ..., *ob. cit.,* pág. 149 e 150.

[348] Como refere MARIA DA GLÓRIA GARCIA, a propósito do conceito de lei no Estado liberal, "a lei apresenta-se como a própria imagem do direito e da justiça material. Para o Estado, porém, a lei vê-se restringida à sua dimensão de limite – o Estado liberal, de natureza abstencionista e garantística, tem por objectivo salvaguardar as liberdades individuais e, logo, a ordem jurídica. A dimensão intencional da lei encontra-se fora do Estado, na sociedade. Só esta, através dos seus representantes no Parlamento, tem competência para definir e formalizar em lei a racionalidade jurídico-material. O Parlamento é o veículo de transmissão da vontade da sociedade, ..."; cfr. *Da Justiça Administrativa em Portugal. Sua origem e evolução*, Universidade Católica Editora, 1994, págs. 296 e 297.

[349] Cfr., neste sentido, JORGE REIS NOVAIS, *Os Princípios Constitucionais* ..., *ob. cit.,* pág. 25; também E. KAFFT KOSTA, *Estado de Direito – O Paradigma Zero: Entre Lipoaspiração e Dispensabilidade*, Almedina, 2007, págs. 399-404.

[350] Para uma caracterização do Estado Social de Direito, cfr. MARCELO REBELO DE SOUSA, *Direito Constitucional* ..., *ob. cit.,* pág. 300.

[351] Neste sentido, NUNO PIÇARRA, *A Separação* ..., *ob. cit.,* pág. 153 e JORGE REIS NOVAIS, *Os Princípios Constitucionais* ..., *ob. cit.,* pág. 21.

[352] Cfr., entre outros, VASCO PEREIRA DA SILVA, *Em Busca do Acto Administrativo Perdido*, Almedina, 1996, págs. 71 ss e JORGE REIS NOVAIS, *Os Princípios Constitucionais* ..., *ob. cit.,* págs. 30 ss.

[353] Citado por VASCO PEREIRA DA SILVA, *Em Busca* ..., *ob. cit.,* págs. 72 e 73.

As crises do *optimismo liberal* e da visão idealizada da separação radical entre o Estado e a sociedade são superadas pela institucionalização de um *Estado prestador*, através do crescimento em quantidade e em qualidade das suas funções, que sofrem um empolamento extraordinário[354], como resultado do aumento da dependência do indivíduo relativamente ao Estado. Para tal, muito contribuíram os "vectores fertilizantes"[355] da justiça social e do bem-estar[356]. O domínio das funções do Estado, designadamente da separação de poderes não escapa imune. Superada a visão "mecanicista e estanque" das funções, a separação de poderes passa a ser vista, como realça JORGE REIS NOVAIS, *"como um processo de distribuição e integração racionalizadas das várias funções e órgãos do Estado, de forma a limitar as possibilidades de exercício arbitrário do Poder e garantir, por outro lado, as condições da maior eficiência da actuação estadual ..."*[357]. A transição para uma administração prestadora, que passa a ser vista não apenas como uma realidade objectiva, mas também como um estado de espírito[358], implicou a "ascensão" do Executivo, tornando-se, assim, bastante ténue a fronteira entre as funções legislativa e executiva. Assiste-se, em consequência, a um "policentrismo legislativo"[359], que se reflecte, dentre outras formas, pelo aumento considerável da actividade legislativa directa dos Governos. Tal facto, como conclui REINHOLD ZIPPELIUS, tra-

---

[354] Assim, JEAN RIVERO, *Direito Administrativo* (tradução), Almedina, 1981, pág. 31. Diz este autor, "mesmo quando faz «a mesma coisa» que o Estado do século XIX, o Estado moderno é levado a estender consideravelmente a sua acção" (págs. 31 e 32.)

[355] Expressão usada por E. KAFFT KOSTA, *Estado de Direito ..., ob. cit.,* pág. 141.

[356] No mesmo sentido, REINHOLD ZIPPELIUS, *Teoria Geral do Estado*, 2.ª edição, Fundação Calouste Gulbenkian, pág. 155. Para este insigne autor alemão, "o princípio da limitação da força do Estado pelo direito pode no entanto ser considerado aparte daquela concepção anti-totalitária e liberal: os princípios da divisão de poderes, da garantia dos direitos fundamentais, da legalidade da administração, da previsibilidade e cálculo prévio das medidas estaduais, da fiscalização judicial destas medidas, todos estes elementos do Estado-de-direito podem ser mantidos, mesmo quando se verifique um alargamento considerável das tarefas sociais da actividade pública. Os factores principais deste alargamento são a estadualidade do bem-estar e a justiça social".

[357] *Os Princípios Constitucionais ..., ob. cit.,* pág. 34.

[358] Neste sentido, VASCO PEREIRA DA SILVA, *Em Busca ..., ob. cit.,* pág. 75.

[359] Cfr., a este respeito, CARLOS BLANCO DE MORAIS, *As Leis Reforçadas Pelo Procedimento no Âmbito dos Critérios Estruturantes das Relações Entre Actos Legislativos*, Coimbra Editora, 1998, págs. 76-79.

duz-se na existência de uma "certa antinomia entre, por um lado, os interesses democráticos citados e, por outro lado, o conceito de lei próprio do Estado-de-direito, bem como o interesse prático numa divisão de poderes bem definida"[360].

2. A FUNÇÃO LEGISLATIVA NO QUADRO DA TEORIA DAS FUNÇÕES DO ESTADO

O processo de criação do Estado, enquanto entidade abstracta jamais vista[361], esteve intimamente relacionado com a necessidade de organização para a satisfação colectiva de um conjunto de necessidades. À pergunta sobre qual os fins do Estado, é unânime a doutrina em torno da resposta: *segurança, justiça* e *bem-estar social*[362].

Para a prossecução desses objectivos, o Estado exerce um conjunto de funções[363], que podem ser agrupadas em planos diferentes. A doutrina tradicional assenta em três critérios fundamentais, isolada ou cumulativamente, para determinar as formas de actividade do Estado, nomeadamente; o critério material[364], o critério formal[365] e o critério orgânico[366-367-368].

---

[360] *Teoria ..., ob. cit.*, págs. 156 e 157.

[361] Assim, GEORGES BURDEAU, *O Estado* (tradução), Martins Fontes, 2005, pág. IX.

[362] Cfr., entre outros, MARCELLO CAETANO, *Manual de Ciência Política e Direito Constitucional*, tomo I, 6.ª edição, Almedina, 1983, págs. 143-148; ARMANDO MARQUES GUEDES, *Teoria Geral do Estado*, AAFDL, 1981, págs. 58-61 e MARCELO REBELO DE SOUSA, *Direito Constitucional ..., ob. cit.*, pág. 229.

[363] MARCELO REBELO DE SOUSA define «função do Estado» como "a actividade desenvolvida, no todo ou em parte, por um ou vários órgãos do poder político, de modo duradouro, independente de outras actividades, em particular na sua forma, e que visa a prossecução dos fins do Estado"; *Direito Constitucional ..., ob. cit.*, pág. 236.

[364] Parte da análise dos diversos tipos de actos ou dos resultados em que se traduz a actividade do Estado, para chegar ao conceito de função como processo de acção caracterizado pelo tipo de acto que realiza ou pelos resultados que produz.

[365] Assenta nas circunstâncias exteriores características das actividades do Estado, diferenciando consequentemente as funções consoante a forma externa revestida pelo exercício de cada uma delas.

[366] Atende o relacionamento entre as funções e os órgãos que as desempenham.

[367] No mesmo sentido, JORGE MIRANDA, *Manual ..., ob. cit.*, tomo V, pág. 23.

[368] Para uma análise em torno das várias teorias sobre as funções do Estado, veja-se,

A *Função Legislativa* 141

Partindo da teoria da separação de poderes – que prevê os poderes legislativo, executivo e judicial –, HANS KELSEN, por exemplo, considera três funções fundamentais, designadamente, legislação, administração e justiça, fazendo-as corresponder aos três poderes do Estado[369]. MARCELLO CAETANO, por seu turno, partindo da ideia da existência de actividades de conteúdo jurídico e actividades sem conteúdo jurídico, considera dois grupos de funções do Estado: *funções jurídicas* e *funções não jurídicas*. São funções jurídicas, a função legislativa e a função executiva e são funções não jurídicas, a função política e a função técnica[370]. Já MARCELO REBELO DE SOUSA agrupa as funções do Estado em *função constituinte*, *função de revisão constitucional*, *funções primárias* e *funções secundárias*[371]. A função constituinte consiste no estabelecimento de regras essenciais definidoras dos elementos e das principais estruturas do Estado, seus fins e modos de organização e actuação do poder político. Subordinada à função constituinte, a função de revisão constitucional traduz-se na faculdade que o poder político tem de rever a Constituição, dentro dos limites definidos pelo poder constituinte. É, pois, a Constituição, nela incorporadas as alterações introduzidas pelo poder de revisão, que define as funções primárias e as funções secundárias, sendo que, destas últimas, as primeiras condicionam as segundas.

As funções primárias são a função política e a função legislativa. Segundo, uma vez mais, MARCELO REBELO DE SOUSA, a função política corresponde à prática de actos que exprimem opções sobre a definição e prossecução dos interesses essenciais da colectividade, e que respeitam, de modo directo e imediato, às relações dentro do poder político e deste com

---

por todos, MARCELLO CAETANO, *Manual de Ciência Política* ..., *ob. cit.*, págs. 148-177; AFONSO RODRIGUES QUEIRÓ, *Lições de Direito Administrativo*, vol. I, Coimbra, 1976, págs. 9-84 e JORGE MIRANDA, *Manual* ..., *ob. cit.*, tomo V, págs. 12-17.

[369] Cfr. HANS KELSEN, *Teoria Geral do Estado* (tradução), Coimbra, 1938, pág. 109-111. Segundo HANS KELSEN, "a oposição entre legislação e execução – *legis latio e legis executio* –, compreendendo este último termo (*lato sensu*) ao mesmo tempo a jurisdição e a administração, que ambas cabem, com efeito, na noção mais larga de execução das leis, reduzimos a duas as três funções tradicionais indicadas –, e a oposição a que ala corresponderia entre criação e aplicação do direito, é, portanto, não absoluta e rígida, mas relativa no mais alto grau: exprime, simplesmente, a relação de duas fases sucessivas do processo de criação do direito".

[370] MARCELLO CAETANO, *Manual de Ciência Política* ..., *ob. cit.*, págs. 157-174.

[371] *Lições de Direito Administrativo* ..., *ob. cit.*, págs. 7-18.

outros poderes políticos. Já a função legislativa é a actividade permanente do poder político consistente na elaboração de regras de conduta social de conteúdo primacialmente político, revestindo determinadas formas previstas na Constituição.

A função administrativa e a função jurisdicional integram a categoria das funções secundárias. A primeira compreende o conjunto dos actos de execução de actos legislativos, traduzida na produção de bens e na prestação de serviços destinados a satisfazer necessidades colectivas que, por virtude de prévia opção legislativa, se tenha entendido que incumbem ao poder político. A função jurisdicional, por seu turno, traduz-se na execução da Constituição e das leis mediante actos que visam defender os direitos e os interesses legalmente protegidos dos cidadãos e, portanto, reprimir a violação da legalidade vigente[372].

Combinando os critérios materiais, formais e orgânicos, JORGE MIRANDA assenta numa divisão tricotómica das funções do Estado: função política (compreende a função legislativa e a função governativa ou política *stricto sensu*), função administrativa e função jurisdicional[373].

As várias teorias propostas são unânimes em reconhecer a função legislativa, a função administrativa ou executiva e a função jurisdicional. Para o nosso estudo, claro está, interessa apenas a função legislativa. Passemos ao seu estudo, começando por uma breve passagem pelos direitos constitucionais português e brasileiro, terminando com o estudo da função legislativa no direito constitucional angolano.

---

[372] MARCELO REBELO DE SOUSA, *Lições de Direito Administrativo ...*, *ob. cit.*, págs. 8-11.

[373] *Manual ...*, *ob. cit.*, tomo V, pág. 22.

CAPÍTULO II
A Função Legislativa no Direito Constitucional Comparado

1. A FUNÇÃO LEGISLATIVA NO DIREITO CONSTITUCIONAL PORTUGUÊS

1.1. A IDEIA DE LEI NA CONSTITUIÇÃO PORTUGUESA DE 1976

1.1.1. Lei em sentido formal e lei em sentido material

Referido primariamente por PAUL LABAND, é ainda hoje tradicional distinguir-se, no âmbito do conceito de lei, um *sentido formal* e um *sentido material*[374]. É a chamada *doutrina tradicional do duplo conceito de lei*[375]. Em sentido formal, a lei é todo o acto parlamentar revestido da forma de lei, independentemente do seu conteúdo[376]. Só é lei em sentido formal, o diploma emanado pelo órgão legislativo por excelência, quer contenha normas jurídicas, quer contenha comandos individuais concretos[377-378]. Tem-se como relevante aqui não os elementos conteudísticos da

---

[374] Cfr., neste sentido IGNACIO DE OTTO, *Derecho Constitucional. Sistemas de Fuentes*, Ariel Derecho, 1997, págs. 164-166.

[375] MANUEL AFONSO VAZ, *Lei e Reserva da Lei – A causa da lei na Constituição portuguesa de 1976*, Porto, 1992, pág. 17.

[376] MANUEL AFONSO VAZ, *Lei e Reserva da Lei ..., ob. cit.*, pág. 17.

[377] Cfr., neste sentido, entre outros, JOÃO BAPTISTA MACHADO, *Introdução ao Estudo do Direito e ao Discurso Legitimador* (13.ª reimpressão), Almedina, 2002, pág. 159 e A. SANTOS JUSTO, *Introdução ao Estudo do Direito*, 2.ª edição, Coimbra Editora, 2003, pág. 187.

[378] Em sentido mais abrangente, JOSÉ DE OLIVEIRA ASCENSÃO define a lei em sentido formal como sendo "aquela que se reveste das formas destinadas por excelência ao exercício da função legislativa do Estado. Assim, teriam essa forma antes de mais as leis constitucionais, e entre as leis (em sentido material) ordinárias, as "leis" das câmaras legis-

144 *Autorizações Legislativas e Controlo Parlamentar do Decreto-Lei Autorizado*

lei, mas o seu aspecto puramente formal, exterior. Pode, por isso, uma lei meramente formal[379] (porque reveste a forma estabelecida) carecer de substância normativa[380-381].

Diferentemente, o conceito de lei em sentido material desprende-se dos elementos meramente formais e preocupa-se com a substância normativa do acto. Assim, é lei em sentido material toda a *regra de direito*[382-383], todo o diploma emanado pelo órgão competente, contendo uma ou mais normas jurídicas[384].

Assim, os conceitos de lei em sentido formal e em sentido material configuram-se como dois "círculos secantes"[385], no sentido de que o acto parlamentar revestido da forma de lei só será lei em sentido material quando contenha uma regra de direito. Em sentido inverso, as regras de direito emanadas pelos órgãos competentes serão leis em sentido material, mas não em sentido formal[386].

---

lativas e os "decretos-lei" ou "medidas provisórias" do Governo" ; cfr. *O Direito – Introdução e Teoria Geral. Uma Perspectiva Luso-Brasileira*, 11.ª edição, Almedina, 2001, pág. 270.

[379] Sobre o conceito de lei meramente formal, cfr. Manuel Afonso Vaz, *Lei e Reserva da Lei ..., ob. cit.,* págs. 25-31.

[380] Neste sentido, A. Santos Justo, *Introdução ..., ob. cit.,* pág. 187.

[381] João Baptista Machado apresenta como exemplos de leis meramente formais, entre outros, as leis de autorização legislativa, as que autorizam o Governo a realizar empréstimos e outras operações de crédito, etc.; cfr. *Introdução ao Direito ..., ob. cit.,* pág. 161.

[382] No sentido referido por Manuel Afonso Vaz, *Lei e Reserva da Lei ..., ob. cit.,* pág. 18. O conceito de *regra do direito*, desenvolvido por Laband, tem por objecto a determinação da condição jurídica dos cidadãos e estão destinadas a produzir os seus efeitos na esfera jurídica dos indivíduos; cfr. Manuel Afonso Vaz, *O Conceito de Lei ..., ob. cit.,* pág. 183.

[383] J. J. Gomes Canotilho fala a propósito, em *regra geral*, entendida, por um lado, como uma deliberação tomada, não em concreto, em vista de um caso particular e actual, mas em abstracto para regular todos os casos da mesma natureza que no presente ou no futuro possam ser abrangidos pela disposição legal e, por outro lado, como uma disposição que não é tomada em face de um ou vários indivíduos determinados, mas que se destina a ser aplicada a todos os indivíduos nas condições previstas pelo texto; cfr. *Direito Constitucional ..., ob. cit.,* 6.ª edição, pág. 711.

[384] No mesmo sentido, João Baptista Machado, *Introdução ao Direito ..., ob. cit.,* pág. 159 e A. Santos Justo, *Introdução ..., ob. cit.,* pág. 187.

[385] Manuel Afonso Vaz, *Lei e Reserva da Lei ..., ob. cit.,* pág. 18.

[386] Para Jorge Miranda, a tricotomia lei material e formal, lei formal não material e lei material não formal não deve ser vista somente em conexão com o problema da generalidade ou do conteúdo em si. Deve ser encarada também em conexão com a função

1.1.2. O sentido da lei e as categorias de actos legislativos na CRP

1.1.2.1. *O sentido da lei*

Qual o sentido ou a concepção de lei perfilhado pela Constituição portuguesa? Eis a questão que se pretende agora analisar[387]. A CRP usa frequentemente a expressão de *lei*[388] sem fazer qualquer opção expressa e inequívoca[389] por um sentido formal ou um sentido material. As divergências na doutrina portuguesa não são poucas. Alguns autores, como é o caso de Jorge Miranda, adoptam, "sem rigidez", uma perspectiva favorável à lei em sentido material[390]. Segundo este renomado cultor do direito constitucional, a CRP oferece dois graus de generalidade: um preceptivo e outro programático, sendo esta (a generalidade) essencial à norma, contrariamente à abstracção[391-392-393]. De acordo com esta orien-

---

do Estado em que o acto se insere, com o órgão donde provém, com o poder que traduz. Lei em sentido material não é apenas a lei enquanto investida de generalidade. Tem de ser, forçosamente, um acto da função política. Sem a opção subjacente, sem a ponderação prospectiva do interesse geral, sem a visão ampla da comunidade política, não existe lei. Nem há lei sem a discricionariedade inerente à actividade política, sem a actividade criativa, a iniciativa livre que ela pressupõe; cfr. *Sentido e Conteúdo da Lei como Acto da Função Legislativa*, Nos Dez Anos da Constituição, Lisboa, 1986, pág. 181.

[387] Não falta quem, como Maria Lúcia Amaral, entenda que, face à Constituição portuguesa, este conceito tornou-se um conceito caduco. Tal posição é fundamentada, segundo a autora, por um lado, pelo facto de a CRP não autorizar qualquer distinção conceitual entre forma e matéria de lei e, por outro, porque a CRP não reserva um tratamento diferenciado para as leis que não sejam gerais e abstractas, porque as não considera nem pode considerar como «leis-só-em sentido formal»; cfr. *Responsabilidade do Estado ...*, *ob. cit.*, págs. 237 e 238.

[388] Segundo Manuel Afonso Vaz, a palavra é usada para cima de duas centenas de vezes; cfr. *Lei e Reserva da Lei ...*, *ob. cit.*, pág. 15. O autor fala ainda em "à volta de 250 vezes"; cfr. *O Conceito de Lei na Constituição Portuguesa – Uma Perspectiva de Reflexão*, Direito e Justiça, vol III, 1987/1988, pág. 179.

[389] Salvo em casos muito pontuais.

[390] *Manual ...*, *ob. cit.*, tomo V, pags. 142-145; *Sentido e Conteúdo da Lei como Acto da Função Legislativa*, Nos Dez Anos da Constituição, Lisboa, 1986, 177-190.

[391] *Manual ...*, *ob. cit.*, tomo V, págs. 145-150.

[392] Diz Jorge Miranda: "não recusamos, porém, a possibilidade de lei individual, de lei directa ou aparentemente individual, contando que, por trás do comando aplicável a certa pessoa, possa encontrar-se uma prescrição ou um princípio geral"; cfr. *Sentido e Conteúdo ...*, *ob. cit.*, pág. 180.

[393] Esta posição é criticada por Marcelo Rebelo de Sousa, para quem a Consti-

146 *Autorizações Legislativas e Controlo Parlamentar do Decreto-Lei Autorizado*

tação, outros critérios devem ser convocados, para além dos estritamente formais, para permitir ao intérprete decidir o que é e o que não é lei, nomeadamente critérios de natureza substancial ou material. Dois argumentos sustentam a sua posição. Em primeiro lugar, associação constitucionalmente estabelecida entre o exercício da função legislativa e o exercício da função política e, em segundo lugar, o princípio do Estado de Direito[394].

No mesmo sentido parece ir MANUEL AFONSO VAZ. Segundo afirma, "não se diga, porém, que da CRP apenas se retira um conceito formal de lei aliado ao sistema orgânico dos poderes". Continua, "nada infirma a suposição de que a Constituição, ao regular a acção dos órgãos, se inspira em conceitos materiais que permitem descobrir na Constituição, a par do conceito formal de lei (posto em evidência), um conceito material de lei, segundo o qual a lei é qualificada por um *intencional conteúdo*[395], o qual se não deixa exprimir por «actos de outra natureza»"[396-397].

Em sentido contrário, defendendo um conceito formal de lei, baseado na relevância do acto sob a forma de lei, independentemente do respectivo conteúdo, posicionam-se vários autores. MARCELO REBELO DE SOUSA é um deles. Na sua visão, a função legislativa é definida constitucionalmente a partir do conceito de lei em sentido formal. Apesar dessa inclinação, entende este insigne Professor existir uma permanência com relevância parcelar do conceito de lei em sentido material[398]. Tal é o caso, por exemplo, da imposição constitucional de generalidade e abstracção das leis restritivas de direitos, liberdades e garantias (artigo 18.º, n.º 3)[399].

---

tuição não estabelece nem uma exigência de generalidade, nem de abstracção, não impedindo, por isso, a elaboração de leis de conteúdo concreto e individualizado; cfr. *Direito Constitucional ..., ob. cit.,* págs. 255 e 256.

[394] Defendendo a preferência pelo conceito material de lei, cfr. ainda BERNARDO DINIZ DE AYALA, *O (Défice de) Controlo Judicial da Margem de Livre Decisão Administrativa,* Lex, 1995, págs. 47-52.

[395] Itálico do Autor.

[396] *O Conceito de Lei ..., ob. cit.,* pág. 214.

[397] Para BERNARDO DINIZ DE AYALA, tal posição de MANUEL AFONSO VAZ exprime a opção por um conceito misto de lei; cfr. *O (Défice de) Controlo ..., ob. cit.,* pág. 47.

[398] Cfr. *Direito Constitucional ..., ob. cit.,* págs. 255 e 256.

[399] Para mais sobre a questão, cfr. JOSÉ CARLOS VIEIRA DE ANDRADE, *Os Direitos Fundamentais na Constituição Portuguesa de 1976,* 2.ª edição, Almedina, 2001, págs. 301 e 302. Para este autor, a generalidade e a abstracção, no domínio dos direitos fundamen-

Para esta corrente de pensamento, o conceito de lei face à CRP será todo o acto do poder político estadual a que ela própria atribui o nome de lei, ou seja, todo o acto proveniente de órgão constitucionalmente dotado de competência legislativa[400]. De igual modo, NUNO PIÇARRA, face à CRP, conclui que "a lei é uma acto jurídico-político caracterizado pela forma que reveste, pela força jurídica de que dispõe e pelo procedimento que culmina, livre de conteúdo ou de conteúdo aberto"[401]. Este sentido é, para o autor, o mais consentâneo com o Estado democrático-social de Direito perspectivado pela Constituição.

No leque de apoiantes da caracterização formal do acto legislativo inclui-se ainda DAVID DUARTE, para quem, na CRP, "a lei é um acto cuja caracterização se revela tão-somente pela forma, pela força jurídica própria e pelas especificidades dos procedimentos criadores[402].

1.1.2.2. *As categorias de Actos Legislativos*[403]

A CRP assume o princípio da fixação constitucional da competência legislativa, enquanto dimensão do princípio da reserva da Constituição, ao dispor no n.º 1 do artigo 112.º, sob a epígrafe "actos normativos"[404], que "são actos legislativos as leis, os decretos-leis e os decretos legislativos regionais". Em conformidade, entendemos, com JORGE MIRANDA, que: 1.º só são actos legislativos os definidos pela Constituição nas formas por ela prescritas; 2.º cada competência legislativa deve ser exercida com observância da forma constitucionalmente estabelecida e que cada forma deve

---

tais, referem-se "em primeira linha ao princípio da igualdade, enquanto manifestação do carácter universal dos direitos fundamentais e proibição de privilégios e de discriminações e segregações arbitrárias ou injustificadas".

[400] Cfr. MARIA LÚCIA AMARAL, *Responsabilidade do Estado ...*, *ob. cit.*, pág. 230.

[401] NUNO PIÇARRA, *A Separação de Poderes na Constituição de 76. Alguns Aspectos*, Nos Dez Anos da Constituição ..., *ob. cit.*, pág. 167.

[402] DAVID DUARTE, *Lei-Medida e Democracia Social*, Scientia Ivridica, Janeiro – Junho de 1992, pág. 338.

[403] Sobre os vários tipos de relações entre os actos legislativos, cfr., por todos, ANTÓNIO NADAIS, *As Relações entre Actos Legislativos dos Órgãos de Soberania*, Cognitio, 1984.

[404] Para uma análise crítica à epígrafe do artigo 112.º, cfr. JORGE MIRANDA e RUI MEDEIROS, *Constituição ...*, *ob. cit.*, tomo II, págs. 260 e 261.

servir para o exercício de certa competência; 3.º nenhuma lei pode criar outras categorias de actos legislativos[405]. São órgãos legislativos a Assembleia da República, o Governo e as Assembleias Legislativas Regionais. Todos os actos legislativos, sejam eles provenientes de órgãos de soberania ou dos órgãos legislativos regionais, têm força de lei.

O artigo 166.º da CRP prevê quatro categorias de leis. A lei constitucional, a lei orgânica, a lei de bases e a lei (em sentido estrito).

As leis constitucionais, por força do previsto nos artigos 166.º, n.º 1, 161.º, alínea a) e 284.º a 289.º, identificam-se com as leis de revisão constitucional, ou seja, é lei constitucional aquela que tem por finalidade a modificação da Constituição nos termos estabelecidos pela própria Constituição. A reserva de lei constitucional pertence, por isso, ao poder de revisão constitucional[406].

As leis orgânicas, por sua vez, são leis ordinárias da Assembleia da República, não se situando, por isso, num escalão normativo superior situado entre a lei constitucional e a lei ordinária, apesar da sua natureza de lei reforçada[407]. Por força do princípio da tipicidade, só são leis orgânicas aquelas como tal consideradas pela Constituição. Estão reservadas à lei orgânica, por força dos artigos 166.º, n.º 2, 164.º e 255.º, as seguintes matérias: eleição dos titulares dos órgãos de soberania; regime dos referendos; organização, funcionamento e processo do Tribunal Constitucional; organização da defesa nacional e bem assim a definição dos deveres dela decorrentes e bases gerais da organização, do funcionamento, do reequipamento e da disciplina das Forças Armadas; regime do estado de sítio e do estado de emergência; aquisição perda e reaquisição da nacionalidade, associações e partidos políticos; eleições dos deputados às Assembleias Legislativas das regiões autónomas; eleição dos titulares dos órgãos do poder local, regime do sistema de informações e do segredo do Estado; regime das finanças das regiões autónomas e a criação, organização e funcionamento das regiões administrativas. Todas elas constituem matérias de competência absoluta da Assembleia da República.

---

[405] JORGE MIRANDA, *Manual* ..., *ob. cit.,* vol. V, pág. 203.

[406] No mesmo sentido, J. J. GOMES CANOTILHO, *Direito Constitucional* ..., *ob. cit.,* 6.ª edição, pág. 745; ISALTINO MORAIS, JOSÉ MÁRIO FERREIRA DE ALMEIDA e RICARDO LEITE PINTO, *Constituição* ..., *ob. cit.,* pág. 234.

[407] Artigo 112.º, n.º 3.

A aprovação das leis orgânicas carece, na votação final global, de uma maioria absoluta dos deputados em efectividade de funções (artigo 168.°, n.° 5), sendo o veto político do Presidente da República superável apenas por uma maioria qualificada de dois terços (artigo 136.° n.° 3). Resulta daí, por um lado, a necessidade de um consenso alargado para a aprovação das leis orgânicas e, caso sejam vetadas, para a superação do veto político presidencial e, por outro, por consequência deste último facto, um reforço da intervenção presidencial no processo legislativo parlamentar[408].

A lei de bases não consta da referência expressa às formas dos actos da Assembleia da República feita pelo artigo 166.°. Contudo, a sua admissibilidade no direito constitucional português tem sido pacífica. Ela resulta de um conjunto de referências constantes na CRP que legitimam a sua aceitação[409]. O n.° 2 do artigo 112.° refere, na sua parte final, a decretos-leis que "desenvolvam as bases gerais dos regimes jurídicos". Para além dessa referência, o artigo 198.°, n.° 1, alínea c), a propósito da competência legislativa do Governo, alude a "fazer decretos-leis de desenvolvimento dos princípios ou das bases gerais dos regimes jurídicos contidos em leis que a elas se circunscrevem". Também a enumeração de um conjunto de matérias de competência exclusiva da Assembleia da República sugere a aceitação das leis de bases. São exemplos, entre outros, as alíneas d) e i) do artigo 164.° e as alíneas f), g), n), t), u), x) e z) do artigo 165.°.

As leis de bases consagram os princípios jurídicos genéricos ou as bases gerais de um regime jurídico, cabendo ao Governo (e às Assembleias Legislativas Regionais) o seu desenvolvimento. A admissibilidade de um princípio da reserva legislativa de bases gerais implica, por um lado, a permissão ao Governo (e às Assembleias Legislativas Regionais) de legislar sobre as respectivas matérias, uma vez definidas as bases gerais, mesmo sem autorização legislativa[410]. As leis de bases, na medida em que adquirem uma *primariedade material e hierárquica*[411], consti-

---

[408] No mesmo sentido, PAULO OTERO, *Sistema de Actos Legislativos*, Legislação, 1997, pág. 145.

[409] Cfr., por todos, PAULO OTERO, *O Desenvolvimento de Leis de Base pelo Governo (O Sentido do Artigo 201.°, n.° 1, alínea c) da Constituição)*, Lex, 1997.

[410] Neste sentido, J. J. GOMES CANOTILHO, *Direito Constitucional ...*, *ob. cit.*, 6.ª edição, pág. 751.

[411] J. J. GOMES CANOTILHO, *Direito Constitucional ...*, *ob. cit.*, 6.ª edição, pág. 752.

tuem, numa perspectiva material, directivas[412] e limites[413] dos decretos-leis e decretos legislativos regionais de desenvolvimento.

A forma de lei, em sentido estrito, é reservada pela CRP aos actos previstos nas alíneas b) a h) do artigo 161.º. Constam desse leque de matérias as leis de autorização legislativa, matéria que será abordada adiante.

São ainda actos legislativos os decreto-leis e os decretos legislativos regionais. Falaremos sobre ambos mais tarde.

A CRP abraça, no artigo 112.º, n.º 2, o *princípio da equiparação valorativa*[414-415] entre leis e decretos-leis, reservando-lhes o mesmo lugar na estrutura da ordem jurídica. Há, contudo, uma subordinação dos decretos-leis autorizados às leis de autorização e dos decretos-leis de desenvolvimento às leis de bases[416]. A aludida equiparação, realça-se, implica a possibilidade de lei e decreto-lei se interpretarem, suspenderem e revogarem mutuamente[417-418].

Diferentemente, a relação entre decretos-leis e decretos legislativos regionais estrutura-se de forma hierarquizada, ocupando os primeiros, uma

---

[412] Na medida em que definem os parâmetros materiais a que os Governo e as Assembleias Legislativas Regionais devem sujeitar-se.

[413] Na medida em que o desenvolvimento das leis de bases deve ser feito tendo em conta as normas fixadas nas bases da Assembleia da República.

[414] Cfr., neste sentido, ALEXANDRE DE SOUSA PINHEIRO e MÁRIO JOÃO DE BRITO FERNANDES, *Comentário à IV Revisão Constitucional*, AAFDL, 1999, pág. 269.

[415] A que CARLOS BLANCO DE MORAIS denomina paridade de «valor». O autor chama, contudo, a atenção por entender tratar-se de uma paridade hierárquica, na medida em que, como escreve, "essa identidade se faz «sem prejuízo» do «valor reforçado de leis orgânicas» e da «subordinação de decretos-leis de bases e de autorização legislativa»; cfr. *As Lei Reforçadas ...,ob. cit.,* pág. 144. Este princípio é ainda denominado de *princípio da tendencial paridade ou igualdade entre as leis e os decretos-leis*; cfr. assim, RITA CALÇADA PIRES, *Da Supremacia Funcional da Lei Parlamentar. Contributo para a sistematização da teoria geral da lei no sistema de fontes do direito constitucional português*, Estudos de Direito Público, Âncora Editora, 2006, pág. 258.

[416] Contra este entendimento, cfr. ANTÓNIO NADAIS, *As Relações ...,ob. cit.,* págs. 32-40.

[417] No mesmo sentido, JAIME VALLE, *A Participação ...,ob. cit.,* pág. 224. Para JAIME VALLE a equiordenação dos actos legislativos da Assembleia da República e do Governo decorre da ausência de hierarquia entre os órgãos de soberania e da idêntica legitimidade democrática que lhes assiste.

[418] Há autores que se posicionam numa perspectiva de defesa duma supremacia funcional da lei parlamentar. Cfr., entre outros, RITA CALÇADA PIRES, *Da Supremacia ...,* *ob. cit.*, págs. 266 ss.

A *Função Legislativa* 151

posição superior em virtude de constituírem leis gerais da República, contrariamente aos segundos que têm âmbito regional. Assim, os decretos legislativos regionais não podem dispor contra leis gerais da República, salvo em caso de autorização legislativa parlamentar (artigo 227.º, n.º 1, alínea b)).

É, pois, possível falar-se na existência de uma reserva de acto legislativo[419], enquanto reserva de função legislativa.

1.2. A COMPETÊNCIA LEGISLATIVA NA CONSTITUIÇÃO PORTUGUESA DE 1976

1.2.1. A Constituição e a reserva de lei[420]

O conceito de reserva de lei pretende exprimir a existência de um conjunto de matérias que devem ser reguladas por lei. Significa, *a contrario sensu*, que o âmbito material abrangido pela reserva de lei não deve ser objecto de regulamentação por normas jurídicas provenientes de outras fontes que não a lei[421].

A técnica da reserva de lei só tem sentido, na visão de MANUEL AFONSO VAZ, em estruturas constitucionais que aceitam a existência de poder normativo primário repartido por órgãos, que não exclusivamente o órgão de representação popular[422].

Do conceito de reserva de lei deve distinguir-se o conceito de reserva do Parlamento. Com efeito, a reserva do Parlamento reporta-se a um conjunto de matérias que devem ser objecto de regulamentação através de acto legislativo do Parlamento. É a também designada *reserva de lei formal*. Reconhece-se, com isso, o monopólio legislativo parlamentar sobre

---

[419] No mesmo sentido, cfr. LUÍS PEREIRA COUTINHO, *O Regime Orgânico dos Direitos, Liberdades e Garantias e Determinação Normativa. Reserva de Parlamento e Reserva de Acto Legislativo*, Revista Jurídica n.º 24, AAFDL, 2001, pág. 562 ss.

[420] Sobre a distinção entre reserva de Constituição e reserva de lei, cfr., entre outros, JORGE MIRANDA, *Manual ...*, *ob. cit.*, tomo V, págs. 194-199. Sobre a reserva a Constituição cfr. também MANUEL AFONSO VAZ, *Lei e Reserva da Lei ...*, *ob. cit.*, págs. 285 ss.

[421] Fala-se, a esse respeito, nas dimensões positiva e negativa da reserva de lei; cfr. J. J. GOMES CANOTILHO, *Direito Constitucional ...*, *ob. cit.*, 6.ª edição, pág. 722.

[422] *Lei e Reserva da Lei ...*, *ob. cit.*, pág. 390.

certas matérias, cujo fundamento repousa no facto de o Parlamento ser a sede institucional dos debates políticos[423], sendo as suas discussões uma forma de garantir alguma *retroacção*, que o eleitorado poderá manifestar em próximas eleições[424].

No quadro da estrutura constitucional portuguesa, a reserva de lei não implica assunção directa do Parlamento da regulamentação de todas as matérias. Há matérias que constituem reserva legislativa relativa, em relação às quais o Governo ou as Assembleias Legislativas Regionais podem ser autorizados a legislar através de decretos-leis ou de decretos legislativos regionais, respectivamente. Fala-se aqui em reserva de acto legislativo.

1.2.2. A fixação da competência legislativa

Face à CRP, o princípio da fixação da competência legislativa encontra-se intimamente ligado ao princípio da separação de poderes. Assim, só possuem competência legislativa os órgãos a quem a Constituição expressamente atribui tal competência. São eles: a Assembleia da República, o Governo[425] e as Assembleias Legislativas Regionais dos Açores e da

---

[423] Neste sentido, J. M. SÉRVULO CORREIA, *Legalidade ...*, *ob. cit.*, pág. 42. Para este autor, o Parlamento é "o local por excelência de perequação dos interesses pluralistas, o órgão que, devido à sua composição e ao seu processo de funcionamento, logra fazer da lei não uma simples expressão dos sentimentos imperantes neste ou naquele sector da sociedade, mas uma «vontade melhor» resultante da síntese de posições e do compromisso de interesses".

[424] Neste sentido, ROGÉRIO SOARES, *Sentido e Limites da Função Legislativa no Estado Contemporâneo*, A Feitura das Leis, vol. II, Instituto Nacional de Administração, 1986, pág. 441.

[425] A respeito da repartição da competência legislativa entre os Parlamentos e os Governos, vale a pena ler MÁRIO RAPOSO. "Embora repartido entre os Parlamentos e os Governos, o exercício da função legislativa está em relevante grau quase sempre condicionado por actuações *prévias* ou *complementares* dos Governos. Desde logo nos actos que *preparam* o impulso legislativo; informa Françoise Mendel que cerca de 90% dos textos aprovados nos Parlamentos transitaram dos Governos. O que teria forçosamente que acontecer, melhor apetrechados como estão estes no plano técnico; por mais esforçados que sejam os meios de eficácia postos à disposição das *comissões* parlamentares, e mesmo que delas ocasionalmente façam parte *grandes especialistas*, a sua intervenção será, pela natureza das coisas, mais de *controlo* do que de *preparação*"; cfr. *O Exercício da Função Legislativa*, BFDUC, vol. LVIII, 1982, Homenagem aos Professores M. Paulo Merêa e G. Braga da Cruz, págs. 617 e 618.

Madeira. Com essa repartição tripartida, a CRP prevê um *pluricentrismo legislativo*, na medida em que, por um lado, ao nível dos órgãos de soberania (repartição horizontal de competências) a competência legislativa pertence à Assembleia da República e ao Governo e, por outro lado, ao nível dos órgãos nacionais e regionais (repartição vertical de competências) a competência legislativa é repartida entre um centro estatal e republicano e dois centros regionais de produção legislativa[426].

Os três órgãos que titulam a competência legislativa em Portugal têm um relevante aspecto em comum que justifica a atribuição constitucional do exercício da função legislativa. Todos gozam de legitimidade democrática: directa, no caso da Assembleia da República e das Assembleias Legislativas Regionais, e indirecta, no caso do Governo.

1.2.2.1. *A Competência legislativa da Assembleia da República*

A Constituição portuguesa agrupa a competência legislativa da Assembleia da República em três categorias: a) competência legislativa absoluta; b) competência legislativa relativa e c) competência legislativa concorrencial. Vejamos uma a uma.

1.2.2.1.1. *Competência legislativa absoluta da Assembleia da República*

Ao estabelecer no artigo 164.° um conjunto de matérias que devem ser objecto de regulamentação por acto legislativo parlamentar, a Constituição portuguesa institui o princípio da reserva do Parlamento[427]. Subjacente à repartição constitucional da competência legislativa, especificamente da competência legislativa parlamentar, está o critério da relevância ou valoração material. As matérias aí expressas apresentam-se como matérias "nobres e essenciais à concretização do Estado de Direito Democrático" e revelador da existência de um núcleo essencial do princípio da

---

[426] Cfr., neste sentido, J. J. GOMES CANOTILHO, *Direito Constitucional* ..., *ob. cit.*, 6.ª edição, pág. 692.

[427] Cfr., neste sentido, MANUEL AFONSO VAZ, *Lei e Reserva da Lei* ..., *ob. cit.*, págs. 428-432.

separação de poderes[428]. Sobre as matérias aí arroladas, apenas a Assembleia da República pode legislar, estando excluída, por consequência, a possibilidade de concessão de autorização legislativa. Em caso algum, o Governo pode substituir-se à Assembleia da República no tratamento dessas matérias em caso de vazio legislativo ou mesmo em caso de inconstitucionalidade por omissão[429]. Fala-se, assim, em *reserva absoluta*.

Ao colocar certas matérias sujeitas à necessária manifestação da vontade parlamentar, pretende a CRP assegurar que o conteúdo dessas decisões se forme através da *conduta declarativa* própria do Parlamento[430].

Pode-se, segundo JORGE MIRANDA[431], distinguir três níveis de reserva: 1.º um nível mais exigente, em que toda a regulamentação legislativa da matéria é reservada à Assembleia da República; 2.º um nível menos exigente, em que a reserva da Assembleia se limita a um regime geral, sem prejuízo de regimes especiais que podem ser definidos pelo Governo ou, se for caso disso, pelas Assembleias Legislativas Regionais; e 3.º um nível, em que a competência da Assembleia da República é reservada apenas no que concerne às bases gerais dos regimes jurídicos das matérias[432].

1.2.2.1.2. Competência legislativa relativa da Assembleia da República

Prevê-se ainda, por outro lado, um domínio de reserva legislativa parlamentar relativa. Sobre o leque de matérias discriminadas no artigo 165.º, a Assembleia da República detém competência reservada, podendo, no entanto, autorizar o Governo a legislar. Dito de outro modo, o Governo também é competente para legislar sobre elas apesar de o exercício da sua competência estar dependente de um acto de autorização parlamentar.

---

[428] RITA CALÇADA PIRES, *Da Supremacia ..., ob. cit.,* pág. 273.

[429] Neste sentido, JORGE MIRANDA, *Manual ..., ob. cit.,* tomo V, pág. 234.

[430] MANUEL AFONSO VAZ, *Lei e Reserva da Lei ..., ob. cit.,* pág. 431.

[431] Seguindo a análise proposta num acórdão do Tribunal Constitucional português.

[432] *Manual ..., ob. cit.,* tomo V, pág. 232. No mesmo sentido, cfr. MANUEL AFONSO VAZ, *Lei e Reserva da Lei ..., ob. cit.,* pág. 430.

A *Função Legislativa* 155

Tanto a Assembleia da República quanto o Governo são competentes, embora exista primazia do Parlamento.

1.2.2.1.3. *Competência legislativa concorrencial*

Entendemos por competência legislativa concorrencial aquela que tanto pode ser exercida pela Assembleia da República como pelo Governo. Trata-se de um domínio repartido em que nenhum dos órgãos detentores da função legislativa dispõe de reserva ou de primazia.

O espaço da competência legislativa concorrencial da Assembleia da República coincide, necessariamente, com a área de competência legislativa concorrencial do Governo. Falaremos sobre ambos quando estudarmos a competência legislativa do Governo.

1.2.2.2. *A Competência Legislativa do Governo*

Ao nível da competência legislativa do Governo à luz da CRP podemos distinguir um domínio de actividade legislativa exclusiva governamental, um domínio em que o exercício da sua competência está sujeito a autorização parlamentar e uma área que pode ser exercida em posição de paridade com a competência legislativa parlamentar. São, respectivamente, a competência legislativa exclusivamente reservada ao Governo, a competência legislativa autorizada do Governo e a competência legislativa concorrencial do Governo.

1.2.2.2.1. *A competência legislativa reservada do Governo*

Em primeiro lugar, o Governo dispõe de competência legislativa reservada. Devem ser incluídas aqui, por um lado, a competência exclusiva – quanto à organização e funcionamento do Governo – e, por outro lado, o desenvolvimento das leis de base.

1.2.2.2.1.1. *A competência legislativa exclusiva do Governo*

Nos termos do n.º 2 do artigo 198.º, compete exclusivamente ao Governo legislar sobre a matéria respeitante à sua própria organização e funcionamento. Trata-se de uma autêntica reserva de decreto-lei. O Governo dispõe, assim, de uma reserva de competência de auto-organização cujo fundamento repousa na sua qualidade de órgão de soberania e de órgão superior da administração pública.

Não tem sido pacífica, ao nível da doutrina portuguesa, a questão da delimitação do conteúdo desta reserva. Para JORGE MIRANDA, por exemplo, a competência legislativa reservada compreende a organização e o funcionamento do Governo, integrando a definição do número, da designação e das atribuições dos Ministérios e Secretarias de Estado, assim como as formas de coordenação entre eles[433]. PAULO OTERO, por seu turno, qualifica essa reserva como "reserva mais reservada" de competência legislativa, porque insusceptível de qualquer intervenção parlamentar, e entende que a mesma envolve não apenas a organização e funcionamento do Governo, mas também todos os órgãos que o compõem, isto é, não apenas a "lei orgânica do Governo", mas também as "leis orgânicas dos Ministérios" e a regulamentação da organização e funcionamento do Conselho de Ministros[434-435].

Ao estabelecer a reserva de decreto-lei, pretende a Constituição não apenas retirar a intervenção legislativa parlamentar, mas também obrigar à intervenção governamental através da prática de acto legislativo, de decretos-leis. Não há espaço para intervenção governamental através do exercício da função administrativa, por exemplo, mediante a aprovação de regulamentos.

1.2.2.2.1.2. *O desenvolvimento das leis de bases*

O desenvolvimento das leis de bases insere-se no domínio da competência legislativa complementar e corresponde simultaneamente a um direito e a um dever do Governo, na medida em que as leis de bases não

---

[433] *Manual ...*, *ob. cit.*, tomo V, pág. 179.

[434] Cfr. PAULO OTERO, *O Poder de Substituição em Direito Administrativo*, vol. II, Lex, 1995, pág. 643, No mesmo sentido, ALEXANDRE DE SOUSA PINHEIRO, *O Governo ...*, *ob. cit.*, págs. 195 e 196 e JAIME VALLE, *A Participação ...*, *ob. cit.*, págs. 231 e 232.

[435] Esta posição mereceu a apreciação crítica de JORGE MIRANDA e de J. J. GOMES CANOTILHO e VITAL MOREIRA. Cfr., respectivamente, *Manual ...*, *ob. cit.*, tomo V, pág. 179, nota de rodapé n.º 1 e *Constituição ...*, *ob. cit.*, 3.ª edição, pág. 778.

A Função Legislativa 157

podem ser aplicadas (ou, pelo menos, são dificilmente aplicáveis) sem os correspondentes decretos-leis de desenvolvimento[436].

Os decretos-leis complementares estão, naturalmente, subordinados à correspondente lei de bases. Impõe a Constituição, por isso, que os mesmos invoquem expressamente a lei de bases ao abrigo da qual são aprovados. Justifica-se, assim, que para além dos limites gerais[437], os decretos-leis que desenvolvem as leis de bases devem respeitar as bases aprovadas pela Assembleia da República, não podendo alterá-las nem contrariá-las[438-439].

1.2.2.2.2. *A competência legislativa autorizada do Governo*

Para além da competência legislativa reservada, o Governo possui ainda competência para elaborar decretos-leis em matérias de reserva relativa da Assembleia da República, mediante autorização legislativa desta. A competência legislativa autorizada permite ao Governo exercer função legislativa sobre matérias reservadas, em princípio, à intervenção legislativa parlamentar que se encontram fora do núcleo de matérias com maior relevo político-constitucional.

A competência legislativa autorizada do Governo é dependente e de exercício condicionado, na medida em que só se efectiva após a aprovação

---

[436] Neste sentido, MARIA PIZARRO BELEZA, *Forma Externa dos Actos Normativos do Governo*, Lisboa, 1989, pág. 14.

[437] Cfr., para mais, MARIA PIZARRO BELEZA, *Forma Externa ...*, *ob. cit.*, págs. 17 e 18.

[438] No entender de MARIA PIZARRO BELEZA, esses limites "são inultrapassáveis se as bases gerais aprovadas pela Assembleia da República constituírem matéria reservada nos termos dos artigos 167.° e 168.° (no texto actual, 164.° e 165.°) da Constituição. Se, no entanto, a lei de bases incidir sobre matéria não reservada, deve entender-se que o Governo não está impedido de as revogar ou modificar no uso da sua competência legislativa concorrente"; cfr. *Forma Externa ...*, *ob. cit.*, págs. 19 e 20. Em sentido contrário, defendendo a limitação do Governo ao desenvolvimento das leis de bases, não podendo revogá-las ou alterá-las, mesmo no caso das leis de bases aprovadas em matéria concorrencial, cfr. ALEXANDRE DE SOUSA PINHEIRO e MÁRIO JOÃO DE BRITO FERNANDES, *Comentário ...*, *ob. cit.*, pág. 282 ss.

[439] Em sentido contrário, cfr. ANTÓNIO NADAIS, *As Relações ...*, *ob. cit.*, págs. 38-40.

pela Assembleia da República de um "acto-condição"[440], a lei de autorização legislativa, nos termos da qual ela é exercida. O decreto-lei autorizado, enquanto acto resultante do exercício da competência legislativa autorizada – acto-objecto –[441], encontra-se, por isso, subordinado ao acto autorizante – acto-parâmetro –[442], que fixa os termos de referência para a sua aprovação[443].

1.2.2.2.3. *A competência legislativa concorrencial do Governo*

A competência legislativa concorrencial entre a Assembleia da República e o Governo significa, antes de mais, igualdade hierárquica dos actos legislativos que cada um emana e a possibilidade de revogabilidade recíproca[444].

Em matéria de competência concorrencial, defende JORGE MIRANDA a restrição da competência parlamentar para o desenvolvimento das leis de bases às matérias que se integram na sua competência legislativa reservada (absoluta ou relativa)[445]. Esta posição, na visão de JAIME VALLE, é a que mais se "coaduna com a racionalização do sistema de governo"[446].

---

[440] Cfr., neste sentido, FÉZAS VITAL, *Autorizações Legislativas*, BFDUC, Coimbra, 1920-1921, p. 565; também ANTÓNIO NADAIS, *As Relações ..., ob. cit.,* pág. 30; cfr. ainda JAIME VALLE, *A Participação ..., ob. cit.,* pág. 245.

[441] Cfr., neste sentido, ANTÓNIO NADAIS, *As Relações ..., ob. cit.,* pág. 12.

[442] *Idem.*

[443] ANTÓNIO NADAIS conclui, contudo, pela inexistência de qualquer supremacia hierárquica da lei de autorização, nem sobre o decreto-lei autorizado, nem sobre os restantes decretos-leis. Na sua visão, "o respeito devido pelo decreto-lei autorizado à lei de autorização deriva, ou de um princípio de conformidade orgânica (limites externos = elementos essenciais), ou de um princípio de conformidade processual (elementos acidentais), ou de um princípio de conformidade material (limites internos = elementos naturais), mas baseado numa ideia de repartição de competência e não numa ideia de hierarquia"; *As Relações ..., ob. cit.,* pág. 37.

[444] No mesmo sentido, JORGE MIRANDA, *Decreto*, Coimbra, 1974, (Separata do DJAP), pág. 27. Para este autor, "os decretos-leis podem sempre revogar as leis (em sentido literal ou nominal), salvo em matérias de exclusiva competência do Parlamento e, mesmo nestas matérias, poderá dar-se revogação se o Governo dispuser de autorização legislativa ...".

[445] *Manual ..., ob. cit.,* tomo V, pág. 372; A mesma posição é defendida por JAIME VALLE, *A Participação ..., ob. cit.,* pág. 242-244.

[446] *A Participação ..., ob. cit.,* pág. 244.

A *Função Legislativa* 159

Noutro domínio, PAULO OTERO sustenta que a competência legislativa da Assembleia da República em matéria concorrencial está limitada à emanação de leis de bases, ficando reservado ao Governo o seu desenvolvimento[447].

1.2.2.3. *A Competência Legislativa das Assembleias Legislativas Regionais*

O princípio da descentralização política[448] no âmbito do Estado português, enquanto Estado unitário periférico[449], concretizado pela existência do regime autonómico insular, justifica a existência, para além das competências legislativas dos órgãos de soberania – Assembleia da República e Governo – de uma competência legislativa regional.

O sistema de distribuição de competências legislativas entre o Estado e as regiões autónomas actualmente previsto, na visão de CARLOS BLANCO DE MORAIS, repousa num critério de *lista plural atípica*[450]. A atipicidade, justifica o autor, resulta do facto de "o constituinte, para além de consagrar uma lista de matérias de titularidade estadual e outra de domínio competencial regional, não esgota de modo algum nesta última todas as matérias de disponibilidade autonómica, continuando a existir na lei fundamental um preceito que remete para normas infraconstitucionais, os estatutos, a delimitação expressa dos restantes domínios materiais"[451].

A repartição horizontal dos poderes legislativos entre o Estado e as Regiões Autónomas tem sido pautada ao longo da vigência da Constitui-

---

[447] PAULO OTERO, *O Desenvolvimento...*, *ob. cit.*, págs. 38 ss. No mesmo sentido se posiciona CARLOS BLANCO DE MORAIS, *As Leis reforçadas ...*, *ob. cit.*, págs. 304 ss.

[448] Na descentralização política, como nota CARLOS BLANCO DE MORAIS, o ente que é objecto de transladação de poderes não dispõe de liberdade constitutiva (dado que o respectivo estatuto lhe é atribuído por um acto normativo do poder central), mas apenas de autonomia legislativa e administrativa; cfr. *A Autonomia Legislativa Regional – Fundamentos das relações de prevalência entre actos legislativos estaduais e regionais*, AAFDL, 1993, pág. 52.

[449] Para MARCELO REBELO DE SOUSA, "existe Estado Regional Periférico quando existem apenas uma ou mais regiões cujo aparecimento excepcional se deva a factores de natureza específica"; cfr. *Direito Constitucional ...*, *ob. cit.*, pág. 143.

[450] *A Autonomia ...*, *ob. cit.*, pág. 486.

[451] *A Autonomia ...*, *ob. cit.*, pág. 488.

ção de 1976 pela "falta de um pensamento jurídico coerente por parte do decisor constitucional" e pela extrema debilidade deste "em relação às pressões políticas oriundas das mesmas regiões e exercidas por via intra-partidária"[452].

No período 1976-2004, com várias revisões pelo meio (1989 e 1997), a competência legislativa regional foi essencialmente caracterizada por uma delimitação positiva, através do designado *interesse específico* regional, e por uma delimitação simultaneamente positiva e negativa, introduzida pelas leis gerais da República.

A revisão constitucional de 2004 veio introduzir substanciais alterações ao modelo de repartição da competência legislativa entre o Estado e as Regiões Autónomas. Foram eliminados os dois limites ao poder legislativo regional, nomeadamente o das leis gerais da República e o do interesse específico regional[453].

Assim, face à CRP, após a revisão constitucional de 2004, podemos encontrar quatro tipos de competência legislativa regional: a) Competência legislativa regional comum; b) competência legislativa regional mínima; c) competência legislativa regional complementar; e d) competência legislativa regional autorizada[454-455].

a) Competência legislativa regional comum[456-457]

Ao respeito dos seus poderes, dispõe a alínea a) do n.º 1 do artigo 227.º que compete às regiões autónomas "legislar no âmbito regional em

---

[452] Assim, CARLOS BLANCO DE MORAIS, *Curso de Direito Constitucional*, Tomo I, Coimbra Editora, 2008, pág. 469.

[453] Sobre as vantagens das alterações introduzidas em 2004, cfr. CARLOS BLANCO DE MORAIS, *Curso ..., ob. cit.,* págs. 487-492.

[454] Neste sentido, CARLOS BLANCO DE MORAIS, *A Autonomia ..., ob. cit.,* pág. 443. Este autor usa a expressão "competência legislativa delegada" para se referir ao que aqui preferimos denominar "competência legislativa autorizada".

[455] PEDRO MACHETE distingue quatro tipos de competências legislativas regionais: competência legislativa primária, competência legislativa autorizada, competência legislativa complementar e competências legislativas específicas; cfr. *Elementos para o Estudo das Relações Entre os Actos Legislativos do Estado e das Regiões Autónomas no Quadro da Constituição Vigente*, Estudos de Direito Regional (org. JORGE MIRANDA e Jorge Pereira da Silva), Lex, 1997, págs. 95-133.

[456] A qualificação "comum" resulta, segundo CARLOS BLANCO DE MORAIS, do

A Função Legislativa 161

matérias enunciadas no respectivo estatuto político-administrativo e que não estejam reservadas aos órgãos de soberania". Atendendo à sua amplitude material, trata-se, indiscutivelmente, da mais importante competência legislativa regional.

Resultam daí os principais critérios definidores da competência legislativa regional comum. Em primeiro lugar, as Assembleias Legislativas regionais podem legislar apenas sobre matérias enunciadas no respectivo estatuto político-administrativo. Em segundo lugar, e em relação a essas matérias, o acto legislativo regional deve limitar-se ao respectivo *âmbito regional*[458]. Por outro lado, as matérias disponíveis à intervenção legislativa regional não podem ofender a reserva de competência dos órgãos de soberania. De acordo com o entendimento genérico, a reserva de competência dos órgãos de soberania é composta pelas matérias expressamente reservadas à Assembleia da República e ao Governo, bem como pelos domínios materiais residuais não enumerados na Constituição e situados no âmbito concorrencial, sempre que concorram interesses impostos pelos princípios da unidade e solidariedade nacional que justifiquem a intervenção de lei estadual[459].

b) Competência legislativa regional mínima[460]

O domínio das competências mínimas abrange um conjunto de competências legislativas regionais explicitamente enumeradas pela Constitui-

---

"facto de ser activável a todo tempo pelas assembleias legislativas regionais ..."; cfr. *A Autonomia ..., ob. cit.,* pág. 444.

[457] A "competência comum" é também denominada "competência primária". Cfr., por exemplo, JORGE MIRANDA e RUI MEDEIROS, *Constituição ..., ob. cit.,* Tomo III, pág. 307.

[458] Para CARLOS BLANCO DE MORAIS, depois de 2004, os Estatutos Político-administrativos das regiões autónomas passaram a constituir-se como "acto-condição dessa categoria de legislação regional, já que só os Estatutos podem definir o objecto material do exercício da competência legislativa comum"; cfr. *Curso ..., ob. cit.,* pág. 498.

[459] Assim, CARLOS BLANCO DE MORAIS, *Curso ..., ob. cit.,* págs. 498 e 499.

[460] O carácter mínimo resulta, segundo CARLOS BLANCO DE MORAIS, da exiguidade das matérias enumeradas e da sua consagração constitucional, aliada à supra-rigidez da garantia institucional, bem como da susceptibilidade da função ser passível de exercício directo e permanente por parte das Assembleias Legislativas Regionais; cfr. *A Autonomia ..., ob. cit.,* pág. 463.

162 *Autorizações Legislativas e Controlo Parlamentar do Decreto-Lei Autorizado*

ção, cujo exercício por parte das Assembleias Legislativas Regionais é imediato.

Das matérias referidas no artigo 227.º, as quais assumem carácter tendencialmente primário, constituem parte da competência legislativa mínima, por integrarem um *núcleo interno mais rígido e indisponível da autonomia política*: o exercício de poder tributário próprio (alínea i)), a criação e extinção das autarquias locais (alínea l)), a elevação das povoações à categoria de vilas ou cidades (alínea n)), a aprovação do orçamento da região (alínea p)) e a definição dos ilícitos de mera ordenação social e respectivas sanções (alínea q)).

c) Competência legislativa regional complementar

A competência legislativa regional complementar diz respeito ao desenvolvimento, para o âmbito regional, das leis de bases estaduais através dos decretos legislativos regionais.

Nem todo o tipo de bases gerais são susceptíveis de desenvolvimento por decretos legislativos regionais. De acordo com a alínea c) do n.º 1 do artigo 227.º, cabe às regiões autónomas "desenvolver para o âmbito regional os princípios ou as bases gerais dos regimes jurídicos contidos em lei que a eles se circunscrevem". As bases são reserva indisponível do poder legislativo estadual, cabendo às regiões autónomas o seu desenvolvimento.

Por outro lado, impõe o n.º 4 do artigo 227.º que os decretos legislativos regionais de desenvolvimento invoquem expressamente as respectivas leis de bases, como meio de impedir a aprovação de diplomas de desenvolvimento sem uma lei de bases pré-existente.

d) Competência legislativa regional autorizada

Podem ainda as Assembleias Legislativas Regionais, nos termos da alínea b) do n.º 1 do artigo 227.º, legislar sobre as matérias de competência relativa da Assembleia da República, mediante autorização desta. Trata-se, no dizer de CARLOS BLANCO DE MORAIS, de uma função "indirecta ou derivada e condicionada"[461]. Indirecta, porque a titularidade pri-

---

[461] *A Autonomia* ..., *ob. cit.*, pág. 475.

A Função Legislativa 163

mária do poder de legislar pertence aos órgãos de soberania e condicionada, porque a lei de autorização funciona como acto-condição do decreto legislativo regional.

A concessão da autorização pela Assembleia da República, feita dentro dos limites impostos pelo *âmbito regional*, não implica a renúncia da competência legislativa, podendo a Assembleia da República exercer a todo o tempo essa mesma função. A Assembleia da República pode alterar ou revogar o acto de autorização legislativa, bem como revogar o decreto legislativo regional autorizado. Mais questionável é a questão de saber se a Assembleia da República pode alterar o diploma regional autorizado. No entender de CARLOS BLANCO DE MORAIS, tal não pode acontecer, na medida em que, justifica, "uma coisa é avocar os poderes delegados e proceder ao seu exercício pleno e outra, modificar o diploma regional, descaracterizando-o e procedendo a uma estatização parcial de uma disciplina jurídica regional"[462].

As Assembleias Legislativas Regionais devem enviar junto à proposta de autorização o anteprojecto do decreto legislativo a autorizar, aspecto que as distingue das autorizações legislativas conferidas pela Assembleia da República ao Governo.

2. A FUNÇÃO LEGISLATIVA FEDERAL NO DIREITO CONSTITUCIONAL BRASILEIRO

A distribuição da competência legislativa federal na Constituição brasileira parte, à semelhança do que acontece na generalidade das democracias contemporâneas, da superação da concepção clássica do princípio da separação de poderes, através do reconhecimento de um novo modelo orgânico estadual, mormente no domínio das relações entre o executivo e o Parlamento. A função legislativa, neste contexto, não é monopólio do poder legislativo, o Congresso Nacional. Há um amplo espaço para a intervenção legislativa do executivo. Assiste-se mesmo, como realça MANOEL GONÇALVES FERREIRA FILHO, a uma "crise legislativa" resultante da tendência geral da transferência da actividade legislativa para o executivo[463].

---

[462] *Curso ..., ob. cit.,* pág. 510.
[463] MANOEL GONÇALVES FERREIRA FILHO, *Curso ..., ob. cit.,* 31.ª edição, pág. 156.

164 *Autorizações Legislativas e Controlo Parlamentar do Decreto-Lei Autorizado*

Deixaremos de fora da nossa análise a actividade legislativa dos parlamentos estaduais, própria da estrutura federal do Estado brasileiro.

2.1. A ACTIVIDADE LEGISLATIVA DO CONGRESSO NACIONAL

A actividade legislativa do Congresso Nacional, atendendo à sua estrutura bicameral, é partilhada entre o Senado Federal e a Câmara dos Deputados.

O artigo 59.º, inserido na Secção VIII epigrafada "Do Processo Legislativo", estabelece que o processo legislativo compreende a elaboração das emendas à Constituição, leis complementares, leis ordinárias, leis delegadas, medidas provisórias, decretos legislativos e resoluções. A respeito dessa formulação, como afirma MANOEL GONÇALVES FERREIRA FILHO, "faltou ao constituinte (…) uma visão clara da sistemática dos actos normativos"[464]. Para este ilustre constitucionalista brasileiro, deve partir-se da distinção entre actos normativos gerais e individuais, não sendo incorrecto distinguir entre as normas gerais que prescrevem condutas a pessoas indiscriminadas que possam estar numa mesma situação e normas individuais que prescrevem conduta a pessoa, ou pessoas discriminadas. Assim considerada, a expressão "acto normativo" abrange a produção de normas gerais e de normas individuais.

2.1.1. Emendas à Constituição

Apesar de localizada numa secção sobre o processo legislativo, a CB, pelo formalismo imposto à revisão (emenda) constitucional, é uma Constituição rígida, não podendo, por isso, ser modificada senão por procedimento especial por ela previsto. Desde logo, só têm iniciativa de revisão: o mínimo de um terço dos membros da Câmara dos Deputados ou do Senado (artigo 60.º, I), o Presidente da República (artigo 60.º, II) e mais de metade das Assembleias Legislativas das unidades da Federação, mediante decisão aprovada, em cada uma delas, por maioria relativa dos seus membros, isto é, maioria absoluta quanto ao número de Assembleias Legislativas e maioria relativa em cada Assembleia (artigo 60.º, III).

---

[464] *Curso ..., ob. cit.,* 31.ª edição, pág. 183.

A Função Legislativa

Aceite a proposta, a mesma só se considera aprovada se reunir, em cada uma das Câmaras, em dois turnos, três quintos dos votos dos membros de cada uma delas (artigo 60.°, § 2.°), devendo a emenda aprovada ser promulgada pelas mesas de ambas as Câmaras, com o respectivo número de ordem (artigo 60.°, § 3.°). Em caso de rejeição ou de havida por prejudicada, a matéria constante da proposta de emenda não pode ser objecto de nova proposta na mesma sessão legislativa (artigo 60.°, § 5.°).

A rigidez da Constituição brasileira de 1988 é ainda aferida pela presença de limites circunstanciais e de limites materiais à revisão constitucional, como estatui o artigo 60.°, § 1.°, na vigência de intervenção federal, de estado de defesa ou de estado de sítio. Do ponto de vista material, a CB possui "cláusulas pétreas", impondo que as emendas à Constituição não possam "abolir"[465]: a forma federativa do Estado, o voto directo, secreto, universal e periódico, a separação de poderes e os direitos e garantias individuais (artigo 60.°, § 4.°).

2.1.2. Lei Ordinária

Prevista no inciso III do artigo 59.°, a lei ordinária é o acto legislativo típico. Enquanto acto legislativo primário, a lei ordinária edita não apenas normas gerais e abstractas, mas também normas particulares.

Importante para a delimitação do objecto da lei no Direito Constitucional brasileiro é o artigo 49.°, em face do qual se conclui que o objecto da lei não é indeterminado ou ilimitado[466]. Este preceito estabelece um domínio vedado à lei ordinária, deixando várias questões para outra cate-

---

[465] Não é pacífica a questão da interpretação da expressão "abolir" no quadro da doutrina brasileira. Um contributo importante sobre a matéria é-nos dado por MANOEL GONÇALVES FERREIRA FILHO, que aqui, uma vez mais, citamos: "Há quem leia nisto a proibição de mudar o regime do instituto compreendido na matéria dos quatro incisos do artigo 60.°, § 4.°, em particular o regime dos direitos fundamentais. Essa posição é um exagero, já que, na língua portuguesa, abolir significa suprimir e não se suprime um instituto quando se lhe altera o regime. Lembre-se a lição de Alexy de que uma restrição só afecta o «conteúdo essencial» de um direito, portanto, o abole indirectamente, «quando não é adequada, não é necessária ou é despromocionada em sentido estrito»; *Curso ..., ob. cit.,* 31.ª edição, págs. 186 e 187.

[466] Neste sentido, MANOEL GONÇALVES FERREIRA FILHO, *Curso ..., ob. cit.,* 31.ª edição, pág. 188.

goria de acto normativo, o decreto legislativo, também ele acto do poder legislativo.

Por outro lado, há uma área reservada à lei, não podendo haver sobre ela delegação do poder de legislar. A delimitação negativa desse espaço é feita pelo artigo 68.º, § 1.º, I, II, e III.

O processo de formação da lei definido pela CB implica a fusão na lei, enquanto acto normativo, de várias vontades, sem as quais os seus efeitos jurídicos não se produzem. Para além da fase da iniciativa, em si complexa, há a fase constitutiva, que compreende a deliberação e a sanção, e a fase complementar, da qual fazem parte a promulgação e a publicação. A lei é, por isso, um acto complexo[467].

2.1.3. A Lei Complementar

A lei complementar é outra modalidade de acto normativo parlamentar, prevista no artigo 59.º, II. A CB é bastante sintética a respeito do seu regime jurídico, facto que, como refere MANOEL GONÇALVES FERREIRA FILHO, força o intérprete a apoiar-se exclusivamente na opinião da doutrina[468].

Dois parecem ser os principais problemas levantados pela doutrina brasileira a respeito das leis complementares. Em primeiro lugar, põe-se a questão sobre o seu posicionamento hierárquico e as consequências daí decorrentes. Por outro lado, levanta-se também a questão de saber se a lei complementar tem ou não matéria própria.

Quanto ao seu lugar na estruturação do sistema jurídico brasileiro, deve tomar-se como base o facto de, na enumeração dos actos normativos, o artigo 59.º colocar as leis complementares imediatamente a seguir à emenda à Constituição. Resulta daí, pensamos nós, que, sendo infra-constitucionais, as leis complementares devem obediência à Constituição, incluindo as suas emendas. Por outro lado, em relação aos demais actos normativos, a lei complementar ocupa uma posição cimeira, daí resultando que a lei ordinária, a medida provisória e a lei delegada à mesma estão sujeitas. São, por isso, inválidas quando contrariam a lei complementar.

---

[467] Para mais sobre as diferentes fases do processo de formação da lei cfr., entre outros, MANOEL GONÇALVES FERREIRA FILHO, *Curso ...*, *ob. cit.*, 31.ª edição, págs. 189-202.

[468] *Do Processo Legislativo*, 3.ª edição, Editora Saraiva, 1995, pág. 236.

Noutro domínio, tem-se entendido que a lei complementar não é apenas formal. Não o é porque, apesar de ser uma lei complementar da Constituição, nalgumas das suas normas a Constituição enuncia claramente a edição de lei para o seu complemento. Nesses termos, diz MANOEL GONÇALVES FERREIRA FILHO, "fê-lo por considerar a especial importância dessas matérias, frisando a necessidade de receberem um tratamento especial. Só nessas matérias, só em decorrência dessas indicações expressas é que cabe a lei complementar"[469].

2.2. A ACTIVIDADE LEGISLATIVA DO EXECUTIVO

O Executivo brasileiro exerce funções legislativas delegadas e funções legislativas próprias ou independentes; as primeiras são corporizadas pelas chamadas lei delegadas e as segundas pelas medidas provisórias.

2.2.1. A lei delegada. Breves referências

No quadro das categorias de actos normativos admitidos pela CB têm grande importância as leis delegadas, caracterizadas como acto primário, apesar da sua subordinação à resolução do Congresso Nacional que as fundamenta[470]. A Constituição autoriza o Poder Legislativo a delegar o poder de editar certas regras jurídicas ao Poder Executivo.

São duas as modalidades de leis delegadas previstas pelo artigo 68.º da CB. De acordo com a primeira modalidade, o Presidente da República pode, após autorização do Congresso Nacional e nos termos da respectiva resolução, aprovar as leis delegadas. Os limites materiais e temporais do acto legislativo são fixados pelo Congresso Nacional, não estando na fase constitutiva, por razões lógicas, o projecto de lei delegada sujeito à sanção ou ao veto presidencial. É, pode dizer-se, a modalidade normal.

---

[469] *Do Processo Legislativo ..., ob. cit.,* pág. 239.

[470] Neste sentido, MANOEL GONÇALVES FERREIRA FILHO, *Curso ..., ob. cit.,* 31.ª edição, pág. 204; PINTO FERREIRA, *Curso de Direito Constitucional,* 5.ª edição, Editora Saraiva, 1991, pág. 357; CLÈMERSON MERLIN CLÈVE, *Actividade Legislativa do Poder Executivo no Estado Contemporâneo e na Constituição de 1988,* Editora Revista dos Tribunais, 1993, pág. 198 e OMAR KADRI, *O Executivo Legislador ..., ob. cit.,* pág. 127.

168   *Autorizações Legislativas e Controlo Parlamentar do Decreto-Lei Autorizado*

Na segunda modalidade de lei delegada, o Congresso Nacional autoriza o Presidente da República a legislar, mas reserva-se o direito de reapreciar o projecto de lei delegada. Traduz-se numa espécie de inversão do processo legislativo das leis ordinárias, na medida em que é o Congresso que "sanciona" o projecto elaborado pelo Presidente da República. Neste caso, o acto sancionador do Parlamento afigura-se como um acto indispensável à perfeição do acto legislativo do Presidente da República.

Em qualquer uma das modalidades, deve ser o Presidente da República a solicitar a delegação ao Congresso Nacional e não este a aprová-la por sua livre iniciativa.

Há limites materiais constitucionalmente impostos ao acto de delegação, o qual deve assumir a forma de resolução e especificar o conteúdo e os termos do seu exercício.

Voltaremos à questão adiante.

2.2.2. A medida provisória

As medidas provisórias são, nos termos do artigo 62.°, actos normativos com força de lei editados pelo Presidente da República em casos de relevância e urgência.

São abundantes na doutrina brasileira as posições e divergências em torno da natureza jurídica das medidas provisórias[471].

Para alguns autores, as medidas provisórias são apenas actos administrativos gerais com força provisória de lei, na medida em que as competências em que as mesmas se apoiam não são competências legislativas, sob pena de lesão grave ao princípio da separação de poderes. Aliada a esta ideia está ainda a da negação das medidas provisórias como actos legislativos, visto não haver necessária participação procedimental do Poder Legislativo.

Noutro plano encontram-se autores que advogam a plena equiparação da natureza das medidas provisórias à natureza das leis, sendo apenas um nome diferente para as leis do Governo. Seriam, por isso, leis espe-

---

[471] Cfr., entre outros, LEOMAR AMORIM DE SOUSA, *A Produção Normativa do Poder Executivo*, Brasília Jurídica, 1999, págs. 93-96 e OMAR KADRI, *O Executivo Legislador ...*, *ob. cit.*, págs. 147-155.

A *Função Legislativa*   169

ciais, cuja especificidade resulta do facto de serem dotadas de vigência provisória e imediata.

OMAR KADRI, por seu lado, partindo duma dimensão positiva da separação de poderes enquanto princípio ordenador das funções do Estado onde os órgãos são constituídos, estruturados e organizados em razão das funções que lhes são atribuídas, entende que as medidas provisórias são actos de natureza legislativa emanados do Poder Executivo com força de lei, aptos a inovar o ordenamento jurídico de forma precária e a produzir efeitos jurídicos imediatos, embora limitados pela fixação de prazo de vigência (30 dias) descritos na Constituição Federal[472].

As medidas provisórias são expedientes cuja utilização é reservada para situações anormais. Os seus pressupostos habilitadores são, de acordo com o artigo 62.º, a relevância e a urgência. Diz o referido preceito: "Em caso de relevância e urgência, o Presidente da República poderá adoptar medidas provisórias, com força de lei, devendo submetê-las de imediato ao Congresso Nacional". A finalidade deste dispositivo parece ser a de permitir a intervenção pública célere no domínio legislativo quando razões de interesse público o determinem. Isto é, quando, para a salvaguarda de relevantes interesses públicos, a utilização da via legislativa ordinária se mostra ineficaz, a Constituição investiu o Presidente da República de poderes especiais para, de modo célere, adoptar medidas provisórias, dotando-as de força de lei[473].

Os pressupostos de relevância e urgência são cumulativos. Pretende--se, em última análise, relativizando os pressupostos habilitantes[474], separar a necessidade de intervenção normativa rápida em situações anómalas dos casos de intervenção normativa em situações absolutamente excepcionais (estado de defesa e estado de sítio).

Dentre as características das medidas provisórias destaca-se, sem dúvida, a sua transitoriedade. De acordo com a CB, este acto legislativo governamental deixa de existir trinta dias após a sua entrada em vigor,

---

[472] *O Executivo Legislador ..., ob. cit.*, pág. 155.

[473] No mesmo sentido, LEOMAR AMORIM DE SOUSA, *Medidas Provisórias – A experiência brasileira*, Estudos de Direito Parlamentar, AAFDL, 1997, pág. 750.

[474] Como escreve OMAR KADRI, "a Constituição brasileira, ao erigir como pressupostos habilitantes a urgência e a relevância e ao não qualificá-los com a adjectivação extraordinariedade, veio a prevenir possíveis problemas interpretativos na fixação exacta dos seus conteúdos, (...)"; cfr. *O Executivo Legislador ..., ob. cit.*, págs. 160 e 161.

independentemente da conversão, rejeição ou omissão do Congresso Nacional. O acto deixa sempre de existir embora as normas por ele veiculadas não cessem necessariamente a sua vigência. Estas últimas apenas deixam de existir em caso de rejeição ou omissão do Congresso Nacional, podendo ser convertidas em lei, caso em que adquirem estabilidade no plano jurídico. Por isso, ao limitar a vigência das medidas provisórias a trinta dias, a Constituição refere-se apenas ao acto e não ao conteúdo por ele transportado[475].

A adopção de medidas provisórias encontra-se ainda sujeita a limitações materiais. Elas vêm expressamente arroladas no § 1.º do artigo 62.º. É vedada a edição de medidas provisórias sobre matéria relativa a nacionalidade, cidadania, direitos políticos, partidos políticos e direito eleitoral; direito penal, processual penal e processo civil; organização do Poder Judiciário e do Ministério Público, a carreira e a garantia de seus membros; planos plurianuais, directrizes orçamentárias, orçamento e créditos adicionais e suplementares. São ainda proibidas medidas provisórias que visem a detenção ou sequestro de bens, de poupança popular ou qualquer outro activo financeiro, sobre matéria reservada à lei complementar ou ainda sobre matéria já disciplinada em projecto de lei aprovado pelo Congresso Nacional e pendente de sanção ou veto do Presidente da República.

Objecto igualmente de alguma polémica é a questão da reedição das medidas provisórias, ou seja, a questão de saber se, decorridos os trinta dias sem qualquer deliberação do Congresso Nacional[476], pode a medida provisória ser objecto de reedição pelo Presidente da República[477]. A constante reedição de medidas provisórias não só altera a natureza transitória (provisória) do instituto, como também subverte o equilíbrio institucional pretendido pelo princípio da separação de poderes, na medida em que o Executivo invade um espaço que lhe é, ordinariamente, constitucionalmente vedado[478]. Com efeito, se a edição de medidas provisórias visa

---

[475] Cfr. OMAR KADRI, *O Executivo Legislador* ..., *ob. cit.,* pág. 169.

[476] Apenas estas porque a reedição das medidas provisórias expressamente rejeitadas pelo Congresso Nacional é tida por inconstitucional.

[477] A constante reedição de medidas provisórias com conteúdos substancialmente idênticos tem levado a doutrina brasileira a considerar que, na prática constitucional, tais instrumentos, de carácter não ordinário e transitório, se tenham transformado em verdadeiros substitutos das leis ordinárias.

[478] A este respeito, afirma LEOMAR AMORIM DE SOUSA que "a chancelada reedição de medida provisória rejeitada tacitamente ou não deliberada pelo Parlamento estar-se-á,

A Função Legislativa 171

acudir situações não ordinárias, relevantes e urgentes, a sua reedição sucessiva retira-lhe a sua característica fundamental que resulta da sua principal finalidade e do seu campo de actuação, para além de introduzir alguma insegurança jurídica[479].

Por tudo isso, o § 10.° do artigo 62.° proíbe expressamente a reedição de medidas provisórias que tenham sido rejeitadas ou que tenha perdido a sua eficácia pelo decurso do prazo, na mesma sessão legislativa. Admite-se, contudo, no § 7.° do mesmo artigo, a possibilidade de prorrogação única por igual período da medida provisória que, no prazo de sessenta dias, não tiver a sua votação encerrada nas duas Câmaras do Congresso.

2.2.3. O Decreto Legislativo

O artigo 59.° prevê ainda, no que chama "processo legislativo" os decretos legislativos. Assim como a resolução, o decreto legislativo é um acto a que falta o carácter de instauração de normas gerais e abstractas[480], vocacionado, em geral, para o tratamento de matérias internas do Congresso[481].

Em geral, os actos legislativos do Congresso carecem, para a produção dos seus efeitos, de intervenção presidencial mediante os mecanismos da sanção ou veto. Há, contudo, um conjunto de actos legislativos aos quais não é aplicável o regime da sanção e, consequentemente, do veto por versar sobre matérias da competência exclusiva do Congresso Nacional ou das suas Câmaras. Estes são os decretos legislativos. São as leis a que a Constituição não exige remessa ao Presidente da República para a sanção. São praticados por decretos legislativos os actos referidos no artigo 49.°, bem como a regulamentação exigida pelo artigo 62.°.

---

de certo modo, a aceitar que o Executivo exerça de facto uma competência legislativa concorrente com o Congresso Nacional, com grave vulneração do princípio da separação de poderes"; cfr. *Medidas Provisórias ..., ob. cit.,* pág. 753.

[479] Neste sentido, MANOEL GONÇALVES FERREIRA FILHO, *Curso ..., ob. cit.,* pág. 210.

[480] Neste sentido, MANOEL GONÇALVES FERREIRA FILHO, *Curso ..., ob. cit.,* pág. 214.

[481] Assim, NELSON NERY COSTA e GERALDO MAGELA ALVES, *Constituição Federal Anotada e Explicada,* Editora Forense, 2002, pág. 186.

2.2.4. A Resolução

Incluem-se ainda no artigo 59.° as resoluções. A sua inclusão no "processo normativo" tem sido bastante criticada[482].

ALEXANDRE DE MORAES define a resolução como o "acto do Congresso Nacional ou de qualquer das suas casas, tomado por procedimento diferente do previsto para a elaboração das leis, destinado a regular matéria da competência do Congresso Nacional ou de competência privativa do Senado Federal ou da Câmara dos Deputados, mas em regra com efeitos internos; excepcionalmente, porém, também prevê a Constituição resolução com efeitos externos, como a que dispõe sobre a delegação legislativa"[483].

Para além da referência que faz às resoluções no artigo 59.°, a Constituição brasileira prevê esta forma de acto para o exercício da competência do Senado Federal na fixação das alíquotas aplicáveis a alguns impostos estaduais (artigo 155.°, § 2.°, IV), bem como para o acto do Congresso de aprovação das delegações legislativas.

3. SÍNTESE COMPARATIVA

Concluída a análise, feita sem qualquer pretensão de abordagem exaustiva, dos regimes constitucionais da função legislativa nos sistemas português e brasileiro, resta-nos apresentar algumas notas comparativas (semelhanças e diferenças):

a) Em primeiro lugar, tanto um sistema como o outro abandonam o conceito liberal de lei e, reconhecendo as exigências do Estado Social, não adoptam o princípio do monopólio parlamentar da função legislativa;

b) Ambos, reconhecendo embora o Parlamento como órgão legislativo por excelência, reconhecem, no quadro dos órgãos de soberania, competência legislativa ao executivo;

c) No sistema brasileiro, contudo, fruto da diferente arrumação constitucional das competências dos órgãos de soberania (sistema de

---

[482] Cfr. MANOEL GONÇALVES FERREIRA FILHO, *Curso* ..., *ob. cit.,* pág. 215.
[483] Cfr. *Direito Constitucional* ..., *ob. cit.,* pág. 623.

governo presidencial), o Presidente da República tem poder legislativo. No sistema português (sistema semipresidencial, com forte inspiração parlamentar) é ao Governo que cabe exercer a função legislativa, em certos casos;

d) Em função de um critério de essencialidade material, ambos reservam ao Parlamento o exercício em exclusividade da competência legislativa em relação a determinados âmbitos materiais;

e) Alguns actos normativos existentes num sistema não existem ou assumem configurações diferentes no outro;

f) Não há no Direito Constitucional português um acto normativo parlamentar intermédio (entre Constituição e a lei ordinária) com a natureza de "lei complementar", ao qual a lei ordinária deve obediência;

g) Em contrapartida, o executivo português dispõe de competência legislativa complementar destinada ao desenvolvimento das leis de bases;

h) Ambos executivos dispõem de competência legislativa autorizada (ou delegada, como prefere chamar a Constituição brasileira), estando o seu exercício dependente de autorização parlamentar;

i) Não há no quadro da Constituição portuguesa, contrariamente ao consagrado no sistema constitucional brasileiro, a possibilidade de adopção de medidas legislativas independentes por razões de "relevância e urgência". No Brasil o Presidente da República edita actos provisórios e independentes com natureza de lei; e

j) Contrariamente ao que se passa em Portugal, em que sobre a sua própria organização e funcionamento o Governo dispõe de competência legislativa absoluta, no sistema brasileiro a criação e extinção de Ministérios é competência do Congresso Nacional;

CAPÍTULO III
A FUNÇÃO LEGISLATIVA
NO DIREITO CONSTITUCIONAL ANGOLANO

1. A FUNÇÃO LEGISLATIVA NA HISTÓRIA CONSTITUCIONAL ANGOLANA

1.1. CONSIDERAÇÕES GERAIS

Como atrás referimos, a LC/75 previa no seu título III, dedicado aos órgãos de Estado, cinco órgãos: o Presidente da República (artigos 31.° ss), a Assembleia do Povo (artigo 34.°), o Conselho da Revolução (artigos 35.° ss), o Governo (artigos 39.° ss) e os Tribunais (artigos 44.° ss). Vivia--se, como se sabe, um período monista caracterizado, em geral, por uma concepção monocêntrica do poder, isto é, pela ausência ou limitação de pluralismo político[484], não havendo, do ponto de vista político, uma sociedade de grupos, heterogénea, policêntrica e conflitual[485].

Em síntese, vivia-se um contexto de partido único em que "o Partido", instrumento principal para a aquisição e exercício do poder político[486] e órgão principal (senão o único) de formação da vontade política[487], traduzia-se numa "forma constitucional de exercício da função

---

[484] Para GIANFRANCO PASQUINO, ao invés de pluralismo político "seria preferível falar de *pluralidade* de organizações"; cfr. *Curso de Ciência Política ..., ob. cit.,* pág. 286.

[485] Cfr. JOSÉ CARLOS VIEIRA DE ANDRADE, *Pluralismo*, POLIS, Verbo, 4, 1986, págs. 1283 e 1284. Como salienta o Autor, "as democracias pluralistas postulam como princípios estruturais do modelo político os princípios da *heterogeneidade*, da *autonomia* e da *tolerância*"; cfr. *ob. cit.,* pág. 1286.

[486] Cfr. GIANFRANCO PASQUINO, *Curso de Ciência Política ..., ob. cit.,* pág. 290.

[487] Na linguagem de ROGÉRIO SOARES, *"organismos catalisadores da vontade política"*; cfr. *Direito Público e Sociedade Técnica*, Coimbra, 1969, pág. 73.

política por associações de direito privado, participando mediatamente no exercício de certas funções jurídicas do Estado e de todas as demais entidades públicas territoriais"[488].

O momento era ainda dominado por um sistema de concentração de poderes, bastante limitador da intervenção parlamentar, caracterizado, como refere MAURICE DUVERGER, por três meios de concentração: a) *o domínio do Estado pelo partido*, marcado pela existência de dois aparelhos políticos hierarquizados: o do Estado e o do partido, em que este predomina sobre aquele, e por uma rigorosa disciplina partidária. Aí, as decisões políticas são efectivamente tomadas pelos órgãos do partido; b) *o princípio da unidade do "poder do Estado"*, isto é, inexistência de separação de poderes entre os poderes legislativo e executivo; e c) a *fraca produtividade do parlamento*, resultante das características anteriores, cujo aspecto marcante verifica-se no facto de a Assembleia do Povo ter sido institucionalizada cinco anos após a vigência da Lei Constitucional e, por outro lado, com a sua entrada em funcionamento, a mesma reunir ordinariamente duas vezes por ano[489].

1.2. A REPARTIÇÃO DA COMPETÊNCIA LEGISLATIVA NA LEI CONSTITUCIONAL DE 1975

A competência legislativa na LC/75 é repartida, numa posição quase paritária, entre o Conselho da Revolução (órgão supremo do poder do Estado, até à institucionalização da Assembleia do Povo)[490] e o Governo.

Não se esclarece, entretanto, o que se entende por função legislativa, nem está determinado o conjunto de matérias a ela sujeita. Não há, em conformidade, âmbitos de matérias reservados, nem do Conselho da Revolução, nem do Governo. Nos termos da alínea a) do artigo 38.º, compete ao Conselho da Revolução "exercer a função legislativa, que poderá delegar no Governo". Na sua sequência, estabelece a 1.ª parte do artigo 42.º "o Governo poderá exercer por decreto a função legislativa que lhe for delegada pelo Conselho da Revolução". Pouco ou nada mais se diz.

---

[488] PAULO OTERO, *A Democracia Totalitária* ..., *ob. cit.*, pág. 208.
[489] MAURICE DUVERGER, *Os Grandes Sistemas* ..., *ob. cit.*, págs. 456 459.
[490] Artigo 35.º da LC/75.

A *Função Legislativa* 177

É, portanto, inequívoca a conclusão de que a função legislativa era, à luz da LC/75, partilhada entre o Conselho da Revolução e o Governo. Existiam, por isso, dois tipos de actos legislativos: a lei (do Conselho da Revolução) e o decreto (do Governo). Tal resulta, em primeiro lugar, da 2.ª parte do artigo 42.° que dispõe que "aos Ministros cabe regulamentar as *leis* do Conselho da Revolução ..." e, em segundo lugar, da 1.ª parte do mesmo artigo, segundo a qual "o Governo poderá exercer por *decreto* a função legislativa...".

Embora não existam domínios de competência legislativa reservados do Conselho da Revolução, a competência legislativa do Governo é sempre delegada. Dissemos, por isso, que a repartição de competências legislativas entre o Conselho da Revolução e o Governo é quase paritária.

Por outro lado, não existe um domínio legislativo exclusivamente reservado ao Governo, nem no âmbito da chamada auto-organização[491]. Não há, de igual modo, espaço livre à competência concorrencial entre os detentores da função legislativa. A competência legislativa é primariamente atribuída ao Conselho da Revolução, deixando a LC/75 a possibilidade deste a delegar no Governo. Pela caracterização do sistema, mormente pela fragilidade – não só política, mas, sobretudo, técnica – a delegação legislativa acabava por ser a regra e a função legislativa acabava por ser exercida fundamentalmente pelo Governo, situação facilitada pela inexistência de separação de poderes.

Não negligenciável era ainda a intervenção presidencial no exercício da função legislativa. Com efeito, enquanto Presidente do MPLA (artigo 31.°) e do Conselho da Revolução (artigo 37.°) são consideráveis a influência e a intervenção políticas do Chefe de Estado. Por outro lado, face à LC/75, é ao Presidente da República que cabe "assinar, promulgar e fazer publicar as leis do Conselho da Revolução, os decretos do Governo ...".

Realça-se, por fim, que a competência de revisão constitucional era da "Assembleia com poderes constituintes", sendo, para esse efeito, substituída pelo Comité Central do MPLA e não pelo Conselho da Revolução (artigo 57.°), num caso claro de *desparlamentarização* do poder de revisão constitucional.

---

[491] É disso um claro exemplo a Lei n.° 1/79, de 16 de Janeiro, que altera a estrutura do Governo, excluindo inclusive órgãos constitucionais do Governo. Vale a pena citar, a título de exemplo, os três primeiros artigos: artigo 1.°: São extintos os cargos de Primeiro-Ministro e Vice-Primeiros-Ministros. Artigo 2.°: É extinta a Secretaria de Estado das Comunicações. Artigo 3.°: É criado o Ministérios da Coordenação Provincial.

178 *Autorizações Legislativas e Controlo Parlamentar do Decreto-Lei Autorizado*

1.3. A Lei 71/76, de 11 de Novembro

A primeira alteração à LC/75 foi feita pelo Comité Central do MPLA em Outubro de 1976, pouco menos de um ano após a sua aprovação. Esta alteração, como já atrás frisamos, visou reforçar o papel político do Presidente da República que, para além de outras funções, passa a integrar o Governo (artigo 3.º, que estabelece uma nova redacção para o artigo 35.º), e do MPLA.

No domínio do exercício da competência legislativa pouco traz de novo. Reforça a intervenção do Presidente da República, na medida em que este passa a presidir ao Conselho de Ministros, órgão que exerce a função legislativa delegada pelo Conselho da Revolução.

Por outro lado, embora sem grande clareza, introduz-se a figura do decreto-lei no quadro das categorias de actos legislativos, cabendo ao Presidente da República a sua promulgação. A lei de revisão constitucional limita-se a dizer, no âmbito das competências do Presidente da República, "assinar, promulgar e fazer publicar as leis do Conselho da Revolução, os decretos-leis e os decretos do Governo". O lugar do decreto-lei na estrutura do ordenamento jurídico, as condições e circunstâncias de utilização, entre outros aspectos, não vêm referidos.

1.4. A Lei 13/77, de 16 de Agosto

Em Agosto de 1977, o Comité Central aprovou a segunda alteração à Lei Constitucional de 1975. Enquadrada no espírito da primeira, de reforço do papel político do Presidente da República e do MPLA, não introduziu qualquer alteração directa ou indirecta ao regime vigente do exercício da função legislativa.

1.5. A Lei Constitucional de 7 de Fevereiro de 1978

A Lei Constitucional de 1978, que constitui na verdade a publicação integral da Lei Constitucional de 1975 revista, vem introduzir um conjunto substancial de alterações ao sistema constitucional angolano, especificamente ao regime constitucional da repartição da competência legislativa, a qual continua a ser titulada pelo Conselho da Revolução e pelo Governo, porém em moldes diferentes.

A *Função Legislativa* 179

Desde logo, é criado, ao nível do Conselho da Revolução, uma Comissão Permanente (artigo 37.°), órgão a quem compete assegurar o seu regular funcionamento, podendo decidir, em caso de urgência, sobre matérias da competência do Conselho da Revolução. Não há na Constituição limitações a matérias expressas, pelo que facilmente se conclui que de entre as funções passíveis de exercício pela Comissão Permanente do Conselho da Revolução consta a função legislativa. E assim aconteceu.

A principal alteração, contudo, não é a que acabámos de referir. Contrariamente ao regime instituído pela LC/75, e continuado pelas duas primeiras revisões, a LC/78 não prevê um regime de atribuição primária de toda a competência legislativa ao Conselho da Revolução e a possibilidade de delegação da mesma sem quaisquer restrições, mas um regime duplo. Dito de outro modo, consagra-se, antes de mais, o princípio da reserva de lei do Conselho da Revolução ao estabelecer, no artigo 39.°, um conjunto de matérias exclusivamente reservadas ao órgão supremo do Estado[492]. São as matérias de reserva legislativa absoluta do Conselho da Revolução.

Não o faz expressa e inequivocamente. Uma hábil interpretação do artigo 39.°, contudo, permite surpreender dois tipos de actos legislativos do Conselho da Revolução: a lei e a lei de bases. Tal parece ser o sentido das alíneas c) a f). O Conselho da Revolução estabelece as bases e deixa que o Governo, por decreto, desenvolva o seu regime jurídico. O Governo passa a assumir um importante papel de desenvolvimento das bases estabelecidas pelo Conselho da Revolução, podendo mesmo falar-se, dada a extensão e a importância das matérias envolvidas, numa inversão entre a natureza condicionante das leis de bases e a condicionada do seu desenvolvimento[493]. É ainda reservada ao Conselho da Revolução a definição

---

[492] São elas: a) direitos, deveres e garantias fundamentais dos cidadãos; b) nacionalidade, estado e capacidade das pessoas; c) bases gerais da organização da defesa e segurança nacionais; d) bases gerais da estrutura e do poder do Estado; e) bases gerais sobre o trabalho e segurança social, educação e saúde; f) bases gerais sobre o regime da propriedade; g) criação de tribunais; e h) criação de bancos e outras instituições de crédito e emissão de moeda.

[493] Como diz FRANCISCO LUCAS PIRES, a respeito da relação lógica entre norma condicionante e norma condicionada, "numa certa medida, porém, os papéis condicionantes da norma constitucional e condicionado da norma ordinária podem inverter-se: não valendo as primeiras por si, mas apenas em conexão com os actos em que se traduzem, apenas na medida em que são mediatizadas pelas segundas, isto é, assumidas pelo seu destinatário normal – o poder legislativo ..."; cfr. *O Problema da Constituição*, Coimbra, 1970, pág. 58.

do "número, a denominação e atribuições dos Ministérios e dos órgãos centrais da Administração Estatal" (artigo 48.°). Uma interpretação sistemática do texto constitucional leva-nos a concluir não ser constitucionalmente permitida a aprovação de actos legislativos autorizantes, nem ser este espaço aberto à concorrência legislativa. O mesmo acontece com a definição da "estrutura e a competência" dos órgãos da Administração local, a qual deve ser feita por lei (artigo 58.°).

Para além do domínio de matérias exclusivamente reservadas ao Conselho da Revolução, passa a haver um domínio de competência legislativa concorrencial. É o que resulta do artigo 38.°, sobre as atribuições do Conselho da Revolução, que dispõe, na sua alínea b): "exercer a função legislativa conjuntamente com o Governo". Ou seja, fora das matérias reservadas ao Conselho da Revolução, há um espaço concorrencial entre este e o Governo.

No que respeita ao Governo, ele possui apenas a referida competência legislativa concorrencial com o Conselho da Revolução. Não há matérias que lhe são exclusivamente reservadas. Deixa de haver, com a alteração constitucional de 1978, um domínio de competência delegada ou "autorizada" do Governo. Para legislar sobre as matérias não reservadas ao Conselho da Revolução, o Governo não necessita de qualquer acto autorizante[494].

Noutro domínio, quanto aos actos legislativos do Governo, deixa de haver o decreto-lei. A competência legislativa é então exercida sob a forma de decreto (e resoluções?), que são assinados pelo Presidente da República. Apesar de o n.° 1 do artigo 42.° referir "decretos e resoluções", cremos que a função legislativa era exercida, face à LC/78, por decreto e não por resoluções. Assim o entendemos porque apenas os decretos são publicados no Diário da República, conforme o n.° 2 do artigo 42.°. Cremos que a referência às resoluções resulta do facto do artigo 42.° estabelecer a forma de todos os actos do Governo sobre "matérias não reservadas ao Conselho da Revolução", e não especificamente para os actos praticados no exercício de função legislativa.

---

[494] Diz expressamente o n.° 1 do artigo 42.°: "no cumprimento das suas atribuições, o Conselho de Ministros emite decretos e resoluções em matérias não reservadas ao Conselho da Revolução".

1.6. A Lei Constitucional de 1980

O ano de 1980, proclamado "Ano do I Congresso Extraordinário do Partido e da Criação da Assembleia do Povo", ficou marcado pela institucionalização das Assembleias do Poder Popular em cada escalão da divisão político-administrativa do país e, consequentemente, pela extinção do Conselho da Revolução. Tal motivou mais uma revisão constitucional que apenas alterou o título III (Dos Órgãos do Estado). Mantém-se, no entanto, o figurino de assembleia não permanente, reunindo duas vezes por ano, cujos membros, que não possuem pelo exercício do cargo quaisquer privilégios ou benefícios económicos, mantêm as suas ocupações profissionais, sendo-lhes apenas garantido o direito à dispensa para o cumprimento das tarefas da respectiva Assembleia (artigo 35.°).

São formalmente introduzidos, como princípios fundamentais de organização e funcionamento dos órgãos do Estado, os princípios da unidade do poder e do centralismo democrático (artigo 31.°).

No que respeita à arrumação das competências da Assembleia do Povo, salta desde logo à vista o facto de não estarem agrupadas em função da sua natureza, isto é, o artigo 38.° prevê um amplo leque de competências que não se limitam à competência legislativa[495]. Resulta daí, antes de mais, que deixa de haver um domínio material legislativo expressamente reservado à Assembleia do Povo.

No âmbito das alterações de vulto introduzidas à competência legislativa, em sentido amplo, realça-se o facto de o poder de revisão constitucional até então atribuído, na sua ausência, ao Comité Central do MPLA, passar a ser uma competência da Assembleia do Povo (artigo 38.°, alínea a)). A competência para a aprovação das leis continua a ser exercida pelo órgão supremo do poder do Estado sendo, porém, introduzido um formalismo facultativo. Pode a Assembleia do Povo, quando entender conveniente, submeter as leis à consulta popular prévia (artigo 38.°, alínea b)). Trata-se de um formalismo procedimental facultativo e não de uma consulta popular obrigatória e vinculativa com a natureza de referendo.

---

[495] Veja-se, a título exemplificativo, o modelo de controlo político da constitucionalidade instituído através da atribuição à Assembleia do Povo do poder de "velar pela constitucionalidade das leis e demais disposições gerais e exercer o controlo geral sobre o cumprimento da Lei Constitucional" (artigo 38.°, alínea c)).

A lei continua a ser a forma típica do acto legislativo da Assembleia do Povo.

Integrada na Assembleia do Povo (ou paralelamente a ela?), está a Comissão Permanente da Assembleia do Povo[496], órgão da Assembleia do Povo que, no intervalo das suas sessões (duas por ano, ordinariamente), assume a plenitude das suas atribuições, excepto o poder de revisão da Lei Constitucional que é exclusivamente reservado à Assembleia do Povo (artigo 49.º)[497]. Assim, no intervalo das sessões da Assembleia do Povo, o mesmo é dizer quase sempre, quem assume a função legislativa é a sua Comissão Permanente. Os seus actos praticados no exercício da função legislativa assumem também a forma de lei e devem ser ratificados pela Assembleia do Povo (artigo 38.º, alínea h)).

É igualmente notória, ainda no domínio do exercício da função legislativa parlamentar, a acentuação da *partidarização do Estado*[498] através do reconhecimento de iniciativa legislativa ao Comité Central do MPLA, tendo mesmo, a par a Comissão Permanente da Assembleia do Povo, exclusividade de iniciativa de revisão constitucional (artigo 45.º).

A criação da Assembleia do Povo e da sua Comissão Permanente influenciou profundamente o domínio da competência legislativa do Governo. Assim, de acordo com a alínea f) do artigo 58.º, ao Conselho de Ministros cabe apenas "elaborar projectos de lei e de resolução para deliberação da Assembleia do Povo". Portanto, face à LC/80, o Governo não tem competência legislativa, embora participe, fundamentalmente através da iniciativa legislativa, no processo legislativo parlamentar, isto é, a competência legislativa é monopólio da Assembleia do Povo. Assim como no período liberal, curiosamente mesmo sem consagrar formalmente o princípio da separação de poderes, a Lei Constitucional de 1980 consagra o princípio do monopólio legislativo parlamentar.

---

[496] Não deixa de saltar à vista, por exemplo, o facto de a Lei Constitucional de 1980 remeter à lei ordinária a definição da composição da Assembleia do Povo, a duração do mandato dos deputados e o sistema eleitoral (artigo 40.º), mas estabelecer directamente a composição da Comissão Permanente da Assembleia do Povo (artigo 50.º).

[497] Está ainda implícito, por razões lógicas, que o poder de ratificar os actos legislativos da Comissão Permanente, previsto na alínea h) do artigo 38.º, não pode também ser por ela exercido, sendo, portanto, da competência exclusiva da Assembleia do Povo.

[498] Cfr., sobre a matéria, PAULO OTERO, *A Democracia Totalitária ...*, *ob. cit.*, págs. 208-220.

A Função Legislativa 183

Embora o Governo continue a aprovar decretos, estes passam a ser exercidos no âmbito da competência regulamentar[499].

As duas alterações à Constituição efectuadas pela Assembleia do Povo, através da a Lei n.º 1/86, de 1 de Fevereiro[500] e da Lei n.º 2/87, de 31 de Janeiro[501], não introduziram quaisquer alterações ao regime jurídico-constitucional da função legislativa.

1.7. A Lei Constitucional de 1991

A Lei n.º 12/91, de 6 de Maio, é uma Constituição revolucionária, na medida em que marca o surgimento de um novo momento constitucional em Angola. Altera profundamente os princípios basilares de organização do Estado, tanto no domínio político, quanto no campo económico[502]. O país assume-se como um Estado democrático de direito assente, entre outros pilares, no *pluralismo de expressão e de organização política* (artigo 2.º)[503]. Assim, enquanto princípio fundamental, o princípio do pluralismo confere unidade ao sistema jurídico, surgindo como critério de interpretação e de integração[504] e exige ainda do próprio ordenamento jurídico uma realização permanente dos seus valores mediante a aprovação de normas densificadoras[505].

---

[499] Cabe ao Conselho de Ministros, de acordo com a alínea h) do artigo 58.º, "regulamentar e executar as leis e resoluções da Assembleia do Povo e da sua Comissão Permanente".

[500] Alterou a alínea d) do artigo 53.º, sobre as competências do Presidente da República.

[501] Alterou o artigo 50.º, sobre a composição da Comissão Permanente da Assembleia do Povo.

[502] Como nos diz Jorge Miranda, "a função ordenadora dos princípios revela-se particularmente nítida e forte em momentos revolucionários, quando é nos princípios – nos quais se traduz uma nova ideia de Direito – e não nos poucos e precários preceitos escritos, que assenta directamente a vida jurídico-política do país; cfr. *Manual de Direito Constitucional*, tomo II, 4.ª edição, Coimbra Editora, 2000, pág. 229.

[503] No mesmo sentido, cfr. J. J. Gomes Canotilho e Vital Moreira, para quem o pluralismo político é, a par dos direitos fundamentais, a base do Estado de Direito Democrático; cfr. *Constituição* ..., *ob. cit.*, 4.ª edição, pág. 207.

[504] Cfr., neste sentido, Jorge Miranda, *Manual* ..., *ob. cit.*, tomo II, pág. 230.

[505] Cfr. Miguel Prata Roque, *Sociedade Aberta e Dissenso – Contributo para a Compreensão Contemporânea do Princípio do Pluralismo Jurídico*, Estudos em Homenagem ao Prof. Doutor André Gonçalves Pereira, Coimbra Editora, 2006, pág. 379.

A concretização do pluralismo de organização política abriu as portas para o reconhecimento e surgimento de várias forças políticas e, nesta medida, à instauração de uma democracia pluralista, no quadro do princípio do Estado Democrático de Direito[506]. A LC/91 reconhece a três órgãos de soberania a habilidade para o exercício de função política (Presidente da República, Assembleia do Povo e Governo), baseada no princípio da *separação e interdependência de funções*.

No essencial, o regime constitucional da competência legislativa permanece intacto. A Assembleia do Povo detém o seu monopólio, inclusive para efeitos de fixação da composição do Conselho de Ministros, não podendo o Governo, nem mediante autorização da Assembleia do Povo – aliás, instituto então inexistente –, legislar.

Há, contudo, alterações de pequena cirurgia, algumas delas motivadas pela adopção constitucional do princípio do pluralismo. Desde logo, deixando de haver *partidarização do Estado*, deixa o Comité Central do MPLA de ter iniciativa de revisão constitucional e iniciativa legislativa, a qual passa a ser privativa de órgãos do Estado (artigo 57.°). Por outro lado, é aumentado o leque de matérias reservadas exclusivamente ao plenário da Assembleia do Povo, estando, portanto, fora do âmbito da competência da sua Comissão Permanente (artigo 61.°).

---

[506] Realçando o problema da definição de bem comum ou interesse público, que considera o "problema central" da construção das sociedades pluralistas, JOSÉ CARLOS VIEIRA DE ANDRADE afirma que "a integração dos interesses ou a descoberta final do interesse público em cada caso terá de fazer-se num outro plano, através da linguagem racional e objectiva (imparcial), que considere as circunstâncias concretas, as consequências das várias decisões possíveis e os valores aceitos na comunidade, mas que perspective todos estes dados numa óptica (constitucional) global". Acrescenta, "o objectivo não é, porém, encontrar a solução (única) que seja a conclusão certa de uma operação lógica de dedução a partir de uma ordem que contém a plenitude das respostas. Pelo contrário, as decisões políticas são tomadas por homens, que, aos vários níveis de responsabilidade, manifestam uma vontade de acção com certo conteúdo"; cfr. *Grupos de Interesse, Pluralismo e Unidade Política*, Coimbra, 1977, pág. 145.

2. A FUNÇÃO LEGISLATIVA NA LEI CONSTITUCIONAL DE 1992

2.1. Sentidos da lei na LC/92

O texto constitucional usa inúmeras vezes e indistintamente a expressão *lei* não apresentando, nem devia fazê-lo, o seu conceito. Torna-se, portanto, necessário indagar o sentido técnico-jurídico da lei face à Constituição angolana, tarefa nada fácil tendo em conta os vários sentidos nela presentes.

Como atrás dissemos, entendemos por lei em sentido formal, todo o acto proveniente de órgão dotado de competência legislativa, revestido da forma de lei e aprovado nos termos das regras disciplinadoras do procedimento legislativo. É lei em sentido material, todo o acto que contenha regras de direito dotadas de características de generalidade e abstracção.

O modelo de repartição constitucional da função legislativa demonstra uma opção clara do legislador constitucional pelo conceito de lei em sentido formal. Com efeito, não há na Constituição angolana obrigatoriedade de definição de normas para um conjunto indeterminado de destinatários (generalidade) ou para um leque indiscriminado de situações (abstracção)[507]. À luz do texto da Constituição, nada impede a elaboração de leis de conteúdo individualizado e concreto, isto é, leis destinadas a resolver problemas concretos com que se depara o legislador[508]. Releva apenas, para a opção constitucional de lei, o facto, meramente formal, de o acto emanar de um órgão com competência legislativa e assumir a forma de lei (ou de decreto-lei). Face à Constituição angolana, parece-nos acertado concluir que a lei é um acto jurídico-político de conteúdo aberto, porque "tendencialmente vazio no plano material"[509], caracterizado essencialmente pela forma que reveste, pelo procedimento que observa e pela sua força geral[510]. Esta posição parece ser partilhada, entre nós, por VIRGÍLIO

---

[507] Aliás, como refere NUNO PIÇARRA, "o princípio da separação e interdependência não exige uma diferenciação funcional que impeça os actos legislativos de terem conteúdo individual e concreto ..."; cfr. *A Separação de Poderes ..., ob. cit.*, pág. 166.

[508] Cfr. J. J. GOMES CANOTILHO, *Direito Constitucional ..., ob. cit.*, 6.ª edição, págs. 713 ss.

[509] Na expressão de MANUEL AFONSO VAZ, *O Conceito de Lei ..., ob. cit.*, pág. 187.

[510] Realçando esse facto, como uma realidade do «Estado de Bem-Estar», CARLOS BLANCO DE MORAIS afirma que "as Constituições cobriram a admissibilidade das leis

DE FONTES PEREIRA quando vê, a respeito do princípio da reserva de lei, a "lei como decisão emergente de um procedimento onde participam as forças políticas e sociais, sejam maioritárias ou minoritárias, representadas no parlamento ..."[511]. Não chega mesmo a haver casos, ainda que excepcionais, em que a LC/92 exige a existência de normas gerais e/ou abstractas[512].

2.2. RESERVA DE LEI E RESERVA DO PARLAMENTO. MAIS DO QUE UMA QUESTÃO TERMINOLÓGICA

Embora com interpretações e configurações diferentes, mantêm-se ainda hoje os fundamentos liberais do princípio da legalidade, nomeadamente assegurar a submissão da função administrativa à vontade popular e assegurar a previsibilidade e a mensurabilidade das actuações dos poderes públicos por parte dos cidadãos[513]. Contudo, com o surgimento do Estado Social foi rompido o monocentrismo legislativo. A questão reserva de lei/reserva do Parlamento, por consequência, superou o domínio estritamente semântico, possuindo hoje grande influência na repartição constitucional da competência legislativa.

A estrutura monista consubstanciava-se na essencialidade do Parlamento como fonte única de legitimidade e no correlativo entendimento de lei como norma primária universal[514]. O sentido da expressão reserva de

---

singulares mantendo, explícita ou implicitamente, uma definição de acto legislativo desprovida de exigências conteudísticas; cfr. *Manual de Legística. Critérios Científicos e Técnicos para Legislar Melhor*, Verbo, 2007, pág. 89. Defende ainda este Autor que "no que tange aos limites constitucionais ao conteúdo legal, considera-se que o legislador é livre de conferir o conteúdo que julgar oportuno ao acto legislativo ..."; cfr. CARLOS BLANCO DE MORAIS, *Curso de Direito Constitucional*, tomo I, Coimbra Editora, 2008, pág. 199.

[511] Cfr. VIRGÍLIO DE FONTES PEREIRA, *O Poder Local: da Imprecisão Conceptual à Certeza da Sua Evolução em Angola – Contributos para a Hipótese de um Modelo*, Dissertação de Mestrado (inédita), 1997, p. 263.

[512] Contrariamente ao que se passa, por exemplo, à luz da Constituição da República Portuguesa de 1976.

[513] Cfr., neste sentido, MARCELO REBELO DE SOUSA e ANDRÉ SALGADO DE MATOS, *Direito Administrativo Geral – Introdução e Princípios Fundamentais*, tomo I, 2.ª edição, Dom Quixote, págs. 165 e 166.

[514] Cfr. MANUEL AFONSO VAZ, *Lei e Reserva de Lei ..., ob. cit.*, pág. 389.

A Função Legislativa 187

lei aqui é equivalente ao de reserva do Parlamento, a "reserva total"[515], e tem um sentido de afastamento doutros órgãos do campo do exercício da função legislativa (conjuntamente com o Parlamento).

Nos sistemas organizados com base numa estrutura dualista, que assentam na distribuição de poder normativo primário por mais de um órgão, falar em reserva de lei é diferente de falar em reserva do Parlamento. A expressão reserva de lei, mais abrangente, exige a intervenção do Parlamento no domínio das matérias em relação às quais ela é exigida, não se impedindo, contudo, a actuação legislativa de outros órgãos constitucionais. Trata-se aqui de repartir a função legislativa, não em razão da natureza da função, mas da natureza do órgão[516].

O pluricentrismo legislativo motivou a repartição da lei em várias formas específicas, consoante o órgão legislativo que a aprova. Cada um passou a ter o seu acervo de competências, um procedimento e uma forma próprios[517].

No âmbito do Estado Social, a soberania, enquanto estrutura unitária complexa, deixou de constituir o fundamento ontológico da lei e, consequentemente, a essência da sua força e hierarquia[518]. A elevação quantitativa de centros legiferantes foi acompanhada do surgimento de outras formas de lei. Superadas as concepções do Estado liberal, a reserva de lei deixou de se identificar com a atribuição ao Parlamento de competência legislativa exclusiva sobre todas as matérias[519].

Há, assim, à luz da LC/92, uma repartição da competência legislativa entre dois órgãos de soberania: Assembleia Nacional e Governo. Optou o legislador constitucional de 1992 por romper com o modelo trazido de 1980 que previa o monopólio parlamentar da função legislativa, introduzindo um sistema dual, reconhecendo, contudo, a primazia do Parlamento. A manutenção do princípio da reserva de lei formal continua a justificar-

---

[515] Neste sentido, MANUEL AFONSO VAZ, *Lei e Reserva de Lei* ..., *ob. cit.*, pág. 389.

[516] Cfr. MANUEL AFONSO VAZ, *Lei e Reserva de Lei* ..., *ob. cit.*, pág. 391.

[517] Cfr. CARLOS BLANCO DE MORAIS, *Manual de Legística* ..., *ob. cit.*, pág. 88.

[518] Cfr. CARLOS BLANCO DE MORAIS, *Manual de Legística* ..., *ob. cit.*, pág. 91.

[519] Cfr., para mais, MARIA LÚCIA AMARAL, *Reserva de Lei*, Enciclopédia Polis – Verbo, vol. 5, págs. 428 e 429.

188 *Autorizações Legislativas e Controlo Parlamentar do Decreto-Lei Autorizado*

-se pela necessidade de impedir que o Parlamento se furte à sua responsabilidade pela ordem jurídica[520].

2.3. A DISTRIBUIÇÃO CONSTITUCIONAL DA COMPETÊNCIA LEGISLATIVA

A distribuição constitucional da competência legislativa assenta num quadro de primazia legislativa parlamentar, sendo a Assembleia Nacional o órgão legislativo por excelência.

Há, quanto a nós, uma partilha com primazia parlamentar. Tal conclusão resulta não só do facto de a Assembleia Nacional dispor de um considerável âmbito material exclusivo e de outro que partilha com o Governo, estando a intervenção deste dependente de um acto-condição daquele, mas também do facto de a mesma Assembleia possuir um campo residual de competência legislativa genérica.

Por outro lado, o âmbito da competência legislativa governamental circunscreve-se a três domínios: a) a competência exclusiva em matéria de auto-organização; b) a competência legislativa autorizada, em relação às matérias de competência relativa da Assembleia Nacional; e c) a competência legislativa complementar. Não há, quanto a nós, domínios concorrenciais autónomos de competência legislativa. Quis o legislador constituinte conferir uma inequívoca posição de primazia à Assembleia Nacional.

2.3.1. **A competência legislativa da Assembleia Nacional**

As matérias constantes dos artigos 89.° e 90.° (reserva absoluta e reserva relativa, respectivamente) permitem a intervenção exclusiva, no primeiro caso, e primária, no segundo, da Assembleia Nacional, tornando-a no órgão primário, às vezes exclusivo, de execução da Constituição. Só com a autorização do Parlamento o Governo assume tal qualidade.

A opção do constituinte (ou constituído?) pela inclusão de uma matéria no espaço de exclusividade parlamentar ou numa área aberta à inter-

---

[520] Neste sentido, HANS J. WOLFF, OTTO BACHOF e ROLF STOBER, *Direito Administrativo ..., ob. cit.,* pág. 226.

A *Função Legislativa* 189

venção governamental é orientada por um critério de relevância político-constitucional, variável em função de factores e valores conjunturais presentes nos momentos de criação da Constituição ou da sua revisão[521].
Já o espaço de intervenção legislativa genérica revela uma opção, por um lado, de exclusão de um domínio material concorrencial com o Governo sobre as matérias omissas, isto é, não enquadrados nem enquadráveis nos artigos 89.º e 90.º, nem nas matérias de competência legislativa exclusiva do Governo. Por outro lado, revela algum receio de desparlamentarização da função legislativa fora dos casos taxativamente mencionados.
Vejamos uma a uma.

2.3.1.1. *A competência legislativa absoluta. Entre a regulamentação exaustiva e a definição dos princípios vectores.* **A intervenção legislativa governamental sobre as matérias de competência parlamentar absoluta**

Constituem reserva de lei parlamentar todas as matérias referidas no artigo 89.º, em relação às quais a Constituição exclui quase sempre a intervenção legislativa de qualquer outro órgão. A competência legislativa absoluta é insusceptível de autorização.
O critério da relevância político-constitucional é facilmente aferido em função da natureza das matérias exclusivamente reservadas ao Parlamento. A generalidade das alíneas do artigo 89.º refere-se às matérias dos direitos, liberdades e garantias[522] e da organização político-administrativa do Estado[523].
O sentido da exclusividade de lei parlamentar apresentado em relação ao âmbito material do artigo 89.º implica ainda que em relação a cada

---

[521] Cfr., no mesmo sentido, JORGE MIRANDA e RUI MEDEIROS, *Constituição* ..., *ob. cit.*, tomo II, pág. 516.

[522] Como por exemplo, regime jurídico da nacionalidade, direitos liberdades e garantias dos cidadãos, eleições, regime do Estado de sítio e do Estado de emergência, entre outras.

[523] São disso exemplo, entre outras, a organização e funcionamento dos órgãos do poder local, a organização, funcionamento e processo do Tribunal Constitucional e a organização judiciária.

uma das matérias nele referidas deve haver um tratamento legislativo directo e pormenorizado e não a simples fixação das bases ou dos princípios gerais, deixando um espaço legislativo para decretos-leis de desenvolvimento do Governo. A ausência ou a insuficiência normativa sobre estas matérias significa omissão ou cumprimento defeituoso de uma obrigação constitucional, uma omissão legislativa inconstitucional, portanto (reunidos, obviamente, os requisitos da omissão inconstitucional)[524]. A intervenção normativa governamental neste domínio deve cingir-se à competência regulamentar (administrativa, portanto) e não legislativa. Parece ser esse o entendimento mais conforme não só com o princípio da separação de poderes e, por consequência, do Estado de Direito constitucionalmente firmados, mas também com o desígnio constitucional de garantir à Assembleia Nacional, enquanto órgão representativo dos cidadãos, a qualidade de órgão legislativo por excelência.

Exceptua-se apenas a 2.ª parte da alínea m) do artigo 89.º, que estabelece *"bem como das **bases** de concessão de exploração dos recursos naturais e da alienação do património do Estado"*. Resulta daí, quanto a nós, que em relação a esta matéria a exclusividade legislativa parlamentar que cabe à Assembleia Nacional limita-se à definição das *bases*, podendo o seu desenvolvimento ser feito ou pela própria Assembleia Nacional, mediante uma *lei de desenvolvimento*, ou pelo Governo, devidamente autorizado, mediante um *decreto-lei de desenvolvimento*. É o que resulta da alínea m) do artigo 90.º[525]. Sobre esta matéria, a competência de desenvolvimento é partilhada entre a Assembleia Nacional e o Governo, estando a intervenção deste dependente de autorização daquela.

Por outro lado, a natureza exclusiva do exercício de alguns poderes legislativos carece ainda doutro esclarecimento. Há competências legislativas exclusivas dependentes, isto é, cujo exercício por parte da Assembleia Nacional se encontra dependente de impulso governamental. Tal facto reforça a capacidade de influência do Governo sobre o exercício de

---

[524] Sobre o conceito de omissão inconstitucional cfr., entre outros, CARLOS BLANCO DE MORAIS, *Justiça constitucional*, I, Coimbra Editora, 2002, págs. 135 e 136.

[525] Nos termos da qual compete, com reserva relativa, à Assembleia Nacional legislar sobre "meios e formas de intervenção e de nacionalização dos meios de produção e do estabelecimento dos critérios de fixação de indemnizações, bem como de reprivatização da titularidade ou do direito de exploração do património do Estado, *nos termos da legislação base referida na alínea m) do artigo anterior"*.

A Função Legislativa 191

competências exclusivas do Parlamento, dando lugar a uma anormal preponderância daquele órgão sobre este. São os casos da aprovação do Plano Nacional e do Orçamento Geral do Estado, da autorização ao Governo para contrair e conceder empréstimos e realizar outras operações de crédito e das autorizações legislativas.

2.3.1.2. *A Competência legislativa relativa e o desenvolvimento de leis de bases*

Contrariamente ao que vimos em relação à competência legislativa absoluta, o espaço material referido no artigo 90.° compreende um núcleo de assuntos político-constitucionalmente "menos importantes", facto que incentivou o legislador constitucional a não lhes conferir exclusividade de tratamento parlamentar. Assim, embora a intervenção primária continue a ser da Assembleia Nacional, a Constituição considera o Governo igualmente competente para legislar sobre essas matérias. Trata-se duma competência suspensa, ou sob condição, cujo exercício se encontra hibernado até a aprovação do respectivo acto autorizante parlamentar.

As alíneas g) e h) do artigo 90.° introduzem, contudo, uma questão pouco clara no texto constitucional. Dispõem, respectivamente: "bases do sistema de ensino, do serviço nacional de saúde e de segurança social" e "bases do sistema de protecção da natureza, do equilíbrio ecológico e do património cultural". Faz todo o sentido, por isso, tentarmos dar resposta a duas questões daí decorrentes: Existe ou não na Lei Constitucional angolana a lei de bases como uma categoria de acto legislativo? Em caso de resposta positiva, existe ou não um espaço constitucional de competência legislativa complementar reservado ao Governo?

Esclareça-se, antes de mais, que, no quadro da Constituição angolana, as "leis de bases" não constituem a forma de nenhum acto normativo da Assembleia Nacional[526-527].

---

[526] Nos termos do artigo 92.°, são actos da Assembleia Nacional as leis de revisão constitucional, a Constituição da República, as leis orgânicas, as leis, as moções e as resoluções.

[527] Tem havido, entretanto, uma tendência para a atribuição a alguns actos legislativos da Assembleia Nacional, exercidos no âmbito das alíneas g) e h) do artigo 90.°, da forma (designação) de lei de bases. São os casos, por exemplo, da Lei de Bases do Ambiente, Lei de Bases do Ensino Superior, etc.

Considerando que as leis de bases "são leis consagradoras dos princípios vectores ou das bases gerais de um regime jurídico, deixando a cargo do executivo o desenvolvimento desses princípios ou bases"[528-529], julgamos ser necessário distinguir no artigo 90.º três situações:

a) *Matérias de reserva relativa de regulamentação exaustiva*, em relação às quais a Assembleia Nacional, ou o Governo, quando autorizado, definem até à exaustão legislativa o seu regime jurídico, sobrando apenas o espaço para a regulamentação administrativa. São os casos de todas as alíneas do artigo 90.º, excepto as alíneas g) e h). Em relação a essas matérias, o acto autónomo de autorização é uma *conditio sine qua non* da intervenção governamental;

b) *Matérias de reserva relativa de definição dos princípios gerais do regime jurídico* respeitante às matérias referidas nas alíneas g) e h) do artigo 90.º. Aí, à Assembleia Nacional cabe apenas fazer uma de duas coisas: estabelecer ela própria os princípios vectores do seu regime jurídico, caso em que competirá ao Governo o respectivo desenvolvimento, ou autorizar ao Governo legislar sobre elas. Por outras palavras, a interpretação das disposições citadas leva-nos à conclusão de que a Constituição atribui ao Governo uma competência reservada para o desenvolvimento de leis de bases, sobre as matérias referidas, excluindo de tal actividade a Assembleia Nacional.

Embora tal conclusão não resulte expressamente do texto da Constituição, entendemos que a definição das bases gerais do regime jurídico de qualquer das matérias referidas nas citadas alíneas g) e h) do artigo 90.º habilita o Governo a desenvolve-las independentemente da aprovação expressa de uma autorização legislativa. Ou seja, as leis de bases aprovadas sobre as matérias referidas no artigo 90.º (matérias estas, recorde-se, de competência legislativa relativa da Assembleia Nacional) têm natureza

---

[528] J. J. GOMES CANOTILHO, *Direito Constitucional* ..., *ob. cit.*, pág. 748.

[529] A noção apresentada pelo Professor J. J. GOMES CANOTILHO, que se adapta à realidade portuguesa, carece, para que se encaixe na realidade jurídico-constitucional angolana, de um ligeiro ajuste, na medida em que, como vimos, a competência de desenvolvimento das leis de bases, entre nós, não é exclusiva do Governo. A própria Assembleia Nacional pode, nos termos da alínea e) do artigo 90.º, desenvolver as bases por si definidas, nos termos da alínea m) do artigo 89.º.

A Função Legislativa   193

de acto legislativo autorizante, não sendo, por isso, necessário um novo acto de autorização[530]. Só faz sentido haver autorização legislativa, parece-nos, caso a Assembleia Nacional entenda não definir ela própria as bases.

c) Intervenção do Governo na aprovação de decretos-leis de bases?

Mais complexa parece ser a questão de saber se o Governo, quando autorizado pelo Parlamento, tem competência para a definição das bases gerais do regime jurídico das matérias referidas nas alíneas g) e h) do artigo 90.º, ou seja, se há na ordem jurídico-constitucional angolana *decretos-leis de bases*, enquanto actos legislativos do Governo definidores do regime geral ou dos princípios gerais de certa matéria.

A inclusão das matérias no espaço material absoluta ou relativamente reservado, já o dissemos, obedece a uma avaliação feita pelo legislador constitucional com base no critério material da relevância político-constitucional conjuntural. A opção expressa e inequívoca pela colocação da definição das bases gerais das matérias referidas nas alíneas g) e h) do artigo 90.º representa o resultado de um exercício de valoração material feito pelo legislador. Nada obsta, concluímos, à existência de autorização legislativa e, em conformidade com ela, à aprovação pelo Governo de *decretos-leis de bases* para os casos constitucionalmente definidos. De outro modo, teríamos uma competência parlamentar legiferante só relativamente reservada, mas exclusivamente exercida pela Assembleia Nacional. Não parece ser esse o escopo da Constituição.

2.3.1.3. *A competência legislativa genérica*

A competência legislativa genérica[531] da Assembleia Nacional encontra a sua consagração constitucional na alínea b) do artigo 88.º.

---

[530] Parece ser esse o entendimento, pelo menos em abstracto, de J. J. GOMES CANOTILHO quando refere que "com o **princípio da reserva legislativa de bases gerais** desejou-se, pois, e por um lado, assegurar a intervenção legislativa primária da AR, e, por outro lado, permitir ao Governo (...), *mesmo sem autorização legislativa*, legislar sobre a mesma matéria, uma vez fixadas as bases gerais através de lei do parlamento".

[531] Definida por JORGE MIRANDA como "a competência legislativa sem acepção ou determinação de matérias"; cfr. *Manual ..., ob. cit.,* tomo V, pág. 223.

Compete à Assembleia Nacional, diz-se aí, *"aprovar as leis sobre todas as matérias, salvo as reservadas pela Lei Constitucional ao Governo".* Por matérias "reservadas" ao Governo deve entender-se matérias legislativas e não outras. Note-se que são matérias de competência "reservada" e não matérias de competência "exclusiva" do Governo[532].

A competência legislativa genérica é, no direito constitucional angolano, uma competência reservada cujo âmbito é definido pela negativa. Isto é, excepto as constitucionalmente reservadas ao Governo, todas as matérias são da competência legislativa (genérica, por isso) da Assembleia Nacional. Não há similar competência na esfera legislativa governamental, não sendo, por isso, um espaço concorrencial[533]. O único limite de competência que a Constituição estabelece à competência genérica é, pois, a competência legislativa reservada, exclusivamente ou não, ao Governo.

Questão diferente, que aqui não será abordada, é a de saber se, para lá da incontestável competência legislativa genérica da Assembleia Nacional, deve ou não haver limitações de conteúdo dos actos nela integrados[534].

A opção do legislador de consagrar uma reserva legislativa parlamentar genérica, em regime de monopólio, terá sido motivada por várias razões, dentre elas: a) o facto de o Parlamento possuir legitimidade democrática directa[535]; b) o facto de, por consequência, estar mais directamente sujeito ao controlo da opinião pública (por ele representada); e c) o facto

---

[532] Cfr., neste sentido, PAULO OTERO, *O Desenvolvimento de Leis de Bases pelo Governo*, Lex, 1997, pág. 45 e 46. Como bem conclui o Autor, "se toda a competência exclusiva é reservada, nem toda a competência reservada se esgota na exclusiva".

[533] Diferentemente do que se passa, por exemplo, no Direito Constitucional português. A alínea a) do n.º 1 do artigo 198.º, sobre a competência legislativa do Governo, atribui a este o poder de "fazer decretos-leis em matérias não reservadas à Assembleia da República".

[534] Para mais sobre a questão, cfr. JORGE REIS NOVAIS, *Separação de Poderes e Limites da Competência Legislativa da Assembleia da República*, Lex, 1997, págs. 26 ss. No dizer deste autor, "podendo legislar sobre qualquer matéria, a Assembleia da República tem, todavia, de observar os limites orgânico-funcionais que resultam da garantia de um núcleo essencial das funções atribuídas aos outros órgãos, bem como das competências específicas que a Constituição expressamente lhes atribui; cfr. *ob. cit.*, pág. 27.

[535] Contrariamente ao Governo cuja legitimidade não resulta directamente da vontade popular, mas da legitimidade parlamentar, se o Governo for formado com base na maioria parlamentar, ou presidencial, se constituído por iniciativa presidencial e independentemente do resultado das eleições legislativas.

de ser um órgão mais propenso a assegurar o pluralismo político-ideológico.

A ideia de que ao Parlamento cabe apenas "as decisões primárias carecidas de um elevado grau de legitimação, que respeitem às questões e opções essenciais da comunidade"[536], sendo as demais da competência do Governo, não encontra acolhimento na Constituição angolana. Não nos opomos, entretanto, que *de jure condendo* tal seja uma solução airosa.

2.3.2. A competência legislativa do Governo

A Assembleia Nacional, temos vindo a dizê-lo, não detém monopólio do exercício da função legislativa. Partilha-a com o Governo, sendo este o principal beneficiário da perda da competência legislativa do Parlamento[537]. Várias são as figuras através das quais se esvazia a competência legislativa parlamentar e se procede à sua atribuição ao Governo, dependendo da opção constitucional de cada Estado, sendo uma realidade de todos os sistemas de governo e regimes políticos.

Face à Constituição angolana, os casos de competência legislativa governamental podem ser agrupados em: competência legislativa exclusiva, competência legislativa autorizada e competência legislativa complementar[538].

Passemos de imediato ao seu estudo.

2.3.2.1. *A competência legislativa exclusiva do Governo. Entre a exclusividade e a interferência presidencial*

Ao Governo cabe, nos termos da alínea b) do n.º 1 do artigo 111.º, "fixar por decreto-lei a composição, organização e funcionamento do Governo", tendo sobre essa matéria, de acordo com o n.º 2 do mesmo

---

[536] Defendida por JORGE REIS NOVAIS, *Separação de Poderes ..., ob. cit.,* pág. 46, secundando JOSÉ MANUEL SÉRVULO CORREIA, *Legalidade ..., ob. cit.,* págs. 100 ss.

[537] Cfr., neste sentido, LUÍS CABRAL DE MONCADA, *Ensaio Sobre a Lei,* Coimbra Editora, 2002, pág. 101.

[538] VIRGÍLIO DE FONTES PEREIRA defende a existência de um "domínio material concorrencial" entre a Assembleia Nacional e o Governo "derivado do facto de o Governo dispor de consideráveis poderes legislativos" ; cfr. *O Poder Local ..., ob. cit.,* p. 263.

artigo, "competência legislativa absoluta". Trata-se, como refere Paulo Otero, "da reserva mais reservada de competência legislativa conferida pela Constituição"[539-540-541], cujo fundamento repousa nos benefícios do princípio de auto-organização dos órgãos de soberania[542]. A organização do Governo, também por força do princípio da eficiência administrativa subjacente ao poder de auto-organização[543], é insusceptível de qualquer interferência parlamentar[544].

Essa competência legislativa de auto-organização, aliás toda a competência legislativa do Governo, é atribuída ao órgão colegial, devendo ser exercida apenas pelo Conselho de Ministros. Não são, pois, decretos-leis emanados pelo Presidente da República, pelo Primeiro-Ministro ou pelos Ministros.

Não se deve negligenciar, porém, a decisiva influência presidencial em matéria de composição (e, por consequência, de organização) do Governo[545], sobretudo em contextos políticos de assunção presidencial da coordenação da acção governativa, fruto da convergência entre as maiorias políticas presidencial e parlamentar. Com efeito, dispõe o n.º 2 do artigo 106.º que o número e a designação dos Ministros, Secretários de Estado e

---

[539] *O Poder de Substituição* ..., *ob. cit.,* vol. II, pág. 642.

[540] Entende Paulo Otero, justificando, que "perante uma situação de Governo maioritário perde relevância prática as reservas de competência legislativa da Assembleia da República; pelo contrário, a reserva instituída (...) aproveita sempre o Governo, seja ele maioritário ou minoritário, impedindo a Assembleia de desencadear a recusa de ratificação de tais diplomas, de os revogar, suspender ou modificar"; cfr. *O Poder de Substituição* ..., *ob. cit.,* vol. II, págs. 642 e 643, nota de rodapé n.º 354.

[541] Essa qualificação mereceu a crítica de Jorge Miranda para quem Paulo Otero esquece que "perante um decreto-lei sobre as matérias aí incluídas o Presidente da República goza do *veto mais absoluto*, porquanto, ao contrário do que sucede com quaisquer outras, o Governo não pode converter o decreto-lei em proposta de lei e, assim, depois vir a ultrapassar o veto"; cfr. *Manual* ..., *ob. cit.,* tomo V, pág. 179, nota de rodapé n.º 1).

[542] Sobre o princípio de auto-organização dos órgãos de soberania cfr., entre outros, J. J. Gomes Canotilho e Vital Moreira, *Constituição* ..., *ob. cit.,* 3.ª edição, pág. 778.

[543] O Governo é, nos termos do n.º 1 do artigo 105.º, o "órgão superior da administração pública".

[544] Cfr. Paulo Otero, *O Poder de Substituição* ..., *ob. cit.,* vol. II, pág. 642.

[545] Chamando a atenção para essa questão, cfr. Jorge Miranda, *Manual* ..., *ob. cit.,* tomo V, pág. 179, nota de rodapé n.º 1.

Vice-Ministros, elementos integrantes do conceito de composição do Governo, são determinados pelos decretos de nomeação dos respectivos titulares. Aliás, a prática constitucional tem demonstrado que o Governo anda ao reboque do Presidente da República no que tange à composição do Governo, isto é, é em função da nomeação ou exoneração presidencial de mais um ou outro membro do Governo que se altera a orgânica do Governo[546]. No direito constitucional angolano, a competência legislativa de fixação da composição, organização (sobretudo essas duas) e funcionamento do Governo, se é a "reserva mais reservada de competência legislativa conferida pela Constituição", não é insusceptível de penetração presidencial.

Qual a abrangência da competência legislativa exclusiva do Governo em matéria da sua composição, organização e funcionamento? Julgamos ser uma questão a clarificar face à imprecisão do texto constitucional.

Duas são as principais posições defendidas sobre a matéria ao nível da Constituição portuguesa. Por um lado, encontramos uma visão redutora do âmbito da reserva defendida, entre outros, por JORGE MIRANDA, que limita o âmbito à chamada "lei orgânica do Governo", ou seja, à organização e ao funcionamento do Governo (enquanto órgão colegial)[547]. Posição diferente sustenta PAULO OTERO, para quem o âmbito material desta competência compreende não apenas a "lei orgânica do Governo", mas também as "leis orgânicas dos Ministérios"[548] e a organização e funcionamento do Governo em termos colegiais, isto é, através do Conselho de Ministros[549-550], posição que, para JORGE MIRANDA, não tem "arrimo constitucional"[551].

À luz da Constituição angolana, considerando o Governo como um órgão complexo, compreendendo não apenas o órgão colegial, mas também um conjunto de órgãos singulares com competências próprias, como

---

[546] São disso exemplos recentes, as nomeações presidenciais do Secretário de Estado para o Ensino Superior e do Secretário de Estado para o Sector Empresarial Público. Só depois das respectivas nomeações foi a orgânica do Governo alterada.

[547] Cfr. *Manual ..., ob. cit.,* tomo V, pág. 179.

[548] O que J. J. GOMES CANOTILHO considera *duvidoso;* cfr. *Direito Constitucional ..., ob. cit.,* 6.ª edição, pág. 792.

[549] Cfr. *O Poder de Substituição ..., ob. cit.,* vol. II, pág. 643.

[550] Posição suportada também por ALEXANDRE SOUSA PINHEIRO, *O Governo ..., ob. cit.,* págs. 195 e 196 e JAIME VALLE, *A Participação ..., ob. cit.,* págs. 231 e 232.

[551] Cfr. *Manual ..., ob. cit.,* tomo V, pág. 179, nota de rodapé n.º 1, *in fine.*

um órgão político de soberania e como um órgão de direcção da administração pública, defendemos que o âmbito da reserva legislativa absoluta do Governo no domínio da sua composição, organização e funcionamento abrange não apenas a "lei orgânica do Governo", mas também a organização de cada um dos Ministérios e do próprio Conselho de Ministros. Aliás, é essa a conclusão que mais vai de acordo com o n.º 3 do artigo 106.º que estabelece que "as atribuições dos Ministérios e Secretarias do Estado são determinadas por decreto-lei". Tal posição é a única susceptível de permitir ao Governo, sem interferência parlamentar, definir as estruturas administrativas de que necessita, bem como as suas competências, para melhor desempenhar as suas funções.

2.3.2.2. *A competência legislativa autorizada do Governo. Uma competência derivada ou hibernada?*

A competência legislativa do Governo não se resume à competência absoluta exercida no âmbito do princípio da auto-organização dos órgãos de soberania. Ela "invade" o espaço legislativo parlamentar e introduz uma quase paridade com a competência legislativa da Assembleia Nacional no domínio das matérias de reserva relativa. A elaboração pelo Governo de normas com força de lei, mediante e nos termos da autorização legislativa, é hoje um *fenómeno imparável*[552].

Nos termos da alínea b) do n.º 1 do artigo 111.º, ao Governo cabe "elaborar e aprovar decretos-leis em matéria de reserva legislativa relativa da Assembleia Nacional, nos termos da respectiva autorização legislativa". Apesar de se tratar de uma competência legislativa primária, a sua intervenção é secundária, na medida em que se encontra dependente de uma prévia intervenção da Assembleia Nacional.

Ao repartir a competência legislativa da Assembleia Nacional em competência absoluta e competência relativa, a Constituição pretende definir um âmbito material em relação ao qual tanto a Assembleia Nacional quanto o Governo são competentes. Significa, em nosso entender, que o acto de autorização não é um acto de atribuidor de competência legislativa. A competência legislativa autorizada não é, por isso, uma competên-

---

[552] Assim, Luís CABRAL DE MONCADA, *Ensaio ..., ob. cit.,* pág. 103.

A Função Legislativa 199

cia derivada do acto de autorização, na medida em que ela existe independentemente deste, está pura e simplesmente *hibernada* à espera do toque mágico que a faça despertar. É uma competência condicionada[553], dependente[554], de exercício condicionado[555], mas não derivada. Sendo uma competência própria[556] e preexistente, com a autorização legislativa não se dá uma concessão ou uma transferência de competência legislativa. A competência legislativa autorizada é exercida pelo Governo em nome próprio e não em nome da Assembleia Nacional[557]. É, pois, não uma questão de titularidade de competência, mas de exercício de certa competência[558]. É possível, assim, nesse domínio específico, distinguir titularidade de exercício de competências[559].

A competência existe e é conferida pela Constituição, encontrando-se, como dissemos, *hibernada*. O estado de hibernação permanente atribui à competência legislativa autorizada do Governo uma natureza de competência sob condição suspensiva[560], na medida em que o seu exercício se encontra dependente de um acontecimento *futuro e incerto*.

---

[553] Cfr. Fézas Vital, *Autorizações Legislativas ...*, *ob. cit.*, pág. 565.

[554] Cfr., neste sentido, J. J. Gomes Canotilho, *Direito Constitucional ...*, *ob. cit.*, 6.ª edição, pág. 791.

[555] Cfr., neste sentido, Jaime Valle, *A Participação ...*, *ob. cit.*, pág. 245.

[556] Sobre o conceito de competência própria cfr. Diogo Freitas do Amaral, *Curso ...*, *ob. cit.*, 3.ª edição, pág. 784.

[557] Neste sentido, cfr. J. J. Gomes Canotilho para quem "o Governo, ao fazer uso das autorizações legislativas, não recebe poderes legislativos da Assembleia da República, até porque (...) o Governo é dotado de competência legislativa ordinária; ao emanar decretos-leis sobre matérias reservadas à competência da Assembleia da República, o Governo age em nome próprio e não em nome da Assembleia da República; cfr. *Direito Constitucional ...*, *ob. cit.*, 6.ª edição, págs. 759 e 760 e Jorge Miranda e Rui Medeiros, *Constituição ...*, *ob. cit.*, tomo II, pág. 537.

[558] Assim, Jorge Miranda e Rui Medeiros, *Constituição ...*, *ob. cit.*, tomo II, pág. 537.

[559] Em sentido contrário, J. J. Gomes Canotilho, para quem "não se distingue, no campo do direito constitucional, entre *titularidade* e *exercício* de um poder: o poder é atribuído em função da concreta possibilidade de exercício"; cfr. *Direito Constitucional ...*, *ob. cit.*, 6.ª edição, pág. 758.

[560] Há aqui paralelismo com a figura da "condição", típica do Direito Civil. Enquanto cláusula acessória típica, a condição é uma cláusula contratual típica que vem subordinar a eficácia duma declaração de vontade a um evento futuro e incerto. Dentre as duas modalidade de condição (suspensiva e resolutiva), a figura da competência legislativa autorizada equipara-se à condição suspensiva, aquela que faz depender a produção dos efeitos do negócio jurídico da eventual verificação de um evento; cfr., por todos, Antó-

200 *Autorizações Legislativas e Controlo Parlamentar do Decreto-Lei Autorizado*

Terminado o estado de hibernação da competência legislativa do Governo sobre as matérias de competência relativa da Assembleia Nacional com a aprovação da autorização legislativa, não *hiberna*, contudo, a competência legislativa da Assembleia Nacional em relação à matéria autorizada. Não se traduzindo numa inversão da competência[561], numa recusa da competência legislativa, o acto parlamentar de autorização não determina a perda da possibilidade de exercício de certa função. Pelo contrário, demonstra apenas uma vontade da Assembleia Nacional: a de permitir que o Governo passe também a poder exercê-la. Se a competência legislativa do Governo é uma competência sob condição suspensiva, já a competência legislativa relativa da Assembleia Nacional não é uma competência sob condição resolutiva[562], na medida em que não hiberna enquanto dura a autorização legislativa. Aqui sim prevalece a regra geral segundo a qual é impossível haver, no domínio do Direito Constitucional, cisão entre titularidade e exercício de competências[563].

A competência legislativa sobre as matérias referidas no artigo 90.º é, quanto a nós, uma competência conjunta, porque titulada por mais de um órgão, de exercício assimétrico (mas não alternado), na medida em que o exercício por parte de um dos órgãos (o Governo) depende da prática de um acto pelo outro (Assembleia Nacional).

NIO MENEZES CORDEIRO, *Tratado de Direito Civil Português*, I, Parte Geral, tomo I, 2.ª edição, 2000, Livraria Almedina, págs. 509-520.

[561] Neste sentido, JORGE MIRANDA e RUI MEDEIROS, *Constituição ..., ob. cit.,* tomo II, pág. 538.

[562] Definida, no âmbito do Direito Civil, como a cláusula que faz depender a cessação da produção dos efeitos de um negócio jurídico da verificação de um acontecimento futuro e incerto; cfr., para mais, ANTÓNIO MENEZES CORDEIRO, *Tratado ..., ob. cit.,* págs. 509 ss.

[563] Neste sentido, à luz do direito constitucional português, JORGE MIRANDA e RUI MEDEIROS. Segundo defendem, "no nosso Direito Constitucional não está mesmo o Parlamento inibido de legislar, na vigência da autorização, sobre as matérias seu objecto, sem necessidade de qualquer avocação de competência"; cfr. *Constituição ..., ob. cit.,* tomo II, pág. 542; também JORGE MIRANDA, *Manual ..., ob. cit.,* tomo V, p. 317; cfr. ainda J. J. GOMES CANOTILHO, *Direito Constitucional ..., ob. cit.,* 6.ª edição, pág. 758.

2.3.2.3. *A competência legislativa complementar*

Em relação à algumas matérias, cabe à Assembleia Nacional definir as bases gerais do seu regime jurídico. São os casos já referidos das competências definidas na parte final da alínea m) do artigo 89.° e nas alíneas g) e h) do artigo 90.°. Não obstante inexistir a correspectiva norma na esfera do Governo, cremos ser defensável a existência de um espaço legislativo complementar deste. Doutro modo, se ao Parlamento cabe apenas definir os princípios vectores, um grande vazio abrir-se-ia no domínio do desenvolvimento dessas bases gerais, podendo mesmo implicar a inaplicabilidade ou a difícil aplicação de certas normas. Não é isso, decerto, o que deseja a Constituição.

As leis de bases surgem, assim, como um instrumento ao serviço da diminuição do espaço de regulamentação parlamentar, que não pode ir ao pormenor, e pretexto para amplas intervenções governamentais de desenvolvimento, para a concretização legislativa das bases gerais definidas pelo Parlamento[564].

Julgamos ser necessário distinguir, face à Constituição angolana, dois regimes de competência legislativa complementar. Por um lado, temos a competência de desenvolvimento que carece de autorização legislativa expressa e, por outro, a competência de desenvolvimento que não carece de autorização legislativa expressa. Quando, sobre as matérias referidas nas alíneas g) e h) do artigo 90.°, a Assembleia Nacional não define os princípios gerais e o Governo manifesta a pretensão de legislar, a autorização legislativa deve ser expressa, isto é, deve ser aprovado um acto autónomo de autorização legislativa. Se, pelo contrário, a Assembleia Nacional assume a definição das bases gerais do instituto, a intervenção legislativa do Governo (complementar, no caso) não carece, quanto a nós, de um novo acto parlamentar autorizante. Estando a Assembleia Nacional impedida de regulamentar ao pormenor sobre aquelas matérias, competindo-lhe tão-só a aprovação dos princípios vectores, o espaço legislativo que resta é reservado ao Governo. Neste caso, repare-se, confundem-se a competência legislativa autorizada e a competência legislativa complementar. Havendo autorização legislativa sem definição parlamentar das bases, a competência é autorizada. Havendo definição parlamentar prévia das bases gerais, a competência é complementar.

---

[564] Cfr. Luís Cabral de Moncada, *Ensaio ..., ob. cit.,* pág. 102.

202 *Autorizações Legislativas e Controlo Parlamentar do Decreto-Lei Autorizado*

A competência legislativa complementar do Governo, convém referir, não se situa num espaço concorrencial com a competência legislativa da Assembleia Nacional, embora esta, como já referimos, possua também um espaço legislativo complementar[565]. A competência de desenvolvimento, pelo menos em relação às matérias referidas nas alíneas g) e h) do artigo 90.º, é uma competência reservada do Governo.

3. SÍNTESE CONCLUSIVA

Do exposto acerca da função legislativa na Constituição em vigor resultam as seguintes conclusões:

a) A Lei Constitucional angolana não apresenta um conceito de lei. Antes, usa a expressão inúmeras vezes e em sentidos distintos;

b) O modelo de repartição constitucional da função legislativa demonstra uma opção clara do legislador constitucional pelo conceito de lei em sentido formal;

c) Urge distinguir, face à ausência de monopólio parlamentar do exercício da função legislativa, reserva de lei de reserva do Parlamento;

d) A reserva de lei é mais abrangente, exige a intervenção do Parlamento no domínio das matérias em relação às quais ela é exigida, não se impedindo, contudo, a actuação legislativa de outros órgãos constitucionais;

e) Há, à luz da Lei Constitucional angolana, uma repartição da competência legislativa entre a Assembleia Nacional e o Governo, sendo a Assembleia Nacional o órgão legislativo por excelência. Há uma partilha da função legislativa com primazia parlamentar;

f) A estrutura da competência legislativa parlamentar comporta um domínio reservado (absolutamente, nalguns casos, e relativamente, noutros), um domínio complementar e um domínio genérico ou residual;

---

[565] Conclusão que resulta da conjugação da parte final da alínea m) do artigo 89.º com a alínea e) do artigo 90.º.

A Função Legislativa 203

g) A competência legislativa absoluta encontra-se prevista no artigo 89.º, que enumera um conjunto de matérias em relação às quais só a Assembleia Nacional pode legislar. É o princípio da reserva do Parlamento;

h) O sentido da exclusividade da lei parlamentar implica que, em relação a cada uma das matérias referidas no artigo 89.º, haja um tratamento legislativo directo e pormenorizado e não a simples fixação de bases ou princípios gerais;

i) Exceptua-se o caso referido na 2.ª parte da alínea m) do artigo 89.º em relação ao qual a exclusividade limita-se à fixação das bases do seu regime jurídico, podendo o desenvolvimento ser feito pela própria Assembleia Nacional ou pelo Governo;

j) A competência relativa, descrita no artigo 90.º, compreende um conjunto de matérias em relação às quais cabe intervenção primária da Assembleia Nacional, admitindo a Constituição a possibilidade de autorização legislativa ao Governo;

k) É possível, face ao disposto no artigo 90.º, distinguir três situações: matérias de reserva relativa de regulamentação exaustiva, matérias de reserva relativa de definição dos princípios gerais e possibilidade de intervenção do Governo na aprovação de decretos-leis de bases;

l) A competência legislativa genérica é uma competência reservada cujo âmbito é definido pela negativa. Isto é, todas as matérias são da competência legislativa reservada da Assembleia Nacional, excepto as reservadas ao Governo;

m) No quadro da Constituição angolana, a competência legislativa do Governo estrutura-se em competência exclusiva, competência autorizada e competência complementar;

n) A competência legislativa exclusiva do Governo incide sobre as matérias respeitantes à sua composição, organização e funcionamento;

o) A exclusividade no exercício dessa competência, no que respeita à composição do Governo e, por consequência, à sua organização, sofre uma forte influência presidencial;

p) O âmbito da competência legislativa exclusiva do Governo no domínio da sua composição, organização e funcionamento abrange não apenas a "lei orgânica do Governo", mas também a organização dos Ministérios e do próprio Conselho de Ministros;

q) O Governo possui competência legislativa sobre as matérias constantes do artigo 90.º, estando o seu exercício dependente da existência de autorização legislativa;

r) Em relação às matérias passíveis de autorização legislativa, tanto a Assembleia Nacional quanto o Governo são constitucionalmente competentes;

s) A competência legislativa autorizada do Governo não é uma competência derivada do acto de autorização, na medida em que ela existe independentemente da autorização, estando, porém, o seu exercício condicionado ou dependente;

t) O Governo possui ainda competência legislativa complementar em relação às bases gerais do regime jurídico definido pela Assembleia Nacional, nos termos das alíneas g) e h) do artigo 90.º.

PARTE III

AS AUTORIZAÇÕES LEGISLATIVAS E O CONTROLO PARLAMENTAR DO DECRETO-LEI AUTORIZADO

CAPÍTULO I
Autorizações Legislativas

SECÇÃO I
Introdução e Conceitos Gerais

1. A COMPETÊNCIA LEGISLATIVA AUTORIZADA DO EXECUTIVO E AS AUTORIZAÇÕES LEGISLATIVAS. RELAÇÃO

O surgimento do Estado Social de Direito determinou, entre outras consequências, o chamamento do poder executivo (Presidente da República, nalguns casos, Governo, noutros) para efeitos de ampla intervenção no domínio da produção de legislação voltada essencialmente para a execução da Constituição económica e social. Estas novas exigências impostas ao Estado, sobretudo as económicas e as sociais, requerem um nível de realização cada vez mais tecnicamente competente. O volume da demanda legislativa, aliado à genérica falta de capacidade técnica dos parlamentos, entre outras razões, determinaram a solução constitucional de acabar com o monopólio legislativo parlamentar, abrindo-se um espaço, cada vez mais amplo, à intervenção legislativa do executivo[566]. Autores há, por outro

---

[566] Ouçamos o que nos diz sobre isso o Professor AFONSO RODRIGUES QUEIRÓ: "A solução constitucional encontrada, num primeiro momento, consistia em conservar nas mãos do parlamento a competência para votar esta legislação sob a forma de leis formais, aparecendo-nos assim ele a responsabilizar-se por tal direito técnico. Assim como lhe competia elaborar o direito não técnico (...), também lhe competia satisfazer às necessidades em matéria de direito técnico (...). Simplesmente, se o parlamento não prescindia então de votar estas leis, a verdade é que as propostas respectivas lhe chegavam sistematicamente às mãos, preparadas e rigorosamente já discutidas pelo Executivo, que utilizava para isso os seus conselhos e comissões técnicas permanentes ou constituídas *ad hoc*.

Dado, porém, que o Executivo está, num Estado-de-Direito democrático parlamentar ou semi-presidencial, em estreita relação com o Legislativo, constituindo uma segunda

lado, que encontraram nas "exigências da defesa nacional" razão para a "invasão" do Poder Executivo na esfera legislativa parlamentar[567].

Eis as razões por que é hoje na generalidade dos Estados reconhecido constitucionalmente o poder de intervenção legislativa dos executivos, o qual pode ser agrupado em várias categorias de competências.

A competência legislativa autorizada do Governo, uma das várias categorias possíveis da sua competência legislativa, é lógica e cronologicamente anterior à autorização legislativa. Ela deriva directamente da Constituição, embora o seu exercício esteja dependente da prática de um acto parlamentar autorizante. Ou seja, o acto de autorização tem como pressuposto de existência o reconhecimento constitucional de competência legislativa governamental, sendo, por isso, posterior à mesma. A competência legislativa autorizada, por seu lado, tem o acto parlamentar de autorização como pressuposto de exercício de competência, isto é, o acto legislativo governamental exercido sobre as matérias de competência legislativa relativa do Parlamento sem a competente autorização legislativa é organicamente inconstitucional. É, noutras palavras, uma interferência sobre a reserva legislativa parlamentar (relativa, é certo), constitucionalmente sancionada.

Nesta parte do nosso estudo interessa-nos tão-somente a análise da autorização legislativa, enquanto pressuposto para o exercício da competência legislativa autorizada do executivo.

---

expressão das forças sociais e políticas que tenham feito triunfar uma certa maioria parlamentar, e sucedendo inclusive que, em substância, a liderança dessa maioria é constituída pelo Executivo em que se pressupõem incluídos ou integrados os componentes da elite técnica do partido ou partidos dominantes, não custa compreender que o Executivo tenha acabado por dispor de uma larga competência de produção de normas com eficácia igual à das leis formais, para ser exercida, precisamente, em particular, no campo da execução das directrizes programáticas da Constituição económica e social"; cfr. Afonso Rodrigues Queiró, *Lições de Direito Administrativo*, vol. I, Coimbra, 1976, págs. 345 e 346.

[567] Tal é o caso de Fézas Vital. Segundo este autor, "a Grande Guerra, lançando o mundo civilizado num daqueles momentos da vida dos povos em que da «rapidês de concepção, de decisão e de execução» pode ficar dependente a sua própria existência, fez sentir a necessidade de conceder ao Poder Executivo faculdades extraordinárias susceptíveis de permitirem uma *acção* mais *rápida* e mais *enérgica* que a resultante do funcionamento normal dos regimes parlamentares, cuja complexidade e lentidão os tornavam incapazes de acompanhar as exigência da defesa nacional"; cfr. *Autorizações Legislativas ...*, *ob. cit.*, pág. 552 e 553.

2. AS AUTORIZAÇÕES LEGISLATIVAS. NOÇÃO E DISTINÇÃO DE FIGURAS AFINS

Em termos gerais, a autorização legislativa pode ser definida como um acto jurídico-político pelo qual o órgão legislativo habilita ou autoriza o órgão executivo a emanar actos normativos com força de lei[568]. Desta definição, que parte dum prisma de relacionamento entre órgãos de soberania, resultam, expressa ou implicitamente, alguns elementos básicos:

a) Em primeiro lugar, a autorização legislativa não resulta directa e imediatamente da Constituição, mas pressupõe a prática de um acto parlamentar. Sendo o Parlamento o titular primário da competência para legislar sobre as matérias passíveis de autorização, esta deve resultar da sua manifestação de vontade[569];

b) Por outro lado, a relação, que é preexistente à autorização legislativa, dá-se entre órgãos com competência legislativa, isto é, só um órgão com competência legislativa pode autorizar e só um órgão com competência legislativa pode ser autorizado;

c) Em terceiro lugar, por consequência da anterior, com a autorização legislativa não se procede à transferência de competência de um órgão para o outro, mas apenas se habilita que o executivo exerça uma competência própria, embora condicionada[570];

d) Por fim, os actos legislativos praticados pelo executivo no exercício de competência legislativa autorizada têm força de lei, sendo, por isso, equiparados à lei exarada pelo Parlamento. Tal significa que o decreto-lei autorizado pode revogar ou alterar a lei parlamentar.

A exacta compreensão e delimitação dogmáticas da figura da autorização legislativa (ou da competência legislativa cujo exercício dela depende) impõem, antes de mais, a sua distinção doutras figuras que lhe

---

[568] Cfr., neste sentido, J. J. GOMES CANOTILHO, *Direito Constitucional* ..., *ob. cit.*, 6.ª edição, pág. 757.

[569] Neste sentido, TOMÁS QUADRA-SALCEDO, *La Delegación Legislativa en la Constitución*, Estudios Sobre la Constitución Española – Homenaje al Professor Eduardo Garcia de Enterria, vol. I, Editorial Civitas, Madrid, 1991, pág. 361.

[570] Sobre o conceito de competência condicionada, cfr. DIOGO FREITAS DO AMARAL, *Curso* ..., *ob. cit.*, vol. I, 3.ª edição, pág. 783.

são próximas. Assim, distinguiremos a autorização legislativa face à competência alternativa incondicionada, à delegação de poderes, à transferência de competências e, ainda, face à substituição.

a) Autorização legislativa e competência alternativa incondicionada

Bastante próxima da autorização legislativa é a figura da competência alternativa incondicionada. Há competência alternativa incondicionada, seguindo de perto PAULO OTERO, quando a lei atribui a mesma competência a dois ou mais órgãos, estabelecendo entre eles uma competência comum ou colectiva, podendo a própria lei considerar perfeito o acto praticado com a intervenção de qualquer um dos órgãos competentes[571]. Subjacente à autorização legislativa está, como facilmente se compreende, uma competência que sendo alternativa não é incondicionada. Com efeito, tanto o Parlamento como o executivo têm competência para legislar sobre as matérias de competência legislativa relativa do primeiro (competência alternativa), embora a intervenção do segundo esteja dependente e condicionada pela autorização parlamentar.

A competência legislativa autorizada e a competência alternativa incondicionada têm, por isso, um aspecto fundamental em comum: ambas são competências atribuídas simultaneamente a mais de um órgão. Há, no entanto, aspectos que diferenciam uma da outra. As diferenças situam-se fundamentalmente no facto de a competência legislativa autorizada, contrariamente à competência alternativa incondicionada, não ser livre, estando, pelo contrário, sujeita à autorização legislativa.

b) Autorização legislativa e delegação de poderes

O acto de autorização legislativa distingue-se ainda do acto de delegação de poderes. Não apenas porque o primeiro é um acto típico de Direito Constitucional e o segundo de Direito Administrativo, mas porque assentam em bases de fundamentação diferentes, embora tenham alguns aspectos em comum.

---

[571] Cfr. PAULO OTERO, *O Poder de Substituição ..., ob. cit.,* vol. II, pág. 414.

O conceito de delegação de poderes é aqui tomado, segundo DIOGO FREITAS DO AMARAL, como "o acto pelo qual um órgão da Administração, normalmente competente para decidir em determinada matéria, permite, de acordo com a lei, que outro órgão ou agente pratique actos administrativos sobre a mesma matéria"[572-573].

As similitudes são bastante notórias (talvez por isso o instituto da autorização legislativa seja também designado por delegação legislativa[574-575-576]:

---

[572] Cfr. *Curso ...*, *ob. cit.*, 3.ª edição, pág. 839. Para o autor, são três os requisitos da delegação de poderes: a) em primeiro lugar, é necessária uma lei que preveja expressamente a faculdade de um órgão delegar poderes noutro: é a chamada lei de habilitação; b) em segundo lugar, é necessária a existência de dois órgãos, ou de um órgão e um agente, da mesma pessoa colectiva pública, ou de dois órgãos de pessoas colectivas públicas diferentes, dos quais um seja o órgão normalmente competente (o delegante) e outro, o eventualmente competente (o delegado); c) por último, é necessária a prática do acto de delegação propriamente dito, isto é, o acto pelo qual o delegante concretiza a delegação dos seus poderes no delegado, permitindo-lhe a prática de certos actos na matéria sobre a qual é normalmente competente (págs. 839 e 840).

[573] No mesmo sentido se encontra PAULO OTERO, para quem a delegação de poderes é o "acto através do qual um órgão (delegante) exerce a faculdade legal de permitir que outro órgão ou agente (delegado) pratique um ou vários actos jurídicos sobre competência normalmente atribuída por lei ao primeiro com a possibilidade de não ser por ele exercida em termos exclusivos (poderes delegáveis)"; cfr. *O Poder de Substituição ...*, *ob. cit.*, vol. II, págs. 418 e 419.

[574] Assim, por exemplo, ANDRÉ GONÇALVES PEREIRA, *Da Delegação de Poderes em Direito Administrativo*, Coimbra Editora, 1960, pág. 8; J. J. GOMES CANOTILHO, *Direito Constitucional ...*, *ob. cit.*, 6.ª edição, pág. 757 e PAULO OTERO, *A Competência Delegada no Direito Administrativo Português – Conceito, Natureza e Regime*, AAFDL, 1987, págs. 49-51.

[575] O Direito Público compreende, segundo ANDRÉ GONÇALVES PEREIRA, três sentidos principais da palavra delegação: a «teoria da delegação do poder» em Direito Constitucional, a delegação legislativa ou autorização legislativa e a delegação de poderes. Esta última, "cujo lugar próprio é a teoria geral do acto administrativo", verifica-se quando "a lei atribui competência para a prática de certo ou certos actos a dois órgãos de uma pessoa colectiva de Direito Público, mas faz depender o exercício dessa competência por um ou vários órgãos de um acto permissivo do outro órgão; cfr. ANDRÉ GONÇALVES PEREIRA, *Da Delegação ...*, *ob. cit.*, págs. 7 e 8.

[576] Há mesmo Autores que defenderam a *tese da autorização* ao respeito da natureza jurídica da delegação de poderes. (Cfr. ANDRÉ GONÇALVES PEREIRA, *Da Delegação ...*, *ob. cit.*, págs. 23-29; MARCELLO CAETANO, *Manual de Direito Administrativo*, vol. I, Almedina, pág. 226). Essa posição mereceu apreciação crítica de DIOGO FREITAS DO AMARAL, *Curso ...*, *ob. cit.*, 3.ª edição, págs. 856-871.

– As relações que se estabelecem tanto no âmbito das autorizações legislativas quanto no domínio das delegações de poderes são feitas entre dois órgãos normalmente competentes para o exercício de certas funções (autorizante e autorizado, num caso, e delegante e delegado, no outro);
– Ambos os actos traduzem-se numa permissão dada a um órgão[577];
– A permissão em ambos os casos visa a prática de actos jurídicos[578];
– Tanto o órgão autorizado quanto o órgão delegado agem em nome próprio e não em nome do órgão autorizante ou delegante.

Apesar destas relevantes convergências entre os dois institutos, autorização legislativa e delegação de poderes não são conceitos iguais. Eles diferem um do outro, como bem realça PAULO OTERO, em vários domínios:

– Em primeiro lugar, a competência administrativa delegada é uma questão essencialmente organizatória, que se concretiza no interesse e no âmbito da administração, enquanto a competência legislativa autorizada assenta na problemática da separação de poderes[579];
– Em segundo lugar, como consequência da primeira, o acto de autorização legislativa é um acto essencialmente político, ao passo que o acto de delegação de poderes é um acto administrativo;
– Por outro lado, a autorização legislativa tem como objecto matérias inseridas na função legislativa, enquanto a delegação de poderes incide sobre matérias da função administrativa;
– Por último, a autorização legislativa não permite ao seu destinatário *subautorizar* ou *subdelegar* outro órgão a legislar. Diferentemente, a delegação de poderes pode ser, quando expressamente prevista por lei, objecto de subdelegação.

c) *Autorização legislativa e transferência de competências*

Diferente da autorização legislativa é ainda a transferência de competências. Esta verifica-se, como refere ANDRÉ GONÇALVES PEREIRA, "quando um poder jurídico que a lei atribuía a um órgão de uma pessoa

---

[577] Cfr., neste sentido, PAULO OTERO, *A Competência Delegada ..., ob. cit.,* pág. 49.
[578] *Idem.*
[579] PAULO OTERO, *A Competência Delegada ..., ob. cit.,* págs. 50.

colectiva de Direito Público, passa, também por força da lei, a pertencer a um outro órgão da mesma pessoa colectiva"[580-581]. Aqui, como na autorização legislativa, também existem dois órgãos competentes para exercer a mesma função, não havendo, em ambos os casos, exercício de competência em nome doutro órgão.

As diferenças, por seu turno, são notórias:

- Diferentemente da autorização legislativa, em que um órgão de soberania habilita que outro órgão (de soberania[582]) exerça determinada competência, a transferência de competência dá-se no seio da mesma entidade pública, entre órgãos da mesma pessoa colectiva[583];
- Por outro lado, a autorização legislativa difere ainda da transferência de competências pelo facto desta última operar *ope legis*[584]. A competência legislativa autorizada apenas pode ser exercida se houver um acto de autorização. Já a transferência de competências não se encontra dependente da prática de qualquer acto;
- Com a transferência de competências, a competência que inicialmente pertencia a determinado órgão passa a ser doutro órgão, isto é, verifica-se a perda da competência de um a favor de outro. O mesmo não ocorre com a autorização legislativa, na medida em que ambos os órgãos são, por força da Constituição, competentes para legislar sobre certas matérias;
- Por fim, a transferência de competência, enquanto forma de desconcentração originária[585], é definitiva, isto é, perdura até que alguma lei disponha em sentido contrário. Já a autorização legislativa é sempre provisória, é aprovada para um certo e determinado período de tempo.

---

[580] *Da Delegação ..., ob. cit.,* pág. 22.

[581] Cfr. ainda, sobre o conceito de transferência legal de competências, DIOGO FREITAS DO AMARAL, *Curso ..., ob. cit.,* págs. 840 e 841 e PAULO OTERO, *O Poder de Substituição ..., ob. cit.,* vol. II, págs. 433 435.

[582] Sem prejuízo, naturalmente, para a existência de autorizações legislativas para órgãos legislativos dos Estados Federados ou das regiões autónomas.

[583] Neste sentido, ANDRÉ GONÇALVES PEREIRA, *Da Delegação ..., ob. cit.,* pág. 22 e PAULO OTERO, *O Poder de Substituição ..., ob. cit.,* vol. II, pág. 433.

[584] Talvez por isso seja também designada por "transferência legal de competências"; cfr., entre outros, DIOGO FREITAS DO AMARAL, *Curso ..., ob. cit.,* 3.ª edição, pág. 840; PAULO OTERO, *O Poder de Substituição ..., ob. cit.,* vol. II, pág. 433.

[585] Cfr. DIOGO FREITAS DO AMARAL, *Curso, ob. cit.,* 3.ª edição, pág. 840.

d) Autorização legislativa e substituição

Não é de igual modo subsumível no conceito de autorização legislativa a figura da substituição. Esta dá-se, segundo ANDRÉ GONÇALVES PEREIRA, "quando a lei permite que uma entidade exerça poderes ou pratique actos que pertencem à esfera jurídica própria de uma entidade distinta, de forma que as consequências jurídicas do acto recaiam na esfera do substituído"[586]. Não muito distante anda PAULO OTERO, para quem a substituição é "uma permissão conferida pela ordem jurídica de um órgão da Administração (substituto) agir em vez de outro órgão administrativo (substituído), praticando actos sobre matérias cuja competência primária ou normal pertence a este último"[587].

Tais definições permitem-nos concluir que, apesar de alguns aspectos semelhantes, autorização legislativa e substituição são figuras com espaços de intervenção diferentes. Com efeito, apesar de a autorização legislativa dar lugar em termos muito gerais e em sentido impróprio a uma substituição, na medida em que o Governo exerce uma competência que o Parlamento não se encontra nas melhores condições de o fazer, dela não resulta, antes de mais, uma relação do tipo substituto/substituído. Dito de outro modo, uma vez que Parlamento e Governo são simultaneamente competentes para tratar de certas questões: quando, por força de uma autorização legislativa, o Governo legisla sobre determinada matéria não o faz "em vez do Parlamento", ou seja, não exerce uma competência doutro órgão, mas uma competência de ambos.

Por outro lado, a substituição dá-se quando o substituído não quer cumprir os seus deveres funcionais[588], ao passo que a autorização legislativa existe porque a Constituição considera dois (ou mais) órgãos competentes para legislar sobre a mesma matéria, embora em regime não concorrencial.

Outro aspecto distintivo entre autorização legislativa e substituição incide sobre espaço em que repousam as consequências jurídicas do acto praticado. Enquanto na substituição as consequências do acto praticado

---

[586] Cfr. *Da Delegação* ..., *ob. cit.,* pág. 21.
[587] Cfr. *O Poder de Substituição* ..., *ob. cit.,* pág. 391.
[588] Assim, DIOGO FREITAS DO AMARAL, *Curso* ..., *ob. cit.,* 3.ª edição, pág. 898.

pelo substituto recaem sobre esfera jurídica do substituído, a competência legislativa do Governo exercida mediante autorização parlamentar vê as suas consequências repousarem na esfera jurídica de quem praticou o acto e não na de quem tem competência primária para o fazer.

SECÇÃO II
As Autorizações Legislativas no Direito Constitucional Comparado

1. AS AUTORIZAÇÕES LEGISLATIVAS NO DIREITO CONSTITU-CIONAL PORTUGUÊS

Ao consagrar dois domínios de matérias legislativas reservadas à Assembleia da República, reserva absoluta e reserva relativa, a CRP pretende, dentre outras, abrir um espaço de intervenção legislativa do Governo, sob controlo parlamentar. O Governo pode legislar sobre as matérias de competência relativa, sendo esta característica a principal distinção entre esta e a competência absoluta[589]. Trata-se, por isso, de um espaço próprio, embora dependente. Um espaço no qual o Governo só intervém mediante e nos termos da respectiva autorização legislativa.

Enquanto lei, a autorização legislativa visa levantar, por um certo período de tempo e sobre certa matéria, a limitação a que se encontra sujeita a competência legislativa do Governo em ralação às matérias de reserva relativa da Assembleia da República e definir, em termos gerais, as regras a que está sujeita a sua actuação. Resultam daí duas situações controversas que têm sido tratadas pela doutrina portuguesa (e não só) e que importa reportar. Em primeiro lugar, discute-se se as leis de autorização legislativa têm uma natureza *meramente formal* ou se, pelo contrário, possuem um carácter *formal-material*. A segunda questão incide sobre a necessidade de serem devidamente distinguidas as leis de autorização legislativa e as leis de bases.

Quanto à primeira questão levantada, apesar das discussões, a conclusão parece ser clara: "a lei de autorização não se reconduz a lei mera-

---

[589] No mesmo sentido cfr. J. J. GOMES CANOTILHO e VITAL MOREIRA, *Constituição ...*, *ob. cit.,* 3.ª edição, pág. 677.

mente formal. Ela possui o conteúdo correspondente ao *sentido* a que fica adstrito o ulterior decreto-lei"[590]. Não sendo lei meramente formal, não produz apenas efeitos internos. Pelo contrário, a sua caracterização não deve estar dependente do decreto-lei autorizado. Aceitar uma tal posição seria defender, como diz J. J. GOMES CANOTILHO, que "as *leis de delegação* começariam por ser *leis formais sobre a produção jurídica* para se transformarem em *leis substanciais de produção* depois da emanação da lei delegada"[591-592-593].

A necessidade de se distinguir lei de autorização de lei de bases é inquestionável. Qualquer uma delas limita-se a definir os termos gerais sobre a regulamentação de determinada matéria, deixando ao Governo espaço para ulterior intervenção legislativa. De igual modo, ambas, definindo os princípios gerais, estabelecem uma delimitação material condicionante da intervenção legislativa do Governo. As diferenças, porém, não são poucas. Em primeiro lugar, a lei de bases regula directamente determinada matéria, altera ela própria a ordem jurídica instituída (mesmo que estabelecendo apenas as suas bases). A lei de autorização legislativa, por seu turno, embora não seja uma norma meramente formal e produtora de efeitos internos, limita-se a habilitar a intervenção normativa do Governo. Por outro lado, a intervenção legislativa do Governo na área de reserva relativa do Parlamento tem a lei de autorização como um requisito, ao passo que a lei de bases só é pressuposto da intervenção legislativa do Governo quando versa sobre matéria pertencente àquela área[594].

---

[590] Cfr. JORGE MIRANDA, *Manual* ..., *ob. cit.,* tomo V, pág. 318.

[591] *Direito Constitucional* ..., *ob. cit.,* 6.ª edição, págs. 757 e 758.

[592] Como diz JORGE MIRANDA, "não se trata só de uma vicissitude de competência; trata-se também de acto que se manifesta na dinâmica global do ordenamento. E, embora não atinja só por si os cidadãos, nem regule as situações da vida, os seus efeitos não são apenas instrumentais; são, desde logo, efeitos substantivos, ate porque a função do sentido não se esgota com a emanação do decreto-lei autorizado, perdura como parâmetro da validade deste"; cfr. *Manual* ..., *ob. cit.,* tomo V, pág. 318.

[593] Em sentido contrário, ISALTINO MORAIS, JOSÉ MÁRIO DE ALMEIDA e RICARDO LEITE PINTO defendem que, não tendo natureza de lei meramente formal, a "única particularidade que possuem é a de diferirem na sua aplicação para um momento posterior à aprovação da A. R.. Só com a aprovação pelo Governo do Decreto-lei autorizado, é que a lei de autorização ganha plenitude" ; cfr. *Constituição* ..., *ob. cit.,* pág. 330.

[594] Assim, J. J. GOMES CANOTILHO, *Manual* ..., *ob. cit.,* 6.ª edição, pág. 760.

1.1. NATUREZA JURÍDICA

A questão da natureza jurídica das autorizações legislativas deve ser vista tendo em conta a específica perspectiva constitucional da divisão de poderes e da colaboração entre os órgãos de soberania[595].

Várias têm sido as propostas apresentadas pela doutrina acerca da natureza jurídica da autorização legislativa em Portugal. Apesar disso, a situação parece hoje sedimentada em determinados aspectos:

a) A autorização legislativa não tem natureza de transferência de poderes ou competências. Como já atrás referimos, a aprovação de uma autorização legislativa não implica uma cedência de competências atribuídas pela Constituição, nem tão-pouco o seu exercício. A lei de autorização determina apenas o chamamento do Governo ao exercício de certa competência que já possuía e cujo exercício se encontrava condicionado.

b) São ainda de rejeitar as tentativas de equiparações às figuras da representação e do mandato. Não havendo aqui transferência dos efeitos jurídicos da esfera do "representante" para a do "representado", não pode, como é óbvio, falar-se em representação. Também a figura do mandato se apresenta pouco adequada, na medida em que usando a autorização legislativa o Governo exerce uma actividade própria e não por conta e no interesse do Parlamento[596].

Recusando a inversão da competência legislativa como resultado da autorização legislativa, JORGE MIRANDA conclui que esta equivale a alargar o âmbito subjectivo da competência legislativa, dentro da elasticidade criada pela Constituição[597]. O Executivo, não é de mais dizê-lo, ao legislar sobre matérias de reserva relativa da Assembleia da República age em nome próprio, não recebe poderes legislativos do Parlamento. Esta é a posição que mais se coaduna com o disposto no artigo 165.º da CRP.

---

[595] Assim, JORGE MIRANDA, *Manual* ..., *ob. cit.,* tomo V, pág. 316.

[596] Ao respeito refere J. J. GOMES CANOTILHO que "o interesse público que está na base da delegação é um interesse superior ao dos órgãos em questão"; cfr. *Direito Constitucional* ..., *ob. cit.,* 6.ª edição, pág. 758.

[597] *Manual* ..., *ob. cit.,* tomo V, pág. 317.

1.2. OBJECTO

Incidindo a relação entre a Assembleia da República e o Governo sobre vários aspectos, faz todo o sentido questionar sobre qual deles recaem as autorizações legislativas. A exacta compreensão do princípio da separação de poderes e a arrumação constitucional das competências dos órgãos de soberania não deixa duvidas sobre qual o objecto das autorizações legislativas.

Em primeiro lugar, sendo as autorizações legislativas actos que se integram na competência legislativa da Assembleia da República, devem incidir sobre a própria função legislativa do Parlamento[598]. As autorizações legislativas só podem dispor sobre matérias da competência legislativa parlamentar e não sobre outras como a competência política, ainda que revistam a forma de lei. Ao dizermos competência legislativa parlamentar estamos, naturalmente, a excluir também do âmbito material das autorizações legislativas os domínios de competência legislativa reservados ao Governo. Aí, por se tratar de poderes legislativos originários e de exercício independente (alguns concorrentes com os da Assembleia da República), o Governo não precisa de qualquer acto parlamentar habilitador. Numa palavra, não pode haver autorizações legislativas sobre matérias não legislativas, nem sobre matérias legislativas que não caem no âmbito material da Assembleia da República.

Por outro lado, mesmo no quadro da competência legislativa parlamentar, nem todas as matérias são passíveis de intervenção legislativa governamental. A competência legislativa autorizada do Governo, já o dissemos, não decorre do acto de autorização, mas da Constituição. Ou seja, é em função da delimitação material constitucionalmente estabelecida que se determina o objecto das autorizações legislativas e não ao contrário. Assim, ao estabelecer no artigo 165.º um conjunto de matérias relativamente reservadas da Assembleia da República, "salvo autorização ao Governo", e ao prever expressamente na alínea b) do n.º 1 do artigo 198.º a competência do Governo para aprovar decretos-leis em matérias de reserva relativa da Assembleia da República, mediante autorização desta,

---

[598] Assim, J. J. GOMES CANOTILHO e VITAL MOREIRA, *Constituição* ..., *ob. cit.*, 3.ª edição, pág. 677; também J. J. GOMES CANOTILHO, *Direito Constitucional* ..., *ob. cit.*, 6.ª edição, pág. 761.

quis a Constituição limitar o objecto das autorizações legislativas ao artigo 165.°, ou seja, ao conjunto de matérias enumeradas na competência legislativa relativa do Parlamento português[599].

1.3. O AUTOR E O DESTINATÁRIO

No direito constitucional português só a Assembleia da República pode conceder autorizações legislativas e só delas podem ser destinatários (sujeitos passivos) o Governo e as Assembleias Legislativas Regionais[600]. O autor precisa de estar em plenitude de funções para que haja autorização legislativa. Na medida em que com a autorização se habilita o Governo a legislar sobre matérias destinadas à intervenção prioritária do Parlamento, só a Assembleia da República na plenitude das suas funções (não dissolvida, portanto) pode conceder ao Governo autorizações legislativas. Dissolvida a Assembleia da República, embora subsista o mandato dos deputados até à primeira reunião da Assembleia resultante das eleições legislativas subsequentes (artigo 172.°, n.° 3), os seus "assuntos correntes" são geridos pela Comissão Permanente (artigo 179.°), cujas competências, bastante limitadas, se encontram taxativamente fixadas na Constituição.

De igual modo, só um Governo em pleno funcionamento está apto a receber autorizações legislativas. Não podem as autorizações legislativas ser solicitadas por Governos de gestão, nem por eles ser exercidas. Não cabem

---

[599] Sobre as matérias constantes do artigo 165.° tem defendido a doutrina portuguesa a possibilidade de haver autorizações legislativas para a transposição de directivas comunitárias; cfr., por exemplo, JORGE MIRANDA, *Manual ..., ob. cit.,* tomo V, pág. 319, nota de rodapé n.° 1.

[600] Não constitui objecto do presente trabalho o estudo das autorizações legislativas destinadas às Assembleias Legislativas Regionais. Estas, como resulta da própria CRP, incidem apenas sobre matérias de interesse específico para as regiões autónomas não reservadas à competência dos órgãos de soberania. A este respeito, escrevem J. J. GOMES CANOTILHO e VITAL MOREIRA, comentando o artigo 168.° (hoje, 165.°) "as autorizações legislativas propriamente ditas só podem ser conferidas ao Governo (n.° 1, *in fine*) e não às assembleias das regiões autónomas, que, apesar de também possuírem poderes legislativos (embora limitados), não podem legislar em matérias reservadas aos órgãos de soberania, incluindo portanto as matérias aqui enunciadas. O que a AR pode autorizar as assembleias regionais a fazer é legislarem sem respeito pelos limites decorrentes das *leis gerais da República*, que em princípio constituem um limite ao poder legislativo regional"; cfr. *Constituição ..., ob. cit.,* 3.ª edição, pág. 678.

na noção de "gestão dos negócios públicos" a que se refere o n.º 5 do artigo 186.º o exercício de competências legislativas autorizadas. Ou porque o Governo *ainda* não está em exercício pleno, ou porque *já* não está em condições de exercer todas as suas competências constitucionais. Dito de outro modo, quando ainda não está em pleno funcionamento, porque acaba de ser empossado, por exemplo, o novo Governo não pode aproveitar uma autorização do Governo anterior nem está ainda em condições de a solicitar. Já não está em condições quando, tendo cessado funções, deve limitar-se à prática dos actos estritamente necessários para assegurar a gestão dos negócios públicos (artigo 186.º, n.º 5).

A análise da questão estende-se ainda ao domínio da iniciativa legislativa para a aprovação das leis de autorização legislativa. Enquanto destinatário das autorizações legislativas, o Governo não se resume a um papel passivo. Pelo contrário, detém uma posição bastante activa, na medida em que possui monopólio de iniciativa legislativa sobre a matéria. A Assembleia da República não pode por sua livre iniciativa conceder autorizações ao Governo. Mas esta iniciativa, note-se, só pode ser exercida por um Governo em pleno funcionamento. No quadro do direito constitucional português, um Governo "acabado de chegar" ou um Governo "à porta de saída" não têm iniciativa legislativa de autorização.

Por fim, é ainda limite subjectivo a regra *delegatus non potest delegare*. Apesar de não haver disposição constitucional expressa, é hoje unânime a doutrina portuguesa em considerar constitucionalmente ilegítimas as *subdelegações legislativas*[601]. Ao receber uma autorização legislativa, o Governo é habilitado a exercer um poder, só a ele cabendo decidir (dentro dos limites da autorização) se, quando e como exercê-lo. Da margem de livre decisão do Governo (se, quando e como) não consta o poder de decidir sobre se exerce directamente ou subdelega o seu exercício a outro órgão constitucional. As subdelegações, para além de violarem o princípio da indelegabilidade de poderes delegados, violam o princípio fundamental das constituições rígidas segundo o qual a delegação do poder legislativo deve ser expressamente consentida pela Constituição[602].

---

[601] Cfr., por todos, J. J. GOMES CANOTILHO, *Direito Constitucional* ..., *ob. cit.,* 6.ª edição, pág. 762; JORGE MIRANDA, *Manual* ..., *ob. cit.,* tomo V, pág. 322; e ainda JORGE MIRANDA e RUI MEDEIROS, *Constituição* ..., *ob. cit.,* tomo II, pág. 540.

[602] Assim, J. J. GOMES CANOTILHO, *Direito Constitucional* ..., *ob. cit.,* 6.ª edição, págs. 762 e 763.

1.4. A FORMA E OS LIMITES

1.4.1. A forma do acto autorizante

No direito constitucional português o acto de autorização legislativa assume a forma de lei (artigos 161.° alínea d) e 166.°, n.° 3), a lei de autorização legislativa. A doutrina divide-se quanto à questão da obrigatoriedade de autonomia das leis de autorização legislativa. Devem as autorizações legislativas constar de leis autónomas ou podem ser incluídas em leis reguladoras de matérias conexas?

Às questões colocadas responde JORGE MIRANDA que "a autorização legislativa tem de ser explícita e autónoma; tem de constar de uma lei de autorização, com a sua peculiar tramitação"[603].

J. J. GOMES CANOTILHO e VITAL MOREIRA, por sua vez, entendem nada impedir que normas autorizantes estejam incorporadas noutros instrumentos legislativos parlamentares. Segundo dizem, "nada parece impedi-lo, desde que as normas autorizantes preencham os requisitos constitucionais da autorização (delimitação material e temporal) e desde que a AR não fique impedida de revogar a autorização concedida. Aliás, o n.° 5 fala expressamente em autorizações não inseridas numa lei específica de autorização legislativa (as leis concedidas na lei do Orçamento). Em contrapartida, essas autorizações legislativas inseridas em leis comuns ficam sujeitas ao regime normal de caducidade (salvo justamente o regime especial do n.° 5)[604-605].

1.4.2. Os limites do acto autorizante

1.4.2.1. *Os limites materiais*

À luz da CRP, duas questões merecem realce a propósito dos limites materiais da lei de autorização legislativa. A primeira é a necessidade de

---

[603] Cfr. *Manual ...*, *ob. cit.*, tomo V, p. 321; cfr. ainda JORGE MIRANDA e RUI MEDEIROS, *Constituição ...*, *ob. cit.*, tomo II, pág. 539.

[604] Cfr. *Constituição ...*, *ob. cit.*, 3.ª edição, pág. 678.

[605] Note-se que também o Professor JORGE MIRANDA admite a existência de autorizações legislativas orçamentais.

as leis de autorização definirem o objecto da autorização legislativa. Para além do objecto, as leis habilitadoras devem fixar o sentido e a extensão da autorização (artigo 165.°, n.° 2). A exigência constitucional de definição do objecto visa, em última instância, limitar a actuação (condicionada) do Governo sobre uma matéria que é de tratamento legislativo prioritário da Assembleia da República. O acto de autorização não é um cheque em branco emitido a favor do Governo, não é uma autorização genérica para que o Governo legisle sobre qualquer uma das matérias constantes do artigo 165.°. Para que não seja um cheque em branco, a autorização legislativa deve, para além de definir o objecto, estabelecer as opções basilares sobre a matéria em causa.

O conteúdo das leis de autorização não se resume à definição do seu objecto. Impõe ainda a CRP que sejam fixados o sentido e a extensão da autorização legislativa. Pretende-se, uma vez mais, impedir a transformação das autorizações legislativas em meios de emissão de cheques em branco. A definição do sentido e da extensão implica a fixação nas leis de autorização legislativa dos princípios e critérios orientadores da disciplina legislativa pelo decreto-lei autorizado do Governo. Só assim a autorização legislativa assume o seu papel de acto-condição. Tal situação apresenta-se como um corolário lógico do carácter prioritário e dirigente da competência legislativa parlamentar sobre as matérias referidas no artigo 165.°. A Constituição impõe que haja "uma predefinição parlamentar da orientação política da medida legislativa a adoptar"[606]. Daí decorre o princípio da especialidade das autorizações legislativas de acordo com o qual não são constitucionalmente admissíveis autorizações legislativas genéricas[607].

Fora deste âmbito material obrigatório das autorizações legislativas fala-se ainda na existência de "cláusulas legislativas adicionais", através das quais pode a Assembleia da República impor ao Governo algumas exigências adicionais a serem observadas no processo de elaboração do decreto-lei autorizado[608].

---

[606] Assim, J. J. Gomes Canotilho e Vital Moreira, *Constituição* ..., ob. cit., 3.ª edição, pág. 678.

[607] *Idem*.

[608] Cfr., para mais, J. J. Gomes Canotilho e Vital Moreira, *Constituição* ..., ob. cit., 3.ª edição, págs. 678 e 679.

1.4.2.2. *Os limites temporais*

A natureza condicionada da competência legislativa autorizada do Governo é ainda patente na fixação de um prazo para o seu exercício. As autorizações legislativas não são para todo o tempo ou por tempo indeterminado. A CRP impõe que o acto de autorização defina também a duração da autorização.

Não está definido na CRP o tempo de duração da autorização. Partindo da necessidade de salvaguarda do carácter reservado da competência legislativa parlamentar sobre as matérias do artigo 165.°, JORGE MIRANDA entende que a autorização legislativa deve ser aprovada "por um tempo relativamente curto, pelo tempo adequado e necessário"[609].

O prazo fixado pela lei de autorização legislativa pode ser prorrogado, de acordo com o artigo 165.°, n.° 2, *in fine*.

A partir de quando e até quando está o Governo em Portugal habilitado a legislar no âmbito das competências de reserva relativa da Assembleia da República? A questão não encontra, em termos directos e absolutos, resposta na Constituição da República Portuguesa, abrindo-se, por isso, um espaço à criação doutrinária.

Vejamos em primeiro lugar a questão do início. Considerando que a CRP estabelece no n.° 3 do artigo 198.° a obrigatoriedade de os decretos--leis mencionarem expressamente a lei de autorização legislativa respectiva, parece claro que só quando esta se torna perfeita, hábil a produzir os seus efeitos pode o Governo usá-la. E esta só começa a produzir os seus efeitos depois de publicada no jornal oficial (e decorrida a *vacatio legis*, caso exista), acto por sua vez antecedido pela aprovação pela Assembleia da República e pela promulgação do Presidente da República. Só aí o Governo se encontra investido de poderes legislativos autorizados sobre a matéria que constitui objecto da autorização legislativa. São, por isso, inconstitucionais quaisquer decretos-leis anteriores à publicação da respectiva lei de autorização[610-611].

---

[609] Cfr. *Manual* ..., *ob. cit.*, tomo V, pág. 322.

[610] Assim, JORGE MIRANDA, *Manual* ..., *ob. cit.*, tomo V, pág. 324; também JORGE MIRANDA e RUI MEDEIROS, *Constituição* ..., *ob. cit.*, tomo II, pág. 541 e J. J. GOMES CANOTILHO, *Direito Constitucional* ..., *ob. cit.*, 6.ª edição, pág. 765.

[611] Entendimento diferente já tiveram J. J. GOMES CANOTILHO e VITAL MOREIRA. Entendiam estes autores que "se o decreto-lei for publicado antes de a lei de autorização

Já o termo final levanta problemas delicados. Exercida a autorização, esta caduca, salvo em caso de exercício parcelado (artigo 165.º, n.º 3). A questão que se põe agora é a de saber quando é que se considera usada a autorização, visto ser inconstitucional a utilização da autorização legislativa após a cessação da sua vigência. É necessário que o decreto-lei autorizado seja publicado no *Diário da República*? Considera-se utilizada a autorização legislativa com a aprovação do decreto-lei pelo Conselho de Ministros? Deve o decreto-lei ser promulgado pelo Presidente da República para que se considere utilizado? Ou deve ser considerado o momento da recepção do decreto-lei na Presidência da República para promulgação? Nestas questões vão subjacentes as principais soluções apontadas pela doutrina.

A doutrina portuguesa tem maioritariamente defendido o dia da recepção do decreto-lei pela Presidência da República como termo final determinante da cessação da competência legislativa autorizada do Governo, isto é, como marco entre o uso tempestivo ou intempestivo de uma autorização legislativa[612]. Milita a favor desta posição fundamentalmente o facto de não se expor ao risco de manipulação das datas de aprovação do decreto-lei, caso fosse essa (a aprovação do decreto-lei pelo Conselho de Ministros) a fronteira entre o uso em tempo ou fora dele de uma autorização legislativa[613-614-615].

---

entrar em vigor, isso apenas impede que aquele entre em vigor antes do início de vigência da lei"; cfr. *Constituição* ..., *ob. cit.*, 3.ª edição, pág. 679.

[612] Neste sentido, JORGE MIRANDA, *Manual* ..., *ob. cit.*, tomo V, págs. 324 e 325; Cfr. ainda JAIME VALLE, *A Participação* ..., *ob. cit.*, págs. 250-252.

[613] É esta última, contudo, a posição do Tribunal Constitucional Português.

[614] Note-se que, sem prejuízo da posição assumida e da argumentação apresentada, JORGE MIRANDA considera que "em bom rigor devia ser o (dia) da aprovação em Conselho de Ministros, mas a sua prática muito irregular e o défice de publicidade envolveriam o risco de manipulação das datas"; cfr. *Manual* ..., *ob. cit.*, tomo V, pág. 324. De igual modo, ISALTINO MORAIS, JOSÉ MÁRIO DE ALMEIDA e RICARDO LEITE PINTO consideram esta a "solução mais curial"; cfr. *Constituição* ..., *ob. cit.*, pág. 331.

[615] Precisando a sua posição favorável à consideração da data de recepção do decreto-lei pelo Presidente da República como marco delimitador do uso da autorização legislativa "por ser o único que permite um controlo eficaz do respeito pelos limites temporais imposto pela lei de autorização legislativa", JAIME VALLE esclarece que "não tanto a data da recepção pelo Presidente do decreto que deverá ser tida em conta, mas antes a data da recepção definitiva pelo Presidente da República do decreto. Isto porque o que parece relevante para considerar que a utilização da autorização legislativa cessou é a fixação, em definitivo, do conteúdo do diploma legislativo governamental aprovado ao seu abrigo"; cfr. *A Participação* ..., *ob. cit.*, pág. 251.

1.5. Cessação das autorizações legislativas

Aliada à questão dos limites temporais está a da cessação das autorizações legislativas. Antes do decurso do prazo por ela fixado, pode a autorização legislativa cessar a sua vigência por um de três motivos: a) pela sua utilização tempestiva pelo Governo; b) pela revogação da lei de autorização pela Assembleia da República; c) por caducidade.

a) O regime jurídico da *utilização* da autorização legislativa está enformado pelo *princípio da irrepetibilidade*, de acordo com o qual o Governo só pode utilizar a autorização legislativa por uma vez, estando vedada a possibilidade de revogação, alteração ou substituição. A utilização da autorização só é irrepetível, contudo, se o decreto-lei aprovado produzir os seus efeitos jurídicos. Se, aprovado pelo Governo, não chegar a ser promulgado pelo Presidente da República por motivos de veto pode o Governo "repetir", aprovando outro decreto-lei, desde que não tenha decorrido o prazo de vigência previsto na autorização legislativa[616].

O *princípio da irrepetibilidade* da utilização da autorização legislativa não afecta, porém, a possibilidade de uso parcelado, conforme a parte final do n.º 3 do artigo 165.º. Pode o Governo, se entender, parcelar a execução da autorização, usando-a em diferentes decretos-leis (simultâneos ou sucessivos), desde que não haja sobreposição material entre eles, sob pena de repetição.

b) A Assembleia da República pode a todo o tempo revogar a lei de autorização legislativa (desde que ela esteja em vigor, claro). Esta conclusão não resulta expressamente do texto da Constituição, mas a ela chega a generalidade da doutrina[617]. "Se a AR pode dá-la, também pode retirá-la"[618]. A revogação da lei de autorização legislativa deverá ser feita de forma expressa pelo mesmo

---

[616] Assim, J. J. Gomes Canotilho, *Direito Constitucional* ..., ob. cit., 6.ª edição, pág. 766; também J. J. Gomes Canotilho e Vital Moreira, *Constituição* ..., ob. cit., 3.ª edição, pág. 680 e Jorge Miranda, *Manual* ..., ob. cit., tomo V, pág. 325.

[617] Cfr., por todos, Jorge Miranda, *Manual* ..., ob. cit., tomo V, pág. 325; J. J. Gomes Canotilho e Vital Moreira, *Constituição* ..., ob. cit., 3.ª edição, pág. 168.

[618] Assim, J. J. Gomes Canotilho e Vital Moreira, *Constituição* ..., ob. cit., 3.ª edição, pág. 680.

tipo de acto usado para a concessão (lei). Podendo revogar, pode, por igualdade de razão, interpretar, modificar ou suspender a lei de autorização legislativa. De igual modo, mesmo na vigência da autorização legislativa pode a Assembleia da República legislar sobre a matéria autorizada (a autorização legislativa não é uma transferência ou renúncia da competência legislativa), implicando tal acto uma revogação tácita da autorização. São corolários da prioridade da reserva de competência legislativa do Parlamento[619].

c) A caducidade da autorização legislativa ocorre com a demissão do Governo a quem tiver sido concedida, com o termo da legislatura ou com a dissolução da Assembleia da República (artigo 165.º, n.º 4). Subjacente a esta opção do legislador está uma ideia básica: as autorizações legislativas são concedidas por certa Assembleia para certo Governo. Implicam uma relação fiduciária entre ambos, não subsistindo de uma Assembleia para outra nem se transmitindo de um Governo para o outro.

1.6. AUTORIZAÇÕES LEGISLATIVAS ORÇAMENTAIS

Nem tudo o que se disse a respeito do regime jurídico das autorizações legislativas no direito constitucional português vale para o caso específico das autorizações legislativas inseridas na lei do orçamento, voltadas essencialmente para o domínio dos impostos (mas não só). Afigura-se, pois, fundamental delimitar o espaço da competência legislativa parlamentar em matéria de impostos, reconhecendo-lhe sempre um papel primário de *orientação política*[620]. Assiste-se, porém, a um fenómeno de assunção pelo Governo do *indirizzo politico*, fruto de um notável declínio

---

[619] Cfr., neste sentido, JORGE MIRANDA, *Manual* ..., *ob. cit.*, tomo V, pág. 325.

[620] Para mais sobre o assunto, cfr. ANA PAULA DOURADO, *O Princípio da Legalidade Fiscal* ..., *ob. cit.*, págs. 84 ss. Para esta autora, tendo em conta que "o Governo tem sido o órgão legislativo por excelência", seria perigoso "atribuir um papel secundário à Assembleia na *orientação política* em matéria fiscal, sob pena de, juntando a esse papel a ausência de controlo judicial da margem de livre apreciação administrativa na aplicação das leis, o Governo e a administração deterem o monopólio da criação, interpretação e desenvolvimento das leis fiscais".

dos poderes orçamentais do Parlamento como resultado do facto de o orçamento ser elaborado de acordo com o Plano e o Programa do Governo, aos quais está subordinado[621].

As autorizações legislativas orçamentais são, à partida, realidades que ultrapassam a mera matéria orçamental cuja inclusão na lei do orçamento resulta, segundo MARCELO REBELO DE SOUSA, da confluência nela existente entre a função legislativa e a dimensão do político, bem como um acentuado coeficiente político[622].

Nos termos da CRP, a "criação de impostos e sistema fiscal e regime geral das taxas e demais contribuições financeiras a favor das entidades públicas" constitui matéria de reserva relativa de competência legislativa da Assembleia da República (artigo 165.º, alínea i)). É, podemos dizer, um corolário do princípio da legalidade tributária previsto no artigo 103.º, n.º 3,[623] de acordo com o qual "os impostos são criados por lei" sendo, para esse efeito, a expressão "lei" equivalente a lei da Assembleia da República e decreto-lei, autorizado, do Governo. Da conjugação no n.º 3 do artigo 103.º com a alínea i) do artigo 165.º resulta, designadamente, que o Governo pode, mediante decreto-lei autorizado, dispor sobre a criação de impostos[624].

O n.º 5 do artigo 165.º (introduzido apenas com a revisão constitucional de 1989, embora já antes alguns sectores da doutrina portuguesa defendessem a sua especificidade[625]), prevê expressamente as autorizações legislativas orçamentais, ou seja, autorizações legislativas conferidas pela Assembleia da República ao Governo na lei do orçamento. Ao consagrar

---

[621] Assim, ALEXANDRA LEITÃO, *Os Poderes do Executivo em Matéria Orçamental*, (inédito), 1997, pág. 18.

[622] Cfr. MARCELO REBELO DE SOUSA, *10 Questões Sobre a Constituição, o Orçamento e o Plano*, Nos Dez Anos da Constituição, org. JORGE MIRANDA, Imprensa Nacional – Casa da Moeda, 1986, pág. 122.

[623] Assim, JORGE MIRANDA, *A Competência Legislativa no Domínio dos Impostos e as Chamadas Receitas Parafiscais*, RFDUL, 1988, pág. 14.

[624] As autorizações legislativas em matéria fiscal têm, segundo PAULO OTERO, regimes parcialmente diferentes consoante constem da lei do orçamento ou de lei autónoma; cfr. *Autorizações Legislativas e Orçamento do Estado*, Revista «O Direito», 1992, págs. 281 e 282.

[625] Cfr., por exemplo, JOSÉ MANUEL CARDOSO DA COSTA, *Sobre as Autorizações Legislativas da Lei do Orçamento*, Estudos em Homenagem ao Prof. Doutor J. J. Teixeira Ribeiro, vol. III, Coimbra, 1983, págs. 407-436.

as autorizações legislativas orçamentais, a revisão constitucional de 1989 limitou-se a formalizar um costume constitucional[626].

A justificação da constitucionalização de um regime específico para as autorizações legislativas orçamentais resulta, segundo J. J. GOMES CANOTILHO, de duas características fundamentais: por um lado, "não são leis de autorização autónomas antes são enxertadas na lei do orçamento" e, por outro lado, "têm um regime temporal próprio, pois a sua caducidade reporta-se ao termo do ano económico a que respeitam, ou seja, têm uma duração equivalente à da vigência do orçamento"[627].

Por assumirem uma natureza institucional[628], as autorizações legislativas orçamentais em matéria fiscal são independentes dos titulares dos órgãos envolvidos (Parlamento e Governo). O elemento institucional prevalece sobre o elemento confiança política. Não caducam, por isso, com a demissão do Governo, a dissolução da Assembleia da República ou o termo da legislatura.

Contrariamente ao regime regra, o regime específico das autorizações legislativas orçamentais não obriga à definição da sua duração, sendo o silêncio da lei de autorização significado de que as mesmas são conferidas para o ano económico a que o orçamento do Estado respeita. Aliás, a única causa de caducidade das autorizações legislativas orçamentais é o termo do ano económico a que respeita o orçamento, sem prejuízo da faculdade de serem aprovadas autorizações legislativas para um prazo menor[629-630].

---

[626] Assim, JORGE MIRANDA, *Manual* ..., *ob. cit.,* tomo V, pág. 329. Refere, a respeito este autor que "a prática das autorizações legislativas orçamentais estava perfeitamente legitimada por costume constitucional vindo de há décadas e não contestado no domínio da Constituição de 1976 e era ainda reforçada por uma jurisprudência favorável constante. A revisão constitucional de 1989 não veio senão formalizar o que já existia quase pacificamente". No mesmo sentido, PAULO OTERO refere que "a revisão constitucional de 1989 assumiu uma natureza meramente declarativa de uma realidade que tinha já existência consuetudinária"; cfr. *Autorizações Legislativas* ..., *ob. cit.,* pág. 279.

[627] *Direito Constitucional* ..., *ob. cit.,* 6.ª edição, pág. 769.

[628] Assim, JORGE MIRANDA, *Autorizações Legislativas*, Revista de Direito Público, Vulgus Editora, 1986, pág. 25 e PAULO OTERO, *As Autorizações Legislativas* ..., *ob. cit.,* pág. 280.

[629] Assim, PAULO OTERO, *As Autorizações Legislativas* ..., *ob. cit.,* pág. 280

[630] Em sentido contrário, JORGE MIRANDA, *Autorizações Legislativas* ..., *ob. cit.,* págs. 25 e 26.

As especificidades do seu regime jurídico afectam também a questão da forma da autorização. Com efeito, as autorizações legislativas orçamentais seguem a tramitação da lei do orçamento em que estão inseridas. Por outro lado, a revogação ou a modificação das autorizações legislativas orçamentais são da exclusiva iniciativa do Governo, na medida em que o Governo tem monopólio da iniciativa legislativa face às alterações orçamentais[631].

2. AS DELEGAÇÕES LEGISLATIVAS NO DIREITO CONSTITUCIONAL BRASILEIRO

Ao prever a figura da lei delegada, a par das medidas provisórias, a Constituição brasileira de 1988 pretende adoptar um modelo de repartição da função legislativa entre o legislativo e o executivo[632]. Há delegação legislativa sempre que o poder legislativo autoriza o Presidente da República a elaborar e editar actos normativos (a lei delegada), dentro dos limites por aquele impostos.

A rejeição de um modelo de monopólio parlamentar da função legislativa surge, também aqui, como meio tendencialmente capaz de responder eficazmente às exigências do Estado Social, cada vez mais extensas e complexas. Surge, em última análise, como mecanismo necessário para possibilitar a eficiência do Estado e sua necessidade de maior agilidade e celeridade[633]. Assim, também no direito constitucional brasileiro, o executivo detém poderes legislativos autorizados, isto é, faculdade de emanação de actos normativos com força de lei, mediante autorização ou delegação parlamentar. Também aqui, a delegação legislativa encontra o seu

---

[631] Assim, JORGE MIRANDA, *Autorizações Legislativas*, Revista de Direito Público, Vulgus Editora, 1986, pág. 25. Defendendo a iniciativa originária do Governo, admite o Autor que a iniciativa possa ser de um Deputado ou Grupo Parlamentar "no âmbito da lei de alteração orçamental".

[632] A assunção pelo executivo de poderes legislativos configura, segundo MANOEL GONÇALVES FERREIRA FILHO, "o abandono de um dos aspectos mais significativos da separação de poderes"; cfr. *Aspectos de Direito Constitucional Contemporâneo*, Editora Saraiva, 2003, pág. 247.

[633] Assim, ALEXANDRE DE MORAES, *Direito Constitucional*, 18.ª edição, Editora Atlas, 2005, pág. 617.

fundamento, entre outros, na falta de capacidade técnico-parlamentar ou numa maior capacidade técnica do executivo[634].

Não deixa, contudo, de saltar à vista o enquadramento da faculdade de emanação de normas jurídicas pelo executivo após autorização do legislativo e o sistema de governo presidencial. Hodiernamente já não espanta a ninguém a delegação parlamentar de poder legislativo a favor do Governo. No presidencialismo brasileiro essa autorização é feita a favor do Presidente da República[635].

2.1. NATUREZA DA DELEGAÇÃO

O acto de autorização é um pressuposto do exercício da competência legislativa autorizada do executivo.

Não são poucas as considerações feitas acerca da natureza do acto de delegação ou autorização legislativa[636]. Parece claro hoje, embora não absolutamente unânime, o reconhecimento de que o acto autorizante não é transferidor de competências legislativas parlamentares para o executivo. Pelo contrário, a sua prática depende da preexistência de uma competência legislativa do executivo sobre as matérias a autorizar. Não há transferência de competências, não há exercício de competências em representação doutro órgão, há sim o exercício de uma competência própria, feito em nome próprio, embora condicionado.

O acto de autorização limita-se a remover um impedimento ao exercício pelo Presidente da República brasileiro de uma competência que a

---

[634] Neste sentido, OMAR KADRI, *O Executivo Legislador* ..., *ob. cit.*, pág. 115.

[635] Tal facto não passa despercebido também para MANOEL GONÇALVES FERREIRA FILHO. Este autor chega mesmo a falar, ao respeito, em "audácia" na adopção da figura da delegação no sistema presidencial, considerando a sua admissibilidade "discutível", na medida em que neste sistema, contrariamente ao que se passa no sistema parlamentar, o Presidente da República (executivo) não é politicamente responsável perante o parlamento, não sendo, por isso, dele politicamente dependente. "Assim, a delegação em seu favor opera uma concentração de poderes em sua mão (ficando de fora só o judiciário), que o fortalece sobremodo, sem que isso seja de alguma forma compensado pelo desenvolvimento de qualquer controle novo"; cfr. *Curso de Direito Constitucional* ..., *ob. cit.*, págs. 202 e 203.

[636] A maior parte delas é coincidente com as posições teóricas que apresentámos ao respeito da mesma questão no âmbito do estudo do direito constitucional português. Abstemo-nos, por isso, de repeti-las.

Constituição lhe atribui. Além do mais, o acto de delegação legislativa do Congresso Nacional não tem força vinculativa para o Presidente da República, podendo este não aprovar a lei delegada respectiva.

Noutro domínio, é ainda rejeitada a consideração da lei de autorização como uma lei meramente formal. Na base desta teoria está o argumento de que a lei de autorização é insusceptível de aplicação antes da entrada e vigor da lei delegada. A lei de delegação não é, segundo o entendimento mais de acordo com o constitucionalismo moderno, uma lei desprovida de conteúdo jurídico, não só por estabelecer um conteúdo programático orientador da actuação do executivo legislador, mas também por haver casos em que em que se torna possível a aplicabilidade de normas da lei de autorização com a sua entrada em vigor, independentemente da entrada em vigor da lei delegada[637].

2.2. AUTOR E DESTINATÁRIO

Na perspectiva que orienta o presente trabalho, tendo em conta a definição que apresentámos, o âmbito subjectivo das delegações legislativas no direito constitucional brasileiro é reservado a dois órgãos constitucionais: o Congresso Nacional (com intervenção das duas Câmaras, conjunta ou separadamente) e o Presidente da República. Como refere o artigo 68.°, "as leis delegadas são elaboradas pelo **Presidente da República**, que deverá solicitar a delegação ao **Congresso Nacional**".

A iniciativa, a aprovação e a durabilidade da delegação legislativa dependem da existência de um requisito negativo fundamental: que ambos (Presidente da República e Congresso Nacional) estejam em pleno exercício das suas faculdades constitucionais, isto é, que não tenha terminado o mandato do Presidente da República ou a legislatura. Por outro lado, mau grado a ausência de referência constitucional expressa, parece-nos consensual a admissão de que a relação que se estabelece, para esse efeito, entre o Presidente da República e o Congresso Nacional é uma relação fiduciária, embora não seja uma relação de confiança objectiva típica dos sistemas parlamentares ou nele inspirados. Assim, a estabilidade da delegação legislativa depende sobremaneira da estabilidade constitucional dos sujeitos dessa relação.

---

[637] Cfr., para mais, OMAR KADRI, *O Executivo Legislador ..., ob. cit.,* pág. 119.

O Presidente da República, enquanto destinatário da delegação e não sendo um órgão legislativo por excelência, tem monopólio do poder de iniciativa, que é, realça-se, um poder discricionário[638]. Apesar de o acto parlamentar de autorização ser considerado como um acto interno do Congresso Nacional, este não detém iniciativa para a sua aprovação. Ou seja, só mediante solicitação do Presidente da República pode o Parlamento aprovar uma delegação legislativa a favor daquele.

2.3. A FORMA E OS LIMITES

2.3.1. A forma da delegação legislativa

As delegações legislativas do Congresso Nacional a favor do Presidente assumem, de acordo com artigo 68.º, § 2.º, a forma de resolução. Esta, segundo ALEXANDRE DE MORAES, "é o acto do Congresso Nacional ou de qualquer de suas casas, tomado por procedimento diferente do previsto para a elaboração das leis, destinado a regular matéria de competência do Congresso Nacional ou de competência privativa do Senado Federal ou da Câmara dos Deputados, mas em regra com efeitos internos; excepcionalmente, porém, também prevê a constituição resolução com efeitos externos, como a que dispõe sobre a delegação legislativa"[639].

A resolução de delegação legislativa deve ser aprovada por ambas as Câmaras do Congresso Nacional, podendo a aprovação ser feita em separado. É necessário, aqui, que o Senado Federal e a Câmara dos Deputados aprovem uma resolução coincidente, estando ambos em posição de igualdade. Não é aplicável, pois, o mecanismo da revisão por uma Câmara dos projectos aprovados pela outra, previsto no artigo 65.º.

Por outro lado, o facto de as delegações legislativas serem aprovadas mediante resolução implica a dispensa de intervenção posterior doutros órgãos constitucionais, nomeadamente do Presidente da República. Os actos parlamentares de delegação legislativa não estão, por isso, sujeitos à sanção, ao veto ou à promulgação do Presidente da República. O seu efeito

---

[638] No mesmo sentido, cfr. ALEXANDRE DE MORAES, *Direito Constitucional* ..., *ob. cit.,* pág. 618.

[639] ALEXANDRE DE MORAES, *Direito Constitucional* ..., *ob. cit.,* pág. 623.

externo, contudo, é hoje amplamente reconhecido, tornando-os passíveis de controlo da constitucionalidade[640].

Do ponto de vista procedimental, as delegações legislativas podem ser típicas ou atípicas. Ambas têm início com a solicitação do Presidente da República dirigida ao Congresso Nacional para que este aprove a resolução de autorização. Aprovada a resolução, duas atitudes podem ser tomadas: a) o Presidente da República elaborar o acto normativo autorizado, promulgá-lo e determinar a sua publicação; ou b) o Presidente da República, por determinação do Congresso Nacional expressa na resolução de delegação legislativa, elabora o projecto de lei e submete-o à aprovação do Parlamento, a qual deve ser feita em votação única, sendo vedada a apresentação de emendas ao projecto de lei (artigo 68.°, § 3.°). No primeiro caso, as delegações dizem-se típicas ou próprias e no segundo, atípicas ou impróprias.

2.3.2. Os limites da delegação legislativa

2.3.2.1. *Limites materiais*

A Constituição brasileira de 1988 impõe, no seu artigo 68.°, § 2.°, a especificação pela resolução de autorização legislativa do seu conteúdo e dos termos do seu uso. Por outro lado, delimita pela negativa o âmbito material das delegações.

A obrigação de especificar o seu conteúdo significa que o acto de delegação legislativa deve mencionar a matéria a ser regulada pelo Presidente da República, sob pena de inconstitucionalidade. Não basta, porém, enunciar a matéria. É fundamental fazê-lo de modo preciso através da fixação dos "termos do seu exercício", isto é, é necessário "fixar padrões, *standards*, nítidos, que guiem a acção do recipiente da delegação"[641]. A resolução deve consagrar, noutras palavras, os princípios e os critérios orientadores da lei delegada, sendo esta inconstitucional se extravasar os respectivos limites.

---

[640] No mesmo sentido, cfr. OMAR KADRI, *O Executivo Legislador ...*, *ob. cit.*, págs. 119 e 120.

[641] Assim, MANOEL GONÇALVES FERREIRA FILHO, *Curso ...*, *ob. cit.*, págs. 205 e 206.

A Constituição brasileira delimita ainda o âmbito material das delegações legislativas através da enunciação de um conjunto de indicações e matérias afastadas da intervenção normativa do Presidente da República. Não podem ser delegadas, desde logo, as matérias da exclusiva competência do Congresso Nacional ou das suas Câmaras e bem assim como as matérias reservadas à lei complementar. Estão ainda fora do domínio passível de delegação legislativa as matérias referentes à organização judiciária e do Ministério Público, à nacionalidade, cidadania, direitos individuais, políticos e eleitorais e aos planos plurianuais, directrizes orçamentárias e orçamentos (artigo 68.º, § 1.º, I, II e III). Para além destas explicitamente referidas, também a matéria referente à exigência ou ao aumento de tributos se encontra fora do âmbito material das delegações legislativas. Com efeito, resulta do artigo 150.º, I, que tais matérias apenas podem ser objecto de tratamento por lei, devendo entender-se o termo *lei* em sentido estrito[642].

2.3.2.2. *Limites temporais*

Com a aprovação pelo Congresso Nacional de uma resolução de delegação legislativa a favor do Presidente da República não se opera, já o dissemos, uma transferência do poder legislativo. Em conformidade, a delegação deve ser sempre limitada no tempo, isto é, deve indicar de modo claro o prazo durante o qual o Presidente da República está habilitado a produzir leis delegadas sobre as matérias constantes da resolução. A indeterminabilidade temporal das delegações é, por isso, constitucionalmente proibida.

Por outro lado, a concepção adoptada a respeito da natureza jurídica da delegação impõe não apenas que elas sejam temporárias, mas também que o tempo disponibilizado para o exercício do poder legislativo seja razoável e proporcional ao fim visado, não se admitindo, por exemplo, delegações aprovadas para toda a legislatura. Em tal caso, estar-se-ía perante um inegável fenómeno de abdicação pelo Parlamento da função de

---

[642] Assim, MANOEL GONÇALVES FERREIRA FILHO, *Curso ...*, *ob. cit.*, págs. 204 e 205; no mesmo sentido, NELSON NERY COSTA e GERALDO MAGELA ALVES, *Constituição Federal ...*, *ob. cit.*, págs. 358 e 359.

legislar. Ao Presidente da República não assiste o direito de legislar por tempo indeterminado ao abrigo de delegações legislativas, sob pena de tal faculdade se traduzir numa subversão da repartição constitucional da competência legislativa.

A questão da delimitação temporal das delegações legislativas, nos termos referidos pela Constituição brasileira, impõe uma indagação em torno da seguinte questão: pode o Presidente da República, durante o prazo para o seu exercício, aprovar mais de uma lei sobre a matéria delegada? Analisemos a questão no quadro das causas de cessação das delegações legislativas.

2.4. Cessação das delegações legislativas

As delegações legislativas cessam, desde logo, pelo decurso do prazo por si previsto para a aprovação (no caso das delegações legislativas típicas) ou com a elaboração do projecto (no caso das delegações legislativas atípicas). Com efeito, sendo a delegação legislativa temporalmente limitada, a não utilização pelo Presidente da República durante o prazo estipulado implica a sua caducidade, restando-lhe apenas a hipótese de, querendo, voltar a solicitar uma delegação legislativa. Trata-se de um prazo peremptório.

Constitui ainda causa de cessação da delegação legislativa a sua utilização pelo Executivo. Aqui faz sentido recolocar a questão da possibilidade de aprovação de mais de uma lei delegada pelo Presidente da República ao abrigo da mesma resolução. Sobre a questão parece não haver divergências de realce na doutrina brasileira, sendo pacífico o entendimento de que nada obsta a que o Presidente da República aprove mais de uma lei delegada, desde que o faça dentro do prazo estipulado e sobre matérias referidas no acto de delegação[643]. Significa, portanto, que deve ser habilmente interpretada a ideia de que as delegações legislativas caducam com o seu uso. A sua utilização pode ser parcelada, ou seja, feita em diplomas diferentes.

---

[643] Cfr., entre outros, Manoel Gonçalves Ferreira Filho, *Curso* ..., *ob. cit.*, pág. 206 e Omar Kadri, *O Executivo Legislador* ..., *ob. cit.*, págs. 123 e 124.

238 *Autorizações Legislativas e Controlo Parlamentar do Decreto-Lei Autorizado*

Dá igualmente lugar à cessação da delegação legislativa a sua revogação pelo Congresso Nacional. Na verdade, não havendo transferência de competências, o acto de delegação não exonera o Parlamento das suas responsabilidades legiferantes. Pode, por isso, a todo o tempo, revogar a resolução de delegação legislativa. É mais uma afirmação da sua qualidade de órgão legislativo por excelência. Para além desta revogação expressa, o Congresso Nacional pode pura e simplesmente decidir legislar sobre a matéria delegada ao Presidente da República. Tal facto faz obviamente cessar a vigência da delegação legislativa, devendo ser entendido como uma revogação tácita da resolução.

Por fim, dá ainda lugar à cessação da delegação legislativa o termo da legislatura e o termo do mandato do Presidente da República. O facto de o acto de delegação ser de um certo Parlamento para um certo Presidente da República tem como consequência a sua caducidade sempre que se verifique alteração subjectiva em qualquer desses órgãos de soberania.

3. SÍNTESE COMPARATIVA

Da análise feita em torno do regime jurídico-constitucional do instituto das autorizações legislativas (ou delegações legislativas, como denomina a Constituição brasileira) resultam os seguintes elementos comparativos:

a) Apesar da preferência por denominações diferentes, há, tanto no direito constitucional português quanto no brasileiro, o instituto das autorizações legislativas enquanto meio pelo qual o Parlamento permite ou habilita ao executivo o exercício de competência legislativa (autorizada/delegada);

b) Em ambos os sistemas constitucionais o instituto das autorizações legislativas é visto apenas como um meio capaz de remover um impedimento ao exercício de competências legislativas preexistentes. Não há transferência de competências, sendo de rejeitar as tentativas de buscar exclusivamente no direito civil a natureza jurídica do acto de autorização;

c) Fruto da opção por sistemas de governo diferentes, os sujeitos intervenientes na relação jurídico-constitucional estabelecida pela autorização legislativa são diferentes. Em Portugal, são sujeitos a Assembleia da República e o Governo, ao passo que no sistema brasileiro intervêm o Congresso Nacional e o Presidente da República;

d) Em qualquer dos sistemas aqui estudados, o acto de autorização encontra-se sujeito a um regime constitucional explícito. São proibidas as autorizações legislativas indeterminadas no tempo e na matéria. São proibidas autorizações legislativas em branco, devendo o acto autorizante especificar não apenas a matéria autorizada, mas também os termos em que deverá ser exercida a competência;

e) O revestimento exterior do acto autorizante é diferente. No direito português as autorizações legislativas são aprovadas por lei ao passo que no direito brasileiro são aprovadas por resolução;

f) Do ponto de vista procedimental há também algumas diferenças. O sistema português prevê um modelo único no qual o acto autorizado é sempre aprovado pelo Governo. Já no sistema brasileiro é possível distinguir as delegações legislativas típicas das atípicas, sendo possível, neste último caso, a aprovação do acto autorizado pelo Congresso Nacional mediante a elaboração de uma proposta pelo Presidente da República;

g) O poder de iniciativa para a aprovação do acto de autorização é sempre do destinatário. O Governo (em Portugal) e o Presidente da República (no Brasil) detêm o monopólio da iniciativa de aprovação da autorização;

h) Aprovada a autorização, compete ao seu destinatário, em ambos os sistemas, a decisão sobre a aprovação do acto autorizado, não havendo qualquer obrigação constitucional à prática de tal acto;

i) Neste domínio, as Constituições portuguesa e brasileira definem a relação que se estabelece entre o parlamento e o executivo como uma relação de confiança subjectiva, isto é, de certo parlamento para certo executivo. Por isso, qualquer alteração subjectiva dos entes intervenientes dá lugar à caducidade da autorização;

j) Em ambos os sistemas, a utilização da autorização legislativa determina a cessação da sua vigência, sem prejuízo da possibilidade de uso parcelado;

k) No sistema português é admitida a aprovação de autorizações legislativas orçamentais ao passo que no sistema brasileiro tal prática é vedada.

SECÇÃO III
As Autorizações Legislativas no Direito Constitucional Angolano

1. AS AUTORIZAÇÕES LEGISLATIVAS NA HISTÓRIA CONSTITU-CIONAL

1.1. A LEI CONSTITUCIONAL DE 1975

O modelo de repartição constitucional da competência legislativa previsto pela Lei Constitucional de 1975 prevê a existência de dois órgãos com competência legislativa: o Conselho da Revolução (em substituição da Assembleia do Povo) e o Governo. Ambos eram legisladores universais, na medida em que podiam legislar sobre todas as matérias. Não havia matérias expressamente reservadas a qualquer dos órgãos. O Conselho da Revolução aparecia como legislador primário e o Governo como legislador secundário.

No modelo de 1975 não se fala nem há, quanto a nós, o instituto da autorização legislativa tal como é hoje visto. A Constituição usa, ao invés, a expressão "delegar", para o processo de chamamento do Governo ao exercício da função legislativa. Nos termos do artigo 38.°, alínea a), compete ao Conselho da Revolução exercer a função legislativa, que pode delegar no Governo. Por outras palavras, a função legislativa é titulada pelo Conselho da Revolução que pode delegá-la ao Governo.

A competência legislativa do Governo, apesar de delegada, é exercida em nome próprio e não do delegante.

Não há restrições de matérias, limites temporais nem necessidade de se definir os termos de exercício da competência legislativa pelo Governo, enfim, há uma verdadeira e total delegação. Assim, ao delegar a função legislativa, há também, no quadro da Lei Constitucional de 1975, uma delegação do poder de orientação política, na medida em que o Governo a exerce discricionariamente.

242 *Autorizações Legislativas e Controlo Parlamentar do Decreto-Lei Autorizado*

Após a delegação, e até que o Conselho da Revolução a revogue ou avoque, a competência legislativa é compartilhada em regime de concorrência entre ambos.

Não pode, no entanto, ser chamado outro órgão para legislar, nem pode haver subdelegações.

1.2. A Lei Constitucional de 1978

A Lei Constitucional de 1978 veio instituir um regime substancialmente diferente no que respeita à repartição da competência legislativa entre o Conselho da Revolução e o Governo. Assim, passa a haver um domínio de matérias de competência legislativa exclusivamente reservado ao Conselho da Revolução (artigo 39.°). Fora desse âmbito a competência legislativa é concorrencial entre ambos. É o que resulta da alínea b) do artigo 38.°, que estabelece, a respeito do Conselho da Revolução, a competência para exercer a função legislativa conjuntamente com o Governo e do artigo 42.° que permite ao Governo, através do Conselho de Ministros, exercer a função legislativa em matérias não reservadas ao Conselho da Revolução.

No modelo de 1978 não há, pois, autorizações ou delegações legislativas. O Governo não carece, para exercer a sua competência legislativa, de qualquer acto autorizante ou delegante do Conselho da Revolução.

1.3. A Lei Constitucional de 1980

A Lei Constitucional de 1980 veio, à semelhança da anterior, produzir um conjunto de alterações ao regime em vigor da distribuição da competência legislativa.

Com a sua entrada em vigor, o Governo deixa de ter competência legislativa. A Assembleia do Povo (instituída em 1980) passa a ser o único órgão constitucional com poder para fazer leis. Ao Governo é reservado apenas o poder de iniciativa legislativa (artigo 58.°, alínea f)).

Havendo monopólio parlamentar do exercício da função legislativa não se fala, também aqui, na possibilidade de concessão de autorizações legislativas. Só a Assembleia do Povo pode "aprovar, modificar ou revogar as leis", de acordo com a alínea b) do artigo 38.°.

1.4. A Lei Constitucional de 1991

O regime de 1991 em nada difere do instituído em 1980. A Assembleia do Povo continua a deter o monopólio da função legislativa, não podendo o Governo exerce-la, nem mediante autorizações legislativas. Aliás, não há autorização constitucional para que estas sejam aprovadas.

2. AS AUTORIZAÇÕES LEGISLATIVAS NA LEI CONSTITUCIONAL DE 1992

A Constituição de 1992 veio, também aqui, romper com a tradição até então vigente no domínio da repartição da função legislativa. Estabelece domínios reservados tanto ao Parlamento quanto ao Governo e prevê um espaço primariamente reservado à Assembleia Nacional, sendo possível a intervenção governamental, mediante e nos termos de autorização legislativa. Analisemos os principais aspectos do regime jurídico das autorizações legislativas no direito constitucional vigente em Angola.

2.1. Natureza formal ou material?

A questão acerca da natureza formal ou material do acto normativo de autorização parece merecer hoje, também no direito constitucional angolano, uma resposta clara. Apesar de aprovado mediante resolução[644], o acto de autorização não produz efeitos meramente internos, nem se reconduz a um processo legiferante com exclusiva intervenção parlamentar. As resoluções da Assembleia Nacional que concedem ao Governo autorizações legislativas têm, por isso, natureza de lei, tomada a expressão no seu sentido amplo. Não são, contudo, leis em sentido formal e nominal[645]. As autorizações legislativas, como refere António Barbosa de Melo, "não

---

[644] Para mais sobre as resoluções em geral cfr., por todos, Jorge Miranda, *Resolução*, DJAP, vol. VII, Lisboa, 1996, págs. 241-261.

[645] Em sentido contrário, considerando a "lei" de autorização como lei em sentido formal e nominal, cfr. Carlos Feijó, *O Sistema de Actos Legislativos e o Processo Legislativo Parlamentar*, Os Problemas Actuais do Direito Público Angolano, Principia, 2001, pág. 33.

244 *Autorizações Legislativas e Controlo Parlamentar do Decreto-Lei Autorizado*

produzem efeitos jurídico-materiais no domínio social sobre que o Governo tenciona legislar. Limitam-se, digamos assim, a produzir efeitos jurídicos *instrumentais*, criando condições para que se possa verificar uma mudança do direito material aí vigente levada a efeito pelo Governo"[646]. Assim, não se reduz a uma lei meramente formal, na medida em que os seus efeitos são independentes do decreto-lei autorizado, embora as suas normas sejam formuladas para serem aplicadas juntamente com estes[647]. A autorização legislativa, como bem realça ANTÓNIO VITORINO, "não pode deixar de ser considerada como produzindo imediatamente «efeitos externos», por estar sujeita ao mesmo regime das demais leis em termos de sindicabilidade constitucional"[648]. À luz do direito constitucional angolano, contudo, contrariamente ao que se passa em relação às leis que são submetidas à promulgação do Presidente da República, podendo este órgão solicitar ao Tribunal Constitucional a sua apreciação preventiva (nos termos do artigo 154.°), o facto de as autorizações legislativas serem aprovadas por resolução, exclui a intervenção do Presidente da República, através da promulgação e, consequentemente, a possibilidade de suscitar o controlo jurisdicional preventivo.

Por outro lado, a resolução de autorização legislativa é uma resolução atípica, na medida em que, como veremos, apesar de ser um acto tipicamente parlamentar a sua iniciativa é exclusiva do Governo, enquanto seu destinatário.

2.2. NATUREZA JURÍDICA

A alínea c) do artigo 88.° da Lei Constitucional estabelece a competência parlamentar para "conferir ao Governo autorizações legislativas". Estabelece ainda o artigo 90.° um conjunto de matérias cujo tratamento

---

[646] ANTÓNIO BARBOSA DE MELO, *Discussão Pública pelas Organizações de Trabalhadores de Leis de Autorização Legislativa* (parecer), RDES, n.os 3 e 4, Livraria Almedina, 1989, pág. 533.

[647] Neste sentido, J. J. GOMES CANOTILHO, *Direito Constitucional ..., ob. cit.,* 7.ª edição, págs. 761 e 762; cfr. ainda CARLOS BLANCO DE MORAIS, *Curso de Direito Constitucional ..., ob. cit.,* págs. 347 ss.

[648] ANTÓNIO VITORINO, *As Autorizações Legislativas na Constituição Portuguesa,* (inédito), Lisboa, 1985, pág. 349.

As Autorizações Legislativas e o Controlo Parlamentar do Dec.-Lei Autorizado   245

legiferante é feito primariamente pela Assembleia Nacional, podendo esta autorizar a intervenção legislativa do Governo sobre as matérias aí referidas. Por outro lado, a respeito da competência legislativa do Governo, prevê o artigo 111.°, n.° 1, alínea b) a competência legislativa autorizada do Governo. A análise sistemática e unitária dos artigos citados permite-nos oferecer um conjunto de reflexões acerca da natureza jurídica das autorizações legislativas em Angola.

Em primeiro lugar, a Assembleia Nacional é sempre o titular primário do poder legislativo sobre todas as matérias, incluindo as constantes do artigo 90.°. Exceptuam-se da competência legislativa primária parlamentar as matérias referentes à composição, organização e funcionamento do Governo.

Em segundo lugar, reconhecendo embora o poder legislativo primário e originário da Assembleia Nacional, permite a Lei Constitucional que o Governo possa intervir, mediante e nos termos de uma autorização legislativa parlamentar, aprovando actos normativos com força de lei. Esta intervenção governamental autorizada não deriva do acto de autorização, antes resulta da própria Constituição que, ao repartir a competência legislativa entre o Parlamento e o Governo, consagra uma excepção ao princípio constitucional da indelegabilidade das competências constitucionais[649]. As autorizações legislativas representam, por isso, "a superação do exclusivo de competência legislativa do Parlamento"[650].

Por consequência, o acto autorizado qualifica-se como o exercício de um poder próprio do Governo, indiscutivelmente distinto do que é titulado pela Assembleia Nacional sobre sua própria esfera de actuação[651]. Ao aprovar um decreto-lei precedido de autorização legislativa, o Governo exerce uma competência sua e não uma competência da Assembleia Nacional[652]. Pura e simplesmente a competência autorizada do Governo encontra-se em estado de hibernação, anestesiada, sendo a autorização legislativa o toque mágico que põe termo a esse estado. Assim vistas as

---

[649] Assim, IGNACIO DE OTTO, *Derecho Constitucional ..., ob. cit.,* pág. 184.

[650] Cfr., neste sentido, JORGE MIRANDA, *Manual ..., ob. cit.,* tomo V, pág. 304.

[651] Assim, EDUARDO GARCIA DE ENTERRIA, *Legislacion delegada, Potestad Regulamentaria y Control Judicial,* 2.ª Edição, Editorial Tecnos, pág. 109.

[652] No mesmo sentido, JORGE MIRANDA, *Manual ..., ob. cit.,* tomo V, págs. 308--311; também em *Funções, Órgãos e Actos do Estado,* Lisboa, 1990, págs. 465-469; cfr. ainda J. J. GOMES CANOTILHO, *Direito Constitucional ..., ob. cit.,* 7.ª edição, págs. 762-764.

246 *Autorizações Legislativas e Controlo Parlamentar do Decreto-Lei Autorizado*

coisas, a autorização legislativa não pode ser considerada como um acto atributivo de competência legislativa, na medida em que ela resulta da própria Constituição e é preexistente ao acto autorizante[653].

Apesar de resultar directamente da Constituição, a competência legislativa governamental sobre as matérias referidas no artigo 90.º é uma competência condicionada no seu exercício[654], estando a sua validade subjectiva dependente da existência de autorização parlamentar. A inexistência da resolução de autorização legislativa, enquanto lei de habilitação, determina a invalidade do acto "autorizado".

Importa ainda realçar que a competência legislativa do Governo, cujo exercício se encontra condicionado pela existência e termos da autorização legislativa, não é uma competência derivada, no sentido de que não resulta do acto autorizante, mas da própria Constituição.

Em conclusão, a autorização legislativa não é mais do que um acto normativo condicionante pelo qual a Assembleia Nacional habilita o Governo a praticar actos legislativos em matérias da sua competência primária.

Não colhem, assim, as concepções clássicas inspiradas no direito civil, nem as propostas assentes exclusivamente no direito administrativo.

2.3. SUJEITOS

A relação de autorização legislativa dá-se entre a Assembleia Nacional e o Governo. O primeiro como autor e o segundo como destinatário. Um e outro participam nesta relação em determinadas condições.

---

[653] Em sentido contrário, entendendo a autorização legislativa como um acto atributivo de competência, cfr. YARA MIRANDA, *Autorização Legislativa*, DJAP, 3.º suplemento, Lisboa, 2007, pág. 69.

[654] No mesmo sentido, FÉZAS VITAL, *Autorizações Legislativas ...*, *ob. cit.,* pág. 565. Segundo este autor, "o acto pelo qual o Congresso autoriza o Poder Executivo a legislar sobre certas matérias não envolve uma *delegação* de competência ou uma transmissão de direitos. É antes um *acto-condição*, isto é, um acto jurídico cujo efeito consiste em *tornar regular* o exercício duma competência *criada e organizada* pelo artigo 27.º. Foi a Constituição que, no mencionado artigo, *criou* a competência legislativa do Poder Executivo, mas organizando-a como competência *condicionada*, no seu exercício, pela autorização do Congresso".

2.3.1. A Assembleia Nacional

A Assembleia Nacional participa nessa relação como sujeito activo, como autor da autorização. Enquanto órgão legislativo por excelência e detentor da competência legislativa primária sobre as matérias referidas no artigo 90.°, detém, em regime de exclusividade, o poder de conceder ao Governo autorizações legislativas.

Na medida em que significa a remoção de um limite à intervenção legislativa do Governo, as autorizações legislativas devem ser aprovadas por uma Assembleia Nacional na plenitude das suas funções. Com efeito, várias são as vicissitudes passíveis de condicionar a plenitude funcional do Parlamento, impedindo-o de conceder autorizações legislativas. Em primeiro lugar, não pode uma Assembleia dissolvida aprovar actos autorizantes desta natureza. Durante o período em que estiver dissolvida, a Assembleia Nacional é substituída por uma Comissão Permanente, à qual compete apenas o exercício de funções bastante pontuais fixadas pela Constituição (artigo 102.°). Se as autorizações legislativas concedidas por Assembleias em plenitude funções caducam com a sua dissolução, por maioria de razão, não podem ser aprovadas por parlamentos já dissolvidos.

De igual modo, sempre que por outra qualquer razão constitucionalmente definida esteja a Assembleia Nacional a ser substituída pela sua Comissão Permanente, não podem ser aprovadas resoluções que concedam ao Governo autorização para legislar. Tal assim é, desde logo, por razões de representatividade, na medida em que a Comissão Permanente da Assembleia Nacional é composta por apenas quinze membros[655].

2.3.2. O Governo

A definição do outro sujeito da relação de autorização, isto é, do ente a favor do qual é aprovada a autorização legislativa não depende da Assembleia Nacional. A Constituição estabelece o Governo como único destinatário possível das autorizações legislativas. Com a referência constitucional ao Governo quer-se reportar ao órgão colectivo e não a nenhum

---

[655] Nos termos do n.° 2 do artigo 102.°, são membros da Comissão Permanente da Assembleia Nacional: o Presidente da Assembleia Nacional, dois Vice-presidentes e doze deputados indicados proporcionalmente ao número de assentos que cada partido possui.

248   *Autorizações Legislativas e Controlo Parlamentar do Decreto-Lei Autorizado*

dos seus integrantes individualmente considerados[656]. São, por isso, inconstitucionais as autorizações aprovadas a favor do Presidente da República, do Conselho de Ministros, do Primeiro-Ministro ou doutro membro do Governo. Só o Governo pode solicitar à Assembleia Nacional autorização para legislar e só a ele pode ser conferida tal autorização (aliás, só estes dois órgãos possuem competência legislativa). Trata-se, por isso, de uma relação cujos sujeitos são predeterminados pela Constituição. Não há, assim, espaço para a prática de actos de *sub-autorização* a favor de outro qualquer órgão constitucional[657]. A "obrigação" que recai sobre o Governo resultante dessa relação é infungível, no sentido de que só o Governo a pode cumprir, sendo constitucionalmente impedida qualquer transmissão da "obrigação".

Por outro lado, o Governo para ser sujeito dessa relação carece de estar em plenitude de funções. A autorização legislativa não pode ser solicitada, concedida nem exercida por um Governo demitido. Em tal situação, o Governo está confinado ao exercício de funções de gestão corrente, não sendo nestas enquadráveis a produção legislativa. Aliás, tendo sido concedida uma autorização a um Governo em plenitude de funções, esta caduca com a demissão do órgão ao qual foi concedida.

A aprovação do acto de autorização não depende só da vontade da Assembleia Nacional, na medida em que se encontra dependente da iniciativa exclusiva do Governo. É o que resulta do artigo 244.º, n.º 1, alínea a) da Resolução n.º 19/03, de 23 de Maio, que aprova o Regimento Interno da Assembleia Nacional[658]. Por isso, não pode a Assembleia Nacional, desde logo por razões de coerência política e de solidariedade institucional para com o Governo, conceder a este autorização para legislar sem que a mesma tenha sido solicitada[659]. A iniciativa é exclusiva do destinatário da autorização e deve ser entendida como uma manifestação de vontade de

---

[656] No mesmo sentido, EDUARDO VIRGALA FORURIA, *La Delegación Legislativa en la Constitución y los Decretos Legislativos como Normas com Rango Incondicionado de Ley*, Publicaciones del Congreso de los Diputados, 1991, pág. 102.

[657] No mesmo sentido, JAVIER PEREZ ROYO, *Las Fuentes del Derecho*, 3.ª edição, Tecnos, 1986, págs. 99 e 100.

[658] Doravante designado apenas por RIAN.

[659] Em sentido contrário, defendendo a possibilidade de serem aprovadas autorizações legislativas por iniciativa parlamentar, cfr. J. J. GOMES CANOTILHO e VITAL MOREIRA, *Constituição ..., ob. cit.*, 3.ª edição, pág. 678; também YARA MIRANDA, *Autorização Legislativa ..., ob. cit.*, pág. 69.

exercer uma competência constitucionalmente prevista. O mesmo se diga do inverso, isto é, não tendo havido solicitação do Governo presume-se que este não tem interesse em legislar sobre certa matéria. O poder de iniciativa do Governo, nos termos das regras especiais previstas no artigo 244.º, n.º 2 do RIAN, vai mesmo ao ponto de lhe conferir a prerrogativa de apresentar propostas de resoluções de autorização legislativa.

O entendimento a conferir à expressão "Governo" tem ainda influência no domínio da questão da cessação da autorização legislativa. Ou seja, quando a Constituição estabelece o Governo como único destinatário das autorizações para legislar refere-se ao Governo enquanto órgão colegial de carácter permanente (abstractamente considerado) ou, pelo contrário, quer--se referir a um Governo concreto em funções no momento da aprovação da resolução? O n.º 2 do artigo 91.º parece não deixar dúvidas em relação à questão. O destinatário da autorização é o Governo em funções no momento da sua aprovação e não o órgão constitucional Governo abstractamente considerado. É ao Governo em funções, que se relaciona num determinado momento com determinada Assembleia Nacional e com ela partilha as principais opções políticas, que é conferida a autorização legislativa. A relação de autorização que se estabelece entre a Assembleia Nacional e o Governo é, por isso, uma relação *intuitu personae*[660]. É uma relação de confiança subjectiva entre determinada Assembleia Nacional e determinado Governo. Por isso, qualquer alteração subjectiva verificada em qualquer um dos pólos da relação implica a caducidade da autorização concedida e, também por isso, não são admissíveis transmissões da "obrigação" de produção de decretos-leis autorizados decorrente da concessão da autorização.

Importa referir, finalmente, que cabe ao Conselho de Ministros, enquanto órgão colegial do Governo, praticar os actos constitucionalmente atribuídos ao Governo.

---

[660] Assim, JORGE MIRANDA, *Manual ...*, *ob. cit.*, tomo V, pág. 314.

250 *Autorizações Legislativas e Controlo Parlamentar do Decreto-Lei Autorizado*

2.4. A FORMA E O TEMPO

2.4.1. A forma

Como já referimos, as autorizações legislativas em Angola são aprovadas mediante resolução da Assembleia Nacional. É o que resulta clara e inequivocamente da combinação dos artigos 92.°, n.° 6 e 88.°, alínea c)[661], que deve logicamente prevalecer sobre o artigo 314.° do RIAN que, contrariando frontalmente a Constituição, prevê a forma de lei para a prática do acto previsto na alínea c) do artigo 88.° (a concessão ao Governo de autorizações legislativas). Não só prevalece a norma constitucional, por força do princípio geral *lex superior derogat inferiori*[662], mas deve ainda a norma inferior ser considerada inconstitucional.

A opção pela forma de resolução acarreta uma consequência não negligenciável: retira da fase final do processo de aprovação das autorizações legislativas o Presidente da República. Com efeito, uma das notas caracterizadoras das resoluções da Assembleia Nacional é resultante do facto destes actos se tornarem perfeitos e eficazes sem intervenção presidencial. Daí resulta que as resoluções de autorização legislativa não estão sujeitas ao exercício do direito de veto presidencial, por não carecerem da promulgação do Presidente da República, nem sujeitas à fiscalização preventiva, na medida em que a ela apenas estão sujeitos, de acordo com o artigo 154.°, n.° 1, os actos normativos passíveis de promulgação, assinatura ou ratificação do Presidente da República[663]. Defendemos, por isso, *de iure condendo*, a aprovação mediante *lei*, e não resolução, dos actos parlamentares de autorização legislativa.

---

[661] Note-se, contudo, que a própria Lei Constitucional utiliza no artigo 91.°, n.° 1 a expressão "lei de autorização legislativa" e o RIAN usa por diversas vezes a mesma expressão (cfr. os artigos 243.° e 244.°). Tal não significa, em nosso entender, qualquer pretensão de adoptar a forma de lei para as autorizações legislativas, como aliás demonstra a prática constitucional.

[662] Para mais sobre este princípio, enquanto critério para solucionar as antinomias normativas, cfr., por todos, NORBERTO BOBBIO, *Teoria do Ordenamento Jurídico* (tradução), 10.ª edição, Editora Universidade de Brasília, 1999, págs. 93 e 94.

[663] O n.° 1 do artigo 154.° enumera, embora a título exemplificativo, os actos normativos passíveis de fiscalização preventiva. São eles: lei, decreto-lei, decreto e tratado internacional.

Noutro domínio, as autorizações legislativas devem ser explícitas e, por via de regra, autónomas. Explícitas, na medida em que não é possível a autorização para o exercício de função legislativa feita de modo tácito ou implícito[664]. As autorizações legislativas devem resultar de uma expressa e inequívoca manifestação de vontade da Assembleia Nacional[665]. Tal entendimento, que nos parece o mais conforme com o espírito da Constituição, permite evitar que o legislador primário autorize a intervenção de outro órgão com competência legislativa sem uma reflexão consciente e intencional[666]. Não deve haver espaços nebulosos que permitam ao Governo deduzir as pretensões da Assembleia Nacional. Autónomas, porque as autorizações legislativas não devem constar de diplomas legais destinados a regular outras matérias. Excepção a esta característica pode suceder no domínio da inserção de autorizações noutros diplomas reguladores de matérias conexas. Tal é o caso, por exemplo, das autorizações legislativas contidas nas leis do orçamento. Voltaremos à questão adiante.

2.4.2. O tempo

O elemento temporal das autorizações legislativas é um imperativo do constitucionalismo moderno, sendo um dos requisitos chave para impedir a sua degeneração em transmissão de *plenos poderes* legislativos ao Governo. O período de duração da remoção do limite constitucional à intervenção legislativa governamental deve ser certo e determinado. Tal não implica, naturalmente, que haja uma menção expressa do dia, mês e ano do termo do período. A determinabilidade do prazo pode resultar da definição de um lapso de tempo (x dias, x meses, por exemplo), o que é, aliás, o mais corrente entre nós, ou mesmo através do estabelecimento de um termo final, isto é, da verificação de um acontecimento concreto. Não cabe espaço para referências abstractas, incertas ou

---

[664] Assim, Teresa Freixes Sanjuan, *La Legislacion Delegada*, REDC, n.º 28, Centro de Estúdios Constitucionales, 1990, pág. 138.

[665] No mesmo sentido, Ignacio de Otto, *Derecho Constitucional ...*, *ob. cit.*, pág. 185.

[666] Assim, Tomas Quadra-Salcedo, *Delegación Legislativa ...*, *ob. cit.*, pág. 369.

252 *Autorizações Legislativas e Controlo Parlamentar do Decreto-Lei Autorizado*

indeterminadas[667] como sejam a concessão de autorizações "enquanto persistir a actual situação" ou "no mais curto prazo possível". A exigência de determinação do prazo da autorização decorre ainda do facto de a autorização implicar uma "vicissitude do ordenamento das competências"[668]. As resoluções que concedem ao Governo autorização legislativa devem, assim, especificar, em obediência ao disposto no n.º 1 do artigo 91.º, de modo claro e determinado a sua duração. São contrárias ao espírito da Constituição as autorizações concedidas por tempo indeterminado, excessivamente amplo ou perpétuas, porque contrariam a regra da reserva da competência[669]. No que à limitação temporal respeita, as autorizações legislativas têm natureza de termo certo final[670-671]. Em conformidade, a resolução autorizante deve estabelecer o prazo máximo dentro do qual deve o Governo aprovar o respectivo decreto-lei autorizado. Findo o prazo sem que a competência autorizada tenha sido exercida prescreve a autorização.

O texto constitucional não define as durações mínima e máxima de uma autorização legislativa. Não são coincidentes as posições doutrinárias sobre a matéria. O processo de definição do prazo deve ser orientado, caso a caso, pelos princípios da proporcionalidade e da razoabilidade, não sendo, quanto a nós, admissível a concessão de autorização para toda a legislatura[672-673], nem, por maioria de razão, por um período superior à duração da legislatura. Aliás, em qualquer destes casos, põe-se em causa a

---

[667] No mesmo sentido, REMEDIO SÁNCHEZ FERRIZ, *El Estado Constitucional y su Sistema de Fuentes*, 3.ª Edição, Valência, 2005, pág. 365.

[668] Assim, JOSÉ PEREIRA COUTINHO, *Autorização Legislativa*, Enciclopédia Verbo, Edição século XXI, vol. 3, pág. 1082.

[669] Neste sentido, cfr. JORGE MIRANDA, *Funções* ..., *ob. cit.*, pág. 475.

[670] Assim, JORGE MIRANDA, *Funções* ..., *ob. cit.*, pág. 475.

[671] A figura do termo certo final, típica do direito civil e prevista no nosso Código Civil nos artigos 278.º e seguintes, determina a cessação dos efeitos produzidos por certo negócio jurídico a partir de certo momento; cfr., por todos, CARLOS ALBERTO DA MOTA PINTO, *Teoria Geral do Direito Civil*, 4.ª edição, (por António Pinto Monteiro e Paulo Mota Pinto), Coimbra Editora, 2005, págs. 577 ss.; cfr. ainda, entre nós, CARLOS ALBERTO BURITY DA SILVA, *Teoria Geral do Direito Civil*, Colecção da Faculdade de Direito da UAN, 2004, págs. 570 ss.

[672] No mesmo sentido, JORGE MIRANDA, *Manual* ..., *ob. cit.*, tomo V, pág. 315.

[673] Posição contrária é defendida por J. J. GOMES CANOTILHO e VITAL MOREIRA, *Constituição* ..., *ob. cit.*, 3.ª edição, pág. 679. No mesmo sentido, entre nós, cfr. CARLOS FEIJÓ, *O Sistema dos Actos Legislativos* ..., *ob. cit.*, pág. 34.

possibilidade de apreciação parlamentar do decreto-lei autorizado para efeitos de alteração ou de recusa de ratificação, nos termos do artigo 94.º. De acordo com este artigo, até à décima reunião plenária da Assembleia Nacional subsequente à publicação do decreto-lei autorizado pode ser solicitada a sua apreciação. Ora, claro está que se a autorização legislativa tiver sido concedida até ao fim da legislatura não pode na prática a Assembleia que a concedeu, e só esta pode fazê-lo, solicitar a apreciação do diploma aprovado ao abrigo da autorização.

A autorização pode, entretanto, cessar antes do decurso do prazo.

2.5. O OBJECTO E OS LIMITES MATERIAIS

Ao estabelecer as normas dirigentes do fenómeno das autorizações legislativas, a Constituição manifesta, uma vez mais, a sua permanente preocupação de evitar que este instituto se transforme num meio ao serviço da renúncia do exercício da função legislativa parlamentar ou a sua transmissão ao Governo, através da proibição de habilitações legislativas em branco ou da concessão de plenos poderes legislativos. Tal significaria, em última análise, a aceitação de um fenómeno de concentração legislativa no Governo, sendo esta, por sua vez, uma evidente subversão do princípio constitucional do Estado de Direito. Daí o estabelecimento, em primeiro lugar, de limites constitucionais ao poder de autorizar.

A resolução que concede ao Governo autorização para legislar deve, por isso, versar sobre uma matéria concreta, estabelecer um sentido determinado e definir a sua extensão. Esses três elementos são, a par da duração, o *conteúdo mínimo*[674] e as *normas comuns*[675] constitucionalmente impostas à autorização legislativa. Isto é, as autorizações legislativas, na medida em que devem definir o âmbito, o sentido, a extensão do decreto-lei autorizado, devem ter uma determinação mínima[676].

---

[674] Assim, J. J. GOMES CANOTILHO, *Direito Constitucional ..., ob. cit.,* 7.ª edição, pág. 767.

[675] Assim, EDUARDO VIRGALA FORURIA, *La Delegación Legislativa ..., ob. cit.,* pág. 113.

[676] Neste sentido, ANA PAULA DOURADO, *O Princípio da Legalidade Fiscal ..., ob. cit.,* pág. 86.

As autorizações legislativas só podem versar sobre matérias de competência legislativa da Assembleia Nacional. Está, por isso, liminarmente afastada a possibilidade de autorização legislativa sobre quaisquer outras matérias como sejam as que recaem na função de fiscalização. Contudo, nem toda a matéria da competência legislativa parlamentar é passível de autorização. Há matérias que, por constituem reserva de lei do Parlamento, só podem ser objecto de tratamento legislativo pela Assembleia Nacional, sendo constitucionalmente impedida a prática de actos parlamentares autorizantes. Trata-se de matérias de elevada sensibilidade e importância políticas, facto que determinou a opção do legislador de subtrai-las da intervenção governamental. Só as matérias de competência legislativa parlamentar disponíveis ou autorizáveis podem ser objecto das delegações legislativas. Estas são as previstas no artigo 90.°.

De acordo com a orientação constitucional, porém, não basta a menção da matéria que constitui objecto da autorização, é necessário que a Assembleia Nacional, enquanto órgão primariamente competente para sobre elas legislar, defina o "sentido" da autorização. Isto é, a LCA impõe ao Parlamento a definição dos princípios ou directrizes que devem conduzir a actuação do Governo. O que se deve entender por definição do sentido não deve ser confundido com regulamentação exaustiva da matéria, sob pena de retirar utilidade ao acto de autorização. Não é, portanto, exigível nem recomendável que a resolução de autorização legislativa estabeleça a regulamentação de base da matéria em causa[677], sob pena de se transformar em *lei de bases*. Vendo o sentido da autorização legislativa como o "pano de fundo orientador da acção do Governo", ANTÓNIO VITORINO fala, ao respeito, numa tríplice vertente: o sentido na óptica do delegante[678], o sentido na óptica do delegado[679] e o sentido na óptica dos direitos dos particulares numa zona revestida de especiais cuidados no texto

---

[677] No mesmo sentido, CARLOS FEIJÓ, *O Sistema de Actos Legislativos* ..., *ob. cit.*, pág. 33.

[678] Nesta vertente, o sentido da autorização deve permitir a formulação pelo Parlamento da finalidade da concessão dos poderes delegados na perspectiva dinâmica da intenção das transformações a introduzir na ordem jurídica vigente.

[679] Na óptica do delegado, o sentido deve constituir indicação genérica dos fins que o Governo deve prosseguir no uso dos poderes delegados, conformando assim a matriz da lei delegada aos ditames do órgão delegante.

As Autorizações Legislativas e o Controlo Parlamentar do Dec.-Lei Autorizado   255

constitucional – a da reserva relativa de competência legislativa da Assembleia da República[680-681].

Por esta razão, não deixa de merecer a nossa estranheza o facto de o RIAN permitir ao Governo, no âmbito do seu poder de iniciativa de solicitar ao parlamento autorização para legislar sobre certa matéria, apresentar um projecto de resolução de autorização legislativa[682]. Embora compita em última análise à Assembleia Nacional decidir sobre o se e o como aprovar a resolução, o seu nível de intervenção prática acaba quase sempre por ficar reduzido à proposta apresentada pelo Governo. Deve ser a Assembleia Nacional a decidir os termos da regulamentação de certa matéria, competindo ao Governo a concretização desse desiderato.

A extensão da autorização, por sua vez, diz respeito à sua amplitude. Ou seja, a Assembleia Nacional deve especificar os aspectos da matéria objecto de autorização sobre os quais vão incidir as alterações[683].

Para além dos elementos que constituem o *conteúdo mínimo* da autorização, a Assembleia Nacional pode, nos actos de habilitação, referir outros elementos que julgue oportunos, como por exemplo, a necessidade de observância certos procedimentos na elaboração do decreto-lei autorizado[684]. São os elementos acidentais da autorização.

2.6. Efeitos da autorização legislativa

A aprovação pelo Parlamento da resolução de autorização legislativa determina a produção de certos efeitos.

Devemos ter em conta, antes de mais, que a autorização legislativa actua como uma norma de produção jurídica[685].

---

[680] Nesta vertente, o sentido da autorização permite dar a conhecer aos cidadãos, em termos públicos, qual a perspectiva genérica das transformações que vão ser introduzidas no ordenamento jurídico em função da outorga da autorização.

[681] Cfr. *Autorizações Legislativas* ..., *ob. cit.*, págs. 238 e 239.

[682] Artigo 224.º, n.º 2 do RIAN.

[683] Neste sentido, Yara Miranda, *Autorização Legislativa* ..., *ob. cit.*, pág. 70.

[684] É o caso, por exemplo, da necessidade de auscultação prévia de certos sectores da sociedade cujo objecto da sua actividade coincide com o da regulamentação.

[685] Assim, Ignacio Gutiérrez Gutiérrez, *Los Controles de la Legislación Delegada*, Centros de Estudios Constitucionales, 1995, pág. 149.

256 *Autorizações Legislativas e Controlo Parlamentar do Decreto-Lei Autorizado*

Assim vistas as coisas, a autorização legislativa determina a habilitação governamental precária para o exercício de uma competência constitucional. Por isso, a autorização não impõe ao Governo um poder-dever de legislar, tendo este uma considerável "margem de discricionariedade para decidir quanto à oportunidade de emitir ou não os actos autorizados, facto que reforça a identidade destes quanto à circunstância de serem actos legislativos que apenas responsabilizam o Governo e que este emite em nome próprio e não em representação do Parlamento"[686].

Já atrás referimos, o modelo angolano de repartição da competência constitucional prevê para as matérias constantes do artigo 90.º dois órgãos de soberania competentes: a Assembleia Nacional e o Governo. Não se trata, contudo, de uma competência concorrente, pelo menos a montante, mas sim de uma competência reservada, para o Parlamento, e autorizada, para o Governo. O exercício por este último está, pois, dependente da aprovação de uma acto parlamentar de autorização legislativa.

A competência legislativa autorizada do Governo é, num primeiro momento, uma competência sob *condição suspensiva*, no sentido de que o seu exercício se encontra dependente de certo acontecimento futuro e incerto: a aprovação da resolução de autorização legislativa. Sem a verificação desse acontecimento ela existe mas não pode ser exercida. Num segundo momento, uma vez aprovado o acto de autorização, ela transforma-se em competência sob *termo final*, na medida em que a verificação de certos factos ou acontecimentos determinam a sua cessação. Ou seja, existe a competência e há a possibilidade do seu exercício até a verificação de certo acontecimento.

Em segundo lugar, a aprovação do acto autorizante não significa, no direito constitucional angolano, a recusa parlamentar ao exercício de certa competência constitucional, não determinando, por isso, a perda da faculdade de legislador sobre a matéria objecto daquele acto[687]. A Assembleia

---

[686] Neste sentido, ANTÓNIO VITORINO, *Autorizações Legislativas* ..., *ob. cit.,* pág. 368.

[687] A mesma posição é defendida, ao nível do direito constitucional português, por AFONSO RODRIGUES QUEIRÓ para quem o "apelo ao exercício pelo Governo de competência que lhe pertence a ela não importa (...) renúncia ao exercício do poder legislativo que a Assembleia conserva ..."; cfr. *Lições de Direito Administrativo*, vol. I, Coimbra, 1976, pág. 351); no mesmo sentido, JOSÉ MANUEL SÉRVULO CORREIA, *Noções de Direito Administrativo*, vol. I, Editora Danúbio, 1982, pág. 88.

Nacional não está antes, no decurso, nem depois da autorização legislativa impedida de exercer as suas competências[688].

Em terceiro lugar, como resultado das duas considerações anteriores, a autorização legislativa transforma a competência legislativa relativamente reservada do Parlamento em competência concorrencial ou cumulativa, e não alternada, entre este e o Governo[689]. Com efeito, não significando a autorização recusa ao exercício de certa função, mas apenas o chamamento de outro órgão de soberania para exercê-la, a sua aprovação determina, durante o seu período de vigência, a possibilidade de exercício simultâneo da mesma competência por dois órgãos diferentes.

2.7. A CESSAÇÃO DAS AUTORIZAÇÕES LEGISLATIVAS

As autorizações legislativas não vigoram *ad eternum*, pelo contrário, são um expediente senão excepcional pelo menos provisório ou precário. Têm um início e um fim de vida. Este fim pode ser natural, quando se dá pelo decurso do tempo nela previsto, ou resultante da prática de algum acto ou verificação de algum acontecimento, provocando a sua morte antecipada.

Assim, são causas de cessação da resolução de autorização legislativa:

a) O decurso do tempo de vigência da autorização;
b) A utilização da autorização pelo Governo;
c) A revogação da autorização pela Assembleia Nacional;
d) A caducidade da autorização.

---

[688] Posição contrária é defendida, ao nível do direito constitucional francês, por JEAN RIVERO. Segundo este Autor, com a autorização legislativa "o Parlamento vê a sua competência comprimida: até à extinção da autorização não pode modificar os decretos por via legislativa"; cfr. *Direito Administrativo* (tradução), Livraria Almedina, 1981, pág. 74.

[689] No mesmo sentido, AFONSO RODRIGUES QUEIRÓ, *Lições* ..., *ob. cit.,* pág. 351; ISALTINO MORAIS, JOSÉ MÁRIO DE ALMEIDA e RICARDO LEITE PINTO, *Constituição* ..., *ob. cit.,* pág. 331 e JOSÉ PEREIRA COUTINHO, *Autorização Legislativa* ..., *ob. cit.,* pág. 1081. Para este último autor, "o âmbito da competência legislativa concorrencial do Governo com a Assembleia da República é alargado por um período pré-fixado, durante o qual, na matéria sobre que incide a autorização e até esta ser integralmente utilizada, se aplica o regime da concorrência de competências legislativas".

258 *Autorizações Legislativas e Controlo Parlamentar do Decreto-Lei Autorizado*

A primeira ocorre naturalmente, não carece da prática de qualquer acto nem da verificação de qualquer vicissitude. Nos demais casos, pelo contrário, é a prática de um acto ou a verificação de algum acontecimento que determina a cessação da autorização legislativa. Vejamos uma a uma.

a) *O decurso do tempo de vigência da autorização*

Como já referimos, o texto constitucional obriga a que as autorizações legislativas estabeleçam a respectiva duração, isto é, que o período de competência legislativa concorrencial entre a Assembleia Nacional e o Governo tenha carácter precário, temporário. São, por isso, contrárias à Constituição as resoluções que concedem ao Governo autorização para legislar sem referência expressa e clara ao período de validade da autorização, por um período indeterminado ou excessivamente amplo que ultrapasse, no quadro do espírito da Constituição, os limites da razoabilidade e da proporcionalidade.

Assim, a prerrogativa governamental de legislar sobre as matérias constantes do artigo 90.°, nos termos da competente autorização legislativa, prescreve em caso de não uso dentro do prazo fixado. A inexistência de prazo para o seu uso implicaria, quanto a nós, a abdicação pela Assembleia Nacional da sua qualidade de legislador primário sobre as matérias de sua competência legislativa relativa ou uma transferência da função legislativa a respeito de certas matérias para o Governo[690].

Definido o prazo de vigência da autorização, importa analisar a partir de quando e até quando está o Governo habilitado a aprovar o respectivo decreto-lei autorizado. A questão apresenta não apenas relevância teórica, mas também um inegável interesse prático.

Apesar da inexistência de qualquer referência constitucional expressa sobre o assunto, parece claro, à partida, que o Governo só está habilitado a exercer a sua competência legislativa autorizada, prevista no artigo 111.°, a partir do momento em que a resolução que aprova a autorização legislativa comece a produzir os seus efeitos. Apesar de ser aprovada mediante resolução da Assembleia Nacional, estando, por isso, dispensada

---

[690] Assim, EDUARDO VIRGALA FORURIA, *La Delegación Legislativa* ..., *ob. cit.*, pág. 115.

As Autorizações Legislativas e o Controlo Parlamentar do Dec.-Lei Autorizado   259

qualquer intervenção presidencial, não basta a sua aprovação parlamentar. É necessário, porque só a partir daí se torna eficaz, que seja publicada em *Diário da República* e, caso exista, que se esgote o período de *vacatio legis*[691]. Esta solução, no entanto, não escapa à crítica, na medida em que, ao deixar a eficácia da resolução dependente de publicação no jornal oficial, deixa o início da contagem do prazo da autorização à disposição do Governo, uma vez que a publicação é feita pela Imprensa Nacional, órgão dependente do Conselho de Ministros. Para estender o prazo da autorização a seu favor, bastaria ao Governo retardar a sua publicação. Em tal caso, o propósito prosseguido pelo legislador constitucional ao impor a necessidade de definição da duração da autorização é posto em causa. Assim, *de jure condendo*, entendemos que o prazo para a utilização da autorização legislativa deva começar a contar a partir do momento da sua aprovação (sendo por resolução) pela Assembleia Nacional ou da sua notificação ao Governo. Com efeito, sendo que a relação se estabelece entre a Assembleia Nacional e o Governo, o conhecimento da resolução pelo destinatário não depende necessariamente da sua publicação, que é apenas um requisito de eficácia e não de validade. Excepção deve ser feita quando a resolução de autorização possua prescrições dirigidas aos particulares, caso em que devem ser aplicadas as regras ordinárias[692].

No caso em que só com a publicação em *Diário da República* começa a contar o prazo da autorização legislativa faz sentido colocar a seguinte questão: Pode o Governo aprovar o decreto-lei autorizado antes do início de vigência da autorização, bastando que o mesmo seja publicado depois que a esta esteja em vigor? Julgamos que não. Antes de mais, não é necessário que no momento da entrada em vigor do decreto-lei autorizado esteja ainda em vigor a autorização, basta, como veremos, que ele seja aprovado durante a vigência da resolução. Mais do que isto, está em causa a lógica de funcionamento deste instituto prevista pela Constituição. Sendo o decreto-lei autorizado um acto condicionado pela autorização legislativa, na medida em que é ela que define a sua extensão e o seu sentido não parece lógico que este seja aprovado sem que o seu autor saiba os

---

[691] Nos termos do n.º 1 do artigo 1.º da Lei n.º 8/93, de 30 de Julho (Lei Sobre o Formulário de Diplomas Legais), "qualquer diploma sujeito à publicação oficial só se torna obrigatório após a sua publicação no *Diário da República*".

[692] Assim, EDUARDO VIRGALA FORURIA, *La Delegación Legislativa ...*, *ob. cit.*, págs. 124 e 125.

260 *Autorizações Legislativas e Controlo Parlamentar do Decreto-Lei Autorizado*

termos do acto-condição. Parece, pois, haver subalternização do papel e importância da Assembleia Nacional com a prática de apresentação pelo Governo do projecto de decreto-lei a aprovar, juntamente com a proposta de resolução de autorização legislativa. Reduz-se, com isso, a intervenção parlamentar à mera adesão às propostas governamentais[693]. Tal situação significa, na prática, uma certa inversão dos papéis, na medida em que passa a ser o Governo a estabelecer, na proposta que apresenta à Assembleia Nacional (sobretudo em situações de Governos maioritários), o sentido e a extensão da autorização, sendo estes definidos em função do projecto de decreto-lei já elaborado. Ou seja, passa a ser o projecto de decreto-lei o acto-condição da autorização legislativa.

Tal não significa, note-se, que o Governo esteja impedido de iniciar trabalhos preparatórios com vista à aprovação do decreto-lei autorizado. Significa apenas que a sua aprovação pelo Conselho de Ministros não pode anteceder a publicação em *Diário da República* da resolução que concede a autorização legislativa respectiva. E assim é porque "tem de haver uma predefinição parlamentar da orientação política da medida legislativa a adoptar"[694]. Doutro modo, a aprovação do decreto-lei autorizado sem que esteja a vigorar a autorização deve ser tida como organicamente inconstitucional[695]. Isto é, antes do início de vigência da autorização não está o Governo habilitado a exercer a sua competência legislativa autorizada, devendo considerar-se igualmente contrário à Constituição qualquer acto autorizante posterior aprovado para, retroactivamente, sanar o vício. Ademais, recorde-se, os decretos-leis autorizados devem fazer menção expressa à respectiva resolução de autorização legislativa (artigo 111.º, n.º 3).

---

[693] Assim, JAIME VALLE, *A participação do Governo* ..., *ob. cit.*, págs. 248 e 249.

[694] J. J. GOMES CANOTILHO e VITAL MOREIRA, *Constituição* ..., *ob. cit.*, 3.ª edição, pág. 678.

[695] Posição diferente **parece** ser a defendida por J. J. GOMES CANOTILHO e VITAL MOREIRA, para quem "se o decreto-lei for publicado antes de a lei de autorização entrar em vigor, isso apenas impede que aquele entre em vigor antes do início de vigência da lei". Apontando, à partida, para uma conclusão diferente, defendem estes autores, que "não podem prevalecer-se da autorização os decretos-leis, respectivamente, anteriores à publicação ou posteriores à cessação da vigência da lei de autorização. Os primeiros não são convalidados por ela, os segundos não podem vir a sê-lo por outra"; cfr. *Constituição* ..., *ob. cit.*, pág. 679.

Cuidado especial aqui deve merecer a definição do momento de início de vigência da resolução de autorização legislativa aprovada no período terminal da legislatura, tendo em consideração o tempo necessário à elaboração do decreto-lei e a morosidade, muitas vezes presente, no processo de publicação da resolução em *Diário da República*. Impera aqui, uma vez mais, o princípio da razoabilidade, que deve ser aferido casuisticamente. Se não constitui motivo de constrangimento a concessão de uma autorização legislativa por um período de, por exemplo, um ano, aprovada no início da legislatura, estranho será se a mesma for aprovada nos últimos seis meses do mandato dos Deputados. Uma tal autorização, porque o prazo de vigência por si previsto supera o tempo existente até ao termo da legislatura, deve ser tida como inconstitucional[696].

Por fim, nada na Constituição impede que, antes do decurso do prazo, o Governo solicite à Assembleia Nacional a sua prorrogação, a qual deve ser aprovada igualmente por resolução. Não se deve, porém, utilizar o expediente da prorrogação sucessiva e indefinida dos prazos, sob pena de subversão do instituto.

b) A utilização da autorização pelo Governo

Se é claro que a utilização da autorização determina a sua cessação, dúvidas existem em torno da questão do momento a partir do qual a mesma deve ser considerada utilizada. O texto constitucional não o diz expressamente mas resulta da lógica do funcionamento do instituto que se o Governo usar no prazo devido a autorização para legislar que lhe foi concedida pela Assembleia Nacional, a mesma deixa de ter razão de existir, cessando, por isso. A dificuldade está em definir, face à omissão da Lei Fundamental, a partir de que momento do processo de formação do decreto-lei autorizado se deve considerar exercida a autorização, para efeitos de aferição do seu uso dentro do prazo estabelecido.

Quatro saídas têm sido apontadas pela doutrina:

– A publicação do decreto-lei em *Diário da República*;
– A promulgação do decreto-lei pelo Presidente da República;

---

[696] À mesma conclusão chega EDUARDO VIRGALA FORURIA, *La Delegación Legislativa ...*, *ob. cit.*, pág. 121.

– O momento da recepção do decreto-lei pelo Presidente da República;

– A sua aprovação (definitiva) pelo Conselho de Ministros.

A primeira saída aponta para a consideração do momento da publicação do decreto-lei autorizado em *Diário da República* como a fase procedimental que determina a consumação da utilização da autorização legislativa, isto é, só a partir do momento da publicação se considera a autorização utilizada, devendo considerar-se utilizada fora do tempo aquela que, mesmo que aprovada durante a vigência da resolução de autorização, venha a ser publicada após o termo desse período. Esta posição, defendida por alguns autores, parte do princípio de que só podemos ter a certeza de que existe um decreto-lei perfeito com a sua publicação[697], invocando-se a seu favor o argumento de que só esta permite um objectivo controlo político da data do diploma[698].

Contra esta posição militam dois argumentos de força. Em primeiro lugar, a publicação em *Diário da República* dos diplomas legais é um requisito de eficácia e não um requisito de validade[699]. Não pode, em conformidade, diferir-se a validade do decreto-lei autorizado para o momento em que o mesmo se torna eficaz. Por outro lado, a publicação é um acto estranho ao exercício da autorização legislativa[700], não integra o procedimento legislativo[701].

A segunda saída sugerida pretende considerar como momento fundamental à determinação da utilização da autorização o da sua promulgação pelo Presidente da República. Uma tal posição oferece uma grande desvantagem: coloca à disposição do Presidente da República a definição do momento de uso da autorização e, consequentemente, a sua utilização ou não dentro do prazo previsto. O perigo desta hipótese agudiza nos momen-

---

[697] Assim, por exemplo, EDUARDO VIRGALA FORURIA, *La Delegación Legislativa* ..., *ob. cit.*, págs. 126 e 127.

[698] Cfr. J. J. GOMES CANOTILHO, *Direito Constitucional* ..., *ob. cit.*, 7.ª edição, pág. 769.

[699] No mesmo sentido, ANTÓNIO VITORINO, *Autorizações Legislativas* ..., *ob. cit.*, pág. 257.

[700] Cfr., neste sentido, J. J. GOMES CANOTILHO, *Direito Constitucional* ..., *ob. cit.*, 7.ª edição, pág. 769.

[701] Assim, JORGE MIRANDA, *Manual* ..., *ob. cit.*, tomo V, pág. 316.

tos de maioria presidencial diferente da maioria parlamentar, podendo esta ser uma arma informal bastante forte para que o Presidente da República contrarie a acção governativa. Tudo isto num quadro constitucional em que, de acordo com o artigo 71.º, os decretos-leis não promulgados pelo Presidente da República "são juridicamente inexistentes".

Uma terceira posição, que tenta superar as deficiências da segunda e os inconvenientes das demais, pretende considerar o dia da recepção do decreto-lei autorizado na Presidência da República, "por se verificar aí o enlace da intervenção dos dois órgãos – Governo e Presidente – e por razões pragmáticas de objectividade"[702]. Esta saída visa fundamentalmente acautelar o risco de manipulação das datas dos diplomas pelo Governo, cuja probabilidade é maior se considerarmos o momento da aprovação do diploma pelo Conselho de Ministros como aquele que determina a utilização da autorização legislativa. Face ao direito constitucional angolano e sobretudo com o actual modelo de funcionamento do sistema de governo, porém, este risco não se afasta com a consideração da data da recepção do decreto-lei pela Presidência da República, na medida em que não há, hoje, uma visível separação institucional entre o Presidente da República e o Governo. Aliás, o Conselho de Ministros funciona junto da Presidência da República e é presidido pelo Presidente da República. Não está, por isso, afastado o risco de "antedatar" os diplomas. Esta posição oferece ainda outra desvantagem, na medida em que põe em causa o princípio da irrepetibilidade, segundo o qual a autorização legislativa não pode ser utilizada pelo Governo mais de uma vez. Dito de outro modo, a aceitação da posição da recepção pela Presidência da República implica, face aos referidos elementos característicos do sistema de governo angolano (e do seu funcionamento actual), que aprovado um decreto-lei o Governo possa, antes (e mesmo depois) de o "remeter" ao Presidente da República, revogá-lo e aprovar outro ou alterá-lo fazendo com que a autorização não se extinga com a sua aprovação (tratando-se, obviamente, de utilização definitiva).

---

702 Cfr. JORGE MIRANDA, *Manual ...*, *ob. cit.,* tomo V, pág. 317. Posição igualmente defendida por JAIME VALLE, *A Participação do Governo ...*, *ob. cit.,* pág. 251. Para este último Autor, este momento "é o único que permite um controlo eficaz do respeito pelos limites temporais impostos pela lei de autorização legislativa", precisando, adiante, que "não é tanto a data da recepção pelo Presidente do decreto que deverá ser tida em conta, mas antes a data da recepção definitiva pelo Presidente da República do decreto".

Defendemos, por isso, ser o momento da aprovação em Conselho de Ministros aquele que deve ser tido em conta para efeitos de determinação do momento de utilização da autorização[703-704]. Embora o processo de elaboração do decreto-lei autorizado não se esgote com a sua aprovação (definitiva), é este (o acto de aprovação) o último acto do Governo neste domínio. Com a aprovação do decreto-lei o Governo cumpre com o seu "ónus" de legislar decorrente da autorização. Os subsequentes são ou extra Governo ou extra exercício da função legislativa, não podendo deles depender a determinação do momento de utilização da autorização legislativa.

Para além do problema da definição do momento a partir do qual se considera exercida a competência legislativa autorizada, é preciso, por outro lado, ter em conta a possibilidade de utilização parcelada da autorização. Com efeito, embora o texto constitucional não o refira expressamente, parece-nos aceitável que tal aconteça. Para tanto, é necessário que os diferentes decretos-leis sejam aprovados dentro do prazo, sobre matéria expressamente autorizada e não se sobreponham uns aos outros, sob pena de violação do princípio da irrepetibilidade[705].

c) A revogação da autorização pela Assembleia Nacional

Antes do decurso do prazo de validade fixado para a autorização, pode ocorrer a cessação da respectiva vigência, em consequência de revogação da resolução. A Constituição não o refere expressamente mas é, parece-nos, a conclusão lógica. Se a Assembleia Nacional tem poderes para conceder a autorização legislativa ao Governo, e a mesma não significa renúncia ou transferência temporária da sua competência legislativa,

---

[703] Aliás, JORGE MIRANDA reconhece que "em rigor, deveria ser o da aprovação em Conselho de Ministros"; cfr. *Manual ...*, *ob. cit.*, tomo V, pág. 317. Esta posição é igualmente partilhada por ISALTINO MORAIS, JOSÉ MÁRIO DE ALMEIDA e RICARDO LEITE PINTO, *Constituição ...*, *ob. cit.*, pág. 331; ANTÓNIO VITORINO, *Autorizações Legislativas ...*, *ob. cit.*, págs. 258 e 259.

[704] Posição igualmente defendida entre nós por CARLOS FEIJÓ, *O Sistema de Actos Legislativos ...*, *ob. cit.*, pág. 34. Para este Autor, não parece "lícito atribuir ao Governo responsabilidades por atrasos de um processo posterior a aprovação".

[705] Cfr. J. J. GOMES CANOTILHO e VITAL MOREIRA, *Constituição ...*, *ob. cit.*, 3.ª edição, pág. 680.

deve igualmente tê-los para revogar, a todo o tempo, o seu acto de autorização.

Quanto ao objecto, a revogação incide sobre o acto de autorização. É necessário, pois, que este esteja ainda em vigor. Por falta de objecto não é possível a revogação de uma autorização legislativa:

– Se o decreto-lei autorizado já tiver sido aprovado;
– Se já tiver decorrido o seu período de vigência; ou
– Quando a resolução tenha caducado por qualquer uma das causas prevista na Constituição.

Quanto à forma, há que ter em conta duas modalidades de revogação. A revogação tanto pode resultar de uma expressa manifestação de vontade da Assembleia Nacional, como pode resultar tacitamente de algum acto parlamentar. No primeiro caso, a revogação diz-se expressa e deve ser aprovada, em obediência ao princípio do paralelismo de forma, mediante resolução, podendo ser total ou parcial.

Por outro lado, a Assembleia Nacional não está impedida de legislar sobre as matérias que constituem objecto da autorização no seu período de vigência. Não estando neste período comprimida a competência legislativa parlamentar, a Assembleia Nacional pode, ao invés de revogar expressamente o seu acto autorizante, legislar sobre a mesma matéria autorizada. Em tal caso deve entender-se ter sido tacitamente revogada a autorização[706]. É ainda fundamental, contudo, que o acto legislativo parlamentar que determina a revogação tácita da autorização cubra, na sua totalidade o âmbito material autorizado. A revogação tácita pode ser parcial ou total, consoante incida sobre parte ou sobre a totalidade do âmbito material autorizado[707].

A revogação determina o termo de vigência da autorização antes de esgotado o período por si previsto. Pode ainda acontecer, fora do âmbito

---

[706] Neste sentido, entre outros, FEZAS VITAL, *Autorizações Legislativas* ..., *ob. cit.,* págs. 583 ss; JORGE MIRANDA, *Manual* ..., *ob. cit.,* tomo V, pág. 318; J. J. GOMES CANOTILHO, *Direito Constitucional* ..., *ob. cit.,* 7.ª edição, pág. 770; IGNACIO DE OTTO, *Derecho Constitucional* ..., *ob. cit.,* págs. 188 e 189; CARLOS BLANCO DE MORAIS, *Curso de Direito Constitucional* ..., *ob. cit.,* pág. 355 e ANTÓNIO VITORINO, *Autorizações Legislativas* ..., *ob. cit.,* págs. 217 e 218.

[707] Cfr., neste sentido, ANTÓNIO VITORINO, *Autorizações Legislativas* ..., *ob. cit.,* págs. 218-221.

da revogação, uma modificação dos termos da autorização, estando esta sujeita ao regime da revogação. Nada impede, por maioria de razão, que no decurso da autorização legislativa decida a Assembleia Nacional modificar (ou mesmo suspender) os termos da autorização legislativa, alterando, por exemplo, o seu sentido ou a sua extensão. Em tal caso, as alterações vinculam os actos legislativos autorizados futuros que venham a ser emitidos pelo Governo, sendo estes inconstitucionais ou ilegais caso não respeitem os novos limites fixados[708].

d) A caducidade da autorização

Por fim, as autorizações legislativas cessam ainda por caducidade. De acordo com o n.° 2 do artigo 91.°, a caducidade ocorre por três razões:

– Demissão do Governo;
– Termo da legislatura; e
– Dissolução da Assembleia Nacional.

Subjacente a qualquer uma das causas da caducidade está o facto de a relação de autorização que se estabelece entre a Assembleia Nacional e o Governo ser uma relação de confiança política, de certa Assembleia para certo Governo, vistos enquanto órgãos institucionais e objectivos, e não compreendidos em termos subjectivos.

A demissão do Governo pode ocorrer por qualquer uma das causas referidas no artigo 118.°. São elas: o termo da legislatura, a eleição de um novo Presidente da República, a demissão do Primeiro-Ministro, a aceitação pelo Presidente da República do pedido de demissão apresentado pelo Primeiro-Ministro, a aprovação de uma moção de censura ao Governo e a não aprovação de um voto de confiança ao Governo. A questão da demissão do Governo foi vista aquando da análise do nosso sistema de Governo[709]. Cumpre aqui realçar apenas a influência que tem o mandato do Presidente da República, não sendo este um dos sujeitos da relação de autorização, para a estabilidade dessa relação que se estabelece entre o Parlamento e o Governo, a qual resulta essencialmente do facto de ser ao

---

[708] No mesmo sentido, CARLOS BLANCO DE MORAIS, *Curso de Direito Constitucional ..., ob. cit.,* pág. 356.

[709] Cfr. supra Parte I, 2.3.3.1.2.

Presidente da República que compete presidir às sessões do Conselho de Ministros.

Por outro lado, o termo da legislatura, que é também uma das causas da demissão do Governo, rompe igualmente com a relação fiduciária entre os sujeitos da relação de autorização. Nos termos do artigo 96.°, cada legislatura compreende quatro sessões legislativas à razão de uma por ano. Ao fim de quatro anos termina o mandato dos deputados à Assembleia Nacional, havendo lugar à novas eleições legislativas da qual resulta um novo Parlamento, um novo sujeito para a relação de confiança política com o Governo, também ele novo.

Finalmente, as autorizações legislativas caducam com a dissolução da Assembleia Nacional. Em primeiro lugar, porque dissolvido o Parlamento as suas funções são exercidas, até à primeira reunião da Assembleia resultante das eleições legislativas antecipadas, pela Comissão Permanente da Assembleia Nacional, a qual, como já dissemos, não tem competência (nem representatividade) para conceder ao Governo autorizações legislativas (artigos 95.°, n.° 3 e 102.°) nem para, por exemplo, apreciar o decreto-lei aprovado no âmbito da autorização concedida pela Assembleia dissolvida. Mais importante do que isto é mesmo o facto de haver uma alteração na relação fiduciária entre os sujeitos intervenientes. Esta alteração incide, não apenas em relação ao Parlamento, mas em relação a ambos, na medida em que a dissolução da Assembleia Nacional implica o termo da legislatura e esta, por sua vez, para além de dar lugar à caducidade da autorização, provoca a demissão do outro sujeito, o Governo. A autorização legislativa não sobrevive perante a morte de um Governo ou de um Parlamento, nem ressuscita com o nascimento de outro Governo ou de outro Parlamento.

2.8. MOMENTOS DA COMPETÊNCIA AUTORIZADA FACE À AUTORIZAÇÃO LEGISLATIVA

Vistos de ambos os pólos da relação, face à autorização legislativa, a competência legislativa autorizada varia consoante seja analisada antes da entrada em vigor da autorização, na vigência da autorização ou após a cessação da sua vigência.

Antes da entrada em vigor da resolução que aprova a concessão da autorização legislativa, a competência legislativa sobre as matérias constantes do artigo 90.° é uma competência de ambos, mas de exercício reservado à Assembleia Nacional. O Governo já a possui, mas está impedido de a exercer, até que lhe seja concedida a referida autorização.

Durante a vigência da autorização, a Assembleia Nacional mantém integralmente a sua competência, ou seja, não perde nem a titularidade nem o exercício. Contudo, o seu exercício deixa de estar reservado ao Parlamento, passando também para o Governo. Neste momento, a competência deixa de ser de exercício reservado da Assembleia Nacional e passa a ser de exercício concorrencial entre o Parlamento e o Governo.

Após a cessação da vigência da autorização, o Governo perde a faculdade de exercício da competência, voltando esta a ser de exercício reservado para a Assembleia Nacional e dependente para a Governo.

2.9. AS AUTORIZAÇÕES LEGISLATIVAS ORÇAMENTAIS E SUA INADMISSIBILIDADE NO DIREITO CONSTITUCIONAL ANGOLANO

Tratamento especial tem merecido ao nível da doutrina a questão das autorizações legislativas conferidas na lei do Orçamento Geral do Estado. Vejamos os seus contornos à luz do direito constitucional angolano.

De alguns anos para cá tem sido prática entre nós a aprovação de autorizações legislativas em matéria fiscal enxertadas na lei que aprova o Orçamento Geral do Estado. Faz todo o sentido, por isso, que comecemos por discutir a sua admissibilidade.

2.9.1. A inadmissibilidade formal

A LCA não prevê as autorizações legislativas orçamentais. Como tal, não as proíbe, mas também não as permite. Face a esta omissão, deve entender-se, como é regra em direito público, que a inexistência de proibição de certo comportamento não implica a sua permissão. Como refere PAULO OTERO, o facto de (...) a Constituição em sentido instrumental nada referir quanto à admissibilidade de inserção de autorizações legislativas em leis orçamentais não pode significar, por si, a validade de tal comportamento[710].

---

[710] Cfr. PAULO OTERO, *Autorizações Legislativas e Orçamento do Estado*, "O Direito", 1992, pág. 274.

Por outro lado, o regime constitucional das autorizações legislativas é incompatível com a existência de autorizações legislativas orçamentais. Resulta do regime actualmente previsto que as autorizações legislativas são actos normativos autónomos dos demais actos normativos da Assembleia Nacional. Desde logo, e fundamentalmente, porque a forma prevista para a prática do acto de autorização é diferente da prevista para a aprovação da lei que aprova o Orçamento Geral do Estado (OGE). O primeiro é aprovado mediante resolução ao passo que a segunda é aprovada mediante lei. Daí resultam várias consequências cuja importância não deve ser negligenciada.

Em primeiro lugar, o formalismo para a aprovação de uma autorização legislativa é diferente do seguido para aprovar a Lei do OGE.

Em segundo lugar, e por consequência, os momentos de finalização procedimental desses dois actos são diferentes. Ou seja, sendo as autorizações legislativas aprovadas por resolução, o seu procedimento culmina no âmbito exclusivamente parlamentar, com a sua aprovação. Já as leis precisam, após a aprovação parlamentar, de intervenção presidencial. Permitir que as autorizações legislativas sejam aprovadas por lei (do OGE) é subverter a pretensão do legislador, na medida em que torna a sua validade dependente da intervenção presidencial.

Por fim, a admissão da aprovação de autorizações legislativas por lei (do OGE) subverte ainda a Constituição, pois, contrariamente à pretensão do legislador, abre a possibilidade de as mesmas serem vetadas pelo Presidente da República ou submetidas à apreciação preventiva da constitucionalidade, nos termos do artigo 154.º. Ao consagrar a aprovação das autorizações legislativas por resolução (conscientemente, presume-se), pretendeu o constituinte evitar submete-las, antes da sua entrada em vigor, ao controlo político do Presidente da República (através do veto) e ao controlo preventivo da constitucionalidade pelo Tribunal Constitucional, mediante solicitação daquele.

2.9.2. A inadmissibilidade material

Por outro lado, a aceitação das autorizações legislativas orçamentais impõe, do ponto de vista material, uma reflexão sobre o seu regime jurídico, tendo em conta as suas particularidades. Antes de mais, o facto de essas autorizações legislativas não serem autónomas deixa-as vinculadas, em muitos aspectos, ao regime da lei em que se inserem, e não ao regime das autorizações legislativas ordinárias[711]. Daí resultam outros problemas.

Não havendo previsão constitucional específica não se consegue acolhimento ao nível da lei fundamental para as respostas apresentadas fruto das exigências do "regime especifico". São elas[712]:

- A autorização legislativa não poderia ser revogada, salvo através de alteração à própria lei do orçamento;
- Durante a vigência da autorização legislativa, a Assembleia da República (Assembleia Nacional, em Angola) veria precludida a sua competência sobre as matérias objecto de autorização;
- A autorização legislativa só poderia ser concedida sobre matérias relacionadas com o orçamento;
- A utilização da autorização assumia natureza obrigatória para o Governo;
- A iniciativa de tais autorizações legislativas competiria ao Governo e também aos deputados e aos grupos parlamentares;
- A demissão do Governo ou a dissolução da Assembleia da República não determinaria a caducidade da autorização, nem seria impedimento para que esta fosse concedida; e
- A duração temporal da autorização legislativa estava dependente da vigência do orçamento.

Concluindo, a aceitação das autorizações legislativas orçamentais no direito constitucional angolano apenas pode ser feita mediante a definição de um regime específico, e não pela sua submissão ao regime geral, nomeadamente quanto à caducidade da autorização, pois estas apenas caducariam no final do ano económico a que respeitam, independentemente das vicissitudes políticas por que passem o Governo e a Assembleia Nacional[713]. Tal saída, contudo, não encontra acolhimento constitucional.

---

[711] Defendendo um regime especial aplicável às autorizações legislativas, J. M. CARDOSO DA COSTA, *Sobre as Autorizações Legislativas da Lei do Orçamento*, Estudos em Homenagem ao Prof. Doutor J. J. Teixeira Ribeiro, III, Coimbra, 1983.

[712] Seguindo a enunciação apresentada por PAULO OTERO na análise crítica que faz ao respeito da admissibilidade das autorizações legislativas orçamentais em Portugal antes da revisão constitucional de 1989; cfr. *Autorizações Legislativas ...*, *ob. cit.*, pág. 277.

[713] Assim, J. J. GOMES CANOTILHO e VITAL MOREIRA, *Constituição ...*, *ob. cit.*, 3.ª edição, pág. 680.

As Autorizações Legislativas e o Controlo Parlamentar do Dec.-Lei Autorizado

Face ao exposto, somos a concluir pela inconstitucionalidade das autorizações legislativas orçamentais no direito constitucional angolano[714]. *De iure condendo*, porém, admitimos ser a inclusão de autorizações legislativas em matéria fiscal no orçamento a melhor solução. É necessário, para tal, como já referimos, que as autorizações legislativas passem a ser aprovadas por lei e não por resolução. A permissão constitucional expressa de autorizações legislativas nas leis orçamentais justifica-se, desde logo, por razões de economia de meios, na medida em que permite maior rapidez e eficiência na execução orçamental, qualidades difíceis de assegurar se o Governo estiver sujeito à morosidade procedimental parlamentar para a adopção de medidas natureza fiscal[715].

Por outro lado, o próprio equilíbrio orçamental pode ser posto em causa caso a solicitação de autorizar para legislar seja recusada ou aprovada em termos diferentes dos pretendidos pelo Governo. Como defende JORGE MIRANDA, "o facto é que devendo tal lei ser a expressão dum quadro global e coerente da política financeira para o ano económico, é essencial que dela constem – sob pena de o quadro ficar irremediavelmente incompleto – as orientações fundamentais a prosseguir em matérias de política de receitas, e mais concretamente em matéria de política fiscal. Sobre tais orientações há-de o Parlamento pronunciar-se – para assumi-las ou não – em conjunto com os restantes aspectos do programa financeiro, já que só nessas condições ele emitirá acerca deste programa o juízo e a decisão globais que são da sua competência"[716].

Finalmente, tal solução justifica-se ainda pelo facto de a "definição do sistema fiscal e criação de impostos" ser matéria de competência legislativa relativa da Assembleia Nacional (artigo 90.°, alínea f)). Sendo a lei que aprova o OGE uma autorização para a cobrança de impostos, não é admissível a cobrança de receitas sem o devido cabimento orçamental.

---

[714] À mesma conclusão chegavam, em Portugal, J. J. GOMES CANOTILHO e VITAL MOREIRA antes da revisão constitucional de 1989; cfr. *Constituição* ..., *ob. cit.*, 3.ª edição, pág. 680. Para PAULO OTERO, antes da revisão constitucional de 1989 a prática constitucional das autorizações legislativas orçamentais "se revelava inadmissível", assumindo a natureza de "costume *contra constitutionem*"; cfr. *Autorizações Legislativas* ..., *ob. cit.*, pág. 275.

[715] Cfr., para mais, ANTÓNIO LOBO XAVIER, *Enquadramento Orçamental em Portugal: alguns problemas*, Revista de Direito e Economia, 1983, pág. 244.

[716] Cfr. *Funções* ..., *ob. cit.*, pág. 484.

3. SÍNTESE CONCLUSIVA

A análise feita em torno do regime constitucional das autorizações legislativas permite-nos chegar às seguintes conclusões:

a) Quanto à sua natureza, as autorizações legislativas não se reduzem a leis meramente formais, na medida em que os seus efeitos são independentes do decreto-lei autorizado, embora as suas normas sejam formuladas para serem aplicadas juntamente com este;

b) A Assembleia Nacional é sempre o titular primário do poder legislativo sobre todas as matérias, incluindo as referidas no artigo 90.°. Exceptuam-se as matérias referentes à composição, organização e funcionamento do Governo, em relação às quais este tem competência exclusiva;

c) A Lei Constitucional permite a intervenção do Governo sobre as matérias do artigo 90.°, mediante e nos termos da respectiva autorização legislativa parlamentar;

d) A autorização legislativa não implica, contudo, uma recusa por parte da Assembleia Nacional do exercício das suas funções constitucionais, nem tão-pouco significa uma transferência da função legislativa;

e) O acto autorizado qualifica-se como o exercício de um poder próprio do Governo, indiscutivelmente distinto do titulado pela Assembleia Nacional. Ao aprovar um decreto-lei autorizado o Governo exerce uma competência sua e não da Assembleia Nacional;

f) A competência legislativa governamental sobre as matérias referidas no artigo 90.° é uma competência condicionada no seu exercício, estando a sua validade subjectiva dependente da existência de autorização parlamentar;

g) Os sujeitos da relação de autorização legislativa são, no direito constitucional angolano, a Assembleia Nacional e o Governo;

h) As autorizações legislativas devem ser aprovadas por um Parlamento na plenitude das suas funções;

i) Para que possa solicitar ou receber autorização para legislar, o Governo precisa igualmente de estar no pleno exercício das suas funções;

As Autorizações Legislativas e o Controlo Parlamentar do Dec.-Lei Autorizado 273

j) Não são permitidas sub-autorizações legislativas;
k) A relação que se estabelece para esse efeito entre a Assembleia Nacional e o Governo é fiduciária, funciona *intuitu personae*;
l) A aprovação das autorizações legislativas encontra-se dependente da iniciativa do Governo, a qual deve ser tida como exclusiva;
m) As autorizações legislativas são aprovadas mediante resolução. Daí resulta que o Presidente da República não tem poderes constitucionais de interferência (pelo menos formalmente) na conclusão do processo de autorização legislativa;
n) Sendo aprovadas por resolução da Assembleia Nacional, as autorizações legislativas não estão sujeitas à promulgação do Presidente da República nem, por consequência, ao exercício do direito de veto. Não estão igualmente sujeitas à fiscalização preventiva da constitucionalidade;
o) As autorizações legislativas devem ser explícitas e autónomas;
p) A limitação temporal das autorizações legislativas é um imperativo do constitucionalismo moderno, sendo um dos requisitos chave para impedir a sua degeneração em transmissão de plenos poderes legislativos ao Governo;
q) As resoluções que concedem ao Governo autorização para legislar devem especificar de modo claro e determinado a sua duração. São contrárias ao espírito da Constituição as autorizações concedidas por tempo indeterminado;
r) As autorizações legislativas devem ainda especificar o seu objecto, o seu sentido e a sua extensão;
s) Só pode haver autorização legislativa no domínio da competência legislativa, especificamente em relação às matérias constantes do artigo 90.°;
t) A definição do sentido da autorização impõe ao Parlamento o estabelecimento de princípios ou directrizes que devem conduzir a actuação do Governo;
u) A extensão da autorização diz respeito à sua amplitude. A Assembleia Nacional deve, por isso, especificar os aspectos da matéria objecto de autorização sobre os quais vão incidir as alterações;
v) As autorizações legislativas determinam a habilitação governamental precária para exercício de uma competência constitucional, mas não impõe ao Governo um dever quanto à oportunidade de emitir ou não actos legislativos autorizados;

w) A autorização legislativa transforma a competência legislativa relativamente reservada do Parlamento em competência concorrencial ou cumulativa, e não alternada, entre este e o Governo;

x) As autorizações legislativas não vigoram *ad eternum*. São causas de cessação das autorizações o decurso do tempo, a completa utilização da autorização pelo Governo (utilização definitiva), a revogação da autorização e a caducidade;

y) O não uso da autorização legislativa dentro do prazo por ela definido determina a sua cessação;

z) Determina ainda a cessação da autorização a sua completa utilização pelo Governo dentro do prazo estabelecido;

aa) Nada obsta à utilização parcelada da autorização legislativa;

bb) Para efeitos de determinação do momento a partir do qual se dá por usada a autorização deve ser considerado o momento da aprovação do decreto-lei pelo Conselho de Ministros;

cc) Antes do decurso do prazo de validade, a vigência da autorização legislativa pode ainda cessar mediante revogação da resolução;

dd) A revogação pode ser feita de modo expresso ou tácito;

ee) São causas da caducidade da autorização a demissão do Governo, o termo da legislatura e a dissolução da Assembleia Nacional; e

ff) As autorizações legislativas orçamentais são, no direito constitucional angolano, inconstitucionais.

CAPÍTULO II
Controlo Parlamentar do Decreto-Lei Autorizado

SECÇÃO I
Controlo Parlamentar do Decreto-Lei Autorizado
no Direito Comparado

1. O CONTROLO PARLAMENTAR DO DECRETO-LEI AUTORIZADO EM PORTUGAL

1.1. A CONFIGURAÇÃO CONSTITUCIONAL DA APRECIAÇÃO PARLAMENTAR DO DECRETO-LEI AUTORIZADO

Na sua versão originária, a Constituição portuguesa de 1976, confirmando o princípio do primado da competência legislativa da Assembleia da República, reafirmou o regime da ratificação[717] de decretos-leis previsto pela Constituição de 1933[718], nos termos do qual todos os decretos-

---

[717] Para JORGE MIRANDA, o conceito de ratificação "deve ser encarado à luz dos problemas próprios do sistema de governo, das relações entre os órgãos e do valor dos actos constitucionais", devendo distinguir-se ratificação como sanação, ratificação como confirmação e ratificação como fiscalização. Na primeira, convalida-se o acto, afastando a inconstitucionalidade ou a ilegalidade que o inquina e tornando-o, mesmo retroactivamente, insusceptível de arguição. Na segunda, um órgão diferente daquele que pratica o acto ratificando manifesta uma vontade de sentido idêntico, confirmando-o, e se a ratificação não se verificar até certo prazo, porventura o acto caduca. Na terceira, faz-se uma apreciação essencialmente ditada por razões de oportunidade e de conveniência, mas que só afecta o acto quando de sinal contraditório, e a validade ou a eficácia dele não dependem dessa apreciação, a qual só pode realizar-se verificados determinados requisitos; cfr. *A Ratificação no Direito Constitucional Português*, Estudos Sobre a Constituição, III, ..., *ob. cit.*, págs. 597 e 598.

[718] Para uma breve referência aos regimes da ratificação antes da Constituição

leis do Governo estavam sujeitos à ratificação parlamentar, excepto os aprovados no âmbito de matérias da sua competência legislativa exclusiva[719]. No regime do então artigo 172.°[720], o procedimento da ratificação variava consoante se tratasse de decretos-leis publicados durante o funcionamento da Assembleia da República ou decretos-leis publicados fora desse funcionamento ou no uso de autorizações legislativas. No caso dos primeiros, considerava-se concedida a ratificação se a mesma não fosse requerida, por pelo menos cinco deputados, nas primeiras quinze reuniões posteriores à publicação do diploma. Fora do período de funcionamento da Assembleia da República ou no uso de autorizações legislativas, os decretos-leis publicados consideravam-se ratificados se, nas primeiras cinco reuniões posteriores à sua publicação, um mínimo de vinte deputados não requeressem a sua ratificação. É o que a doutrina portuguesa designa por ratificação tácita[721].

A revisão constitucional efectuada em 1982 introduziu consideráveis alterações ao regime do instituto. Para além de acabar com a distinção entre decretos-leis publicados no período de funcionamento da Assembleia da República e decretos-leis publicados fora desse período ou no uso de autorização legislativa, provocou o abandono da diferenciação entre ratificação expressa e ratificação tácita, passando a falar-se em recusa de

---

portuguesa de 1976 cfr., entre outros, JORGE MIRANDA, *A Ratificação* ..., *ob. cit.*, págs. 598-605; LUÍS NUNES DE ALMEIDA, *O Problema da Ratificação Parlamentar de Decretos-Leis Organicamente Inconstitucionais*, Estudos Sobre a Constituição, III, ..., *ob. cit.*, págs. 619-621.

[719] Para RUI CHANCERELLE DE MACHETE, "todos dos decretos-leis do Governo, salvo os publicados no exercício da sua competência exclusiva, têm uma eficácia provisória, a qual só se transforma em definitiva quando se dá a aprovação"; cfr. *Ratificação de Decretos-Leis Organicamente Inconstitucionais*, Estudos Sobre a Constituição, I, ..., *ob. cit.*, pág. 284. Esta posição é contrariada por JORGE MIRANDA, para quem os decretos-leis "estão, por certo, pendentes de condição; porém, não de condição suspensiva, e sim de condição resolutiva. Não há uma situação de incerteza ou de incompleição que apenas acabe com a ratificação, mas uma situação de plena certeza e perfeição jurídica na qual pode sobreviver a não ratificação, que nunca é retroactiva"; cfr. *Manual* ..., *ob. cit.*, tomo V, págs. 335 e 336.

[720] Que estabelecia, no dizer de J. J. GOMES CANOTILHO, "uma disciplina pouco exigente relativamente a certos aspectos do procedimento ratificativo (ex.: ratificação tácita)"; cfr. *Direito Constitucional* ..., *ob. cit.*, 7.ª edição, págs. 797 e 798.

[721] Cfr., por exemplo, JORGE SIMÃO, *Da Ratificação dos Decretos-Leis*, Cognitio, 1984, pág. 17.

As Autorizações Legislativas e o Controlo Parlamentar do Dec.-Lei Autorizado 277

ratificação, estabeleceu a impossibilidade de publicação de decretos-leis objecto de recusa de ratificação na mesma sessão legislativa, bem como esclareceu o regime da suspensão em caso de apresentação de propostas de alteração.

A revisão constitucional de 1989, por sua vez, introduziu no instituto das ratificações dos decretos-lei "alterações restritivas"[722]. Por um lado, a suspensão passa a abranger apenas os decretos-leis aprovados no uso de autorizações legislativas. Por outro, a suspensão caduca se a Assembleia da República não se pronunciar nas dez reuniões plenárias subsequentes à publicação.

Por fim, a revisão constitucional de 1997 veio, por um lado, substituir a expressão *ratificação* por *apreciação parlamentar de actos legislativos* e *recusa de ratificação* por *cessação de vigência* e, por outro, alterou o prazo para requerer a apreciação dos decretos-leis, passando esta a dever fazer-se nos trinta dias subsequentes à publicação, descontados os períodos de suspensão de funcionamento da Assembleia da República, ao invés de nas dez primeiras reuniões plenárias subsequentes à publicação.

1.2. O OBJECTO DA APRECIAÇÃO PARLAMENTAR

No que respeita à competência legislativa do Governo, a qual deve ser exercida por decreto-lei, permite a Constituição que a mesma seja politicamente fiscalizada pela Assembleia da República.

Há, no entanto, que distinguir duas realidades: os decretos-leis aprovados no âmbito da competência legislativa exclusivamente reservada ao Governo nos domínios da sua organização e funcionamento e os decretos-leis aprovados fora desse âmbito material. Nos termos dos artigos 162.º, alínea c) e 169.º, n.º 1, são passíveis de apreciação parlamentar, para efeitos de cessação de vigência ou de alteração, todos os decretos-leis do Governo, excepto os aprovados no exercício da sua competência legislativa exclusiva. Ou seja, só os decretos-leis sobre a organização e o funcionamento do Governo são insusceptíveis de apreciação parlamentar. Todos os outros, aprovados no uso de autorização legislativa, no uso de compe-

---

[722] Neste sentido, JORGE MIRANDA, *Manual ..., ob. cit.,* tomo V, pág. 330.

tência legislativa complementar[723] ou no domínio da competência concorrencial estão sujeitos à apreciação parlamentar.

Prima facie, a faculdade de apreciação dos decretos-leis incide apenas sobre o exercício da função legislativa do Governo. O que dizer dos decretos-leis com conteúdo materialmente administrativo? São ou não passíveis de apreciação parlamentar?

A doutrina portuguesa diverge quanto à resposta. Por um lado encontramos os *formalistas*, para quem a sujeição ou não à apreciação parlamentar depende da fisionomia dada ao acto pelo seu autor, não havendo fundamento para excluir do âmbito de aplicação do artigo 169.° os decretos-leis que incorporem actos administrativos. Toda a matéria tratada num decreto-lei é passível de apreciação parlamentar. Para J. J. GOMES CANOTILHO e VITAL MOREIRA, "o poder da AR não depende da natureza normativa do decreto-lei, bastando-se com a sua natureza legislativa formal. Nenhum outro limite existe"[724].

Esta posição tem sido criticada por, por um lado, pretender submeter o mesmo acto do poder político simultaneamente aos regimes dos actos legislativos e dos actos administrativos[725] e, por outro, por consequência, implicar a violação do princípio da separação de poderes, na medida em que permite à Assembleia da República participar no exercício da função administrativa[726]. De acordo com esta perspectiva, os decretos-leis com conteúdo materialmente administrativos não são passíveis de apreciação parlamentar para efeitos de cessação de vigência ou de alteração.

Uma postura "menos radical" é proposta por JORGE MIRANDA, que admite a apreciação apenas para efeitos de cessação de vigência e não para efeitos de alteração. Em seu entender, a solução passa por "admitir a possibilidade de apreciação pela Assembleia (...) não sem a faculdade de recusa ou de suspensão; mas não admitir a possibilidade de emendas". Esta seria, para si, "a contrapartida adequada da disponibilidade conferida ao Governo de escolher entre diferentes formas dos seus actos administra-

---

[723] A sujeição dos decretos-leis de desenvolvimento de leis de bases à apreciação parlamentar para efeitos de cessação de vigência ou de alteração não é pacificamente aceite; cfr., para mais, JAIME VALLE, *A Participação ...*, *ob. cit.*, págs. 269 e 270.

[724] Cfr. *Constituição ...*, *ob. cit.*, pág. 696.

[725] Neste sentido, CARLOS BLANCO DE MORAIS, *As Leis Reforçadas ...*, *ob. cit.*, pág. 136.

[726] Neste sentido, PAULO OTERO, *O Poder de Substituição ...*, *ob. cit.*, II, pág. 628.

As Autorizações Legislativas e o Controlo Parlamentar do Dec.-Lei Autorizado   279

tivos – uma contrapartida razoável no plano da interdependência dos dois órgãos de soberania e que viria, no limite, a servir de elemento político dissuasor da utilização da forma de decreto-lei"[727].

A apreciação abrange não apenas os decretos-leis em vigor, mas também aqueles que ainda não começaram a produzir os seus efeitos por, apesar de já publicados, possuírem um período de *vacatio legis*.

1.3. O PROCEDIMENTO CONSTITUCIONAL DA APRECIAÇÃO PARLAMENTAR

Nos termos do n.º 1 do artigo 169.º, a iniciativa para requerer a apreciação parlamentar dos decretos-leis é exclusiva dos Deputados, num número mínimo de dez. Não têm poder de iniciativa os Grupos Parlamentares, os grupos de cidadãos eleitores, nem o Governo.

No domínio dos decretos-leis elaborados no uso de autorizações legislativas podem ser apresentadas propostas de alteração. Neste caso, de acordo com o n.º 2 do artigo 169.º, pode a Assembleia da República determinar a suspensão, total ou parcial, da vigência do decreto-lei em apreciação. A suspensão é temporalmente limitada, podendo ir até à publicação da lei que o vier alterar ou até à rejeição de todas as propostas.

Decorridas dez sessões plenárias da Assembleia da República sem que esta se tenha pronunciado ou procedido à votação final, caduca a suspensão (artigo 169.º, n.º 3).

O processo de apreciação parlamentar é igualmente susceptível de caducar. Tal pode acontecer se até ao termo da sessão legislativa em curso, e desde que decorridas quinze reuniões plenárias, a Assembleia da República não se tiver pronunciado ou, tendo deliberado introduzir emendas, não tiver votado a respectiva lei (artigo 169.º, n.º 5).

Os processos de apreciação dos decretos-leis gozam de prioridade (artigo 169.º, n.º 6), devendo a cessação de vigência revestir a forma de resolução (artigo 169.º, n.º 4). Já o acto que aprova as alterações aos decretos-leis assume a forma de lei (artigo 169.º, n.º 2).

---

[727] *Manual ..., ob. cit.,* tomo V, págs. 338 e 339.

1.4. Os efeitos da apreciação parlamentar

Nos termos do n.° 4 do artigo 169.°, se o Parlamento aprovar a cessação de vigência, o decreto-lei afectado deixa de vigorar desde o dia em que a resolução for publicada no *Diário da República*, não podendo voltar a ser publicado no decurso da mesma sessão legislativa[728]. Esta proibição acaba por ser, na prática, relativa, na medida em que o Governo não fica impedido de apresentar uma proposta de lei ao Parlamento com o mesmo conteúdo.

Noutro domínio, importa analisar a questão de saber se a cessação de vigência do decreto-lei determina ou não a repristinação das normas por si revogadas. A Constituição é omissa quanto à questão. Em sentido positivo posiciona-se J. J. Gomes Canotilho baseado "na ideia de não primariedade normativa do Governo e de provisoriedade dos decretos-leis até à verificação da condição resolutiva de aprovação da cessação de vigência"[729].

Em sentido contrário, Jorge Miranda entende não ser plausível defender a repristinação automática, tendo em conta o sentido do veto resolutivo do instituto e a produção de efeitos da recusa apenas a partir do dia da publicação da correspondente resolução[730-731]. Nada impede, porém, que a Assembleia da República determine a repristinação das normas revogadas pelo decreto-lei cuja vigência cessou, podendo fazê-lo mediante lei autónoma.

A aprovação da cessação de vigência tem efeitos *ex nunc*. Tal solução visa evitar situações de incerteza. Pode a Assembleia da República, contudo, mediante lei autónoma, depois de publicada a resolução de cessação de vigência, neutralizar retroactivamente os efeitos produzidos por um decreto-lei recusado, desde que este incida sobre um domínio passível de retroactividade[732].

---

[728] Esta solução é criticada por Jaime Valle, para quem "teria sido mais ajustado (…) ter estendido a proibição de reiteração ao termo da legislatura ou, pelo menos, ao termo da sessão legislativa seguinte"; cfr. *A Participação ..., ob. cit.*, pág. 284.

[729] *Direito Constitucional ..., ob. cit.*, 7.ª edição, págs. 800 e 801.

[730] *Manual ..., ob. cit.*, tomo V, pág. 343.

[731] No mesmo sentido, Jaime Valle, *A Participação ..., ob. cit.*, pág. 286.

[732] Assim, J. J. Gomes Canotilho, *Direito Constitucional ..., ob. cit.*, 7.ª edição, pág. 800 e Jorge Miranda, *Manual ..., ob. cit.*, tomo V, pág. 344.

2. O CONTROLO PARLAMENTAR DA LEI DELEGADA NO BRASIL

A Constituição brasileira permite ao Congresso Nacional exercer um controlo político sobre as leis delegadas. Este controlo pode ser efectivado em dois momentos diferentes: por um lado, o controlo pode ser feito de modo preventivo e, por outro lado, pode fazer-se ainda um controlo sucessivo.

2.1. O CONTROLO POLÍTICO PREVENTIVO

O controlo preventivo efectiva-se antes de o acto normativo delegado começar a produzir os seus efeitos e pode ser feito de duas formas:

a) Definição dos limites da lei delegada

Em primeiro lugar, impondo a Constituição brasileira o *conteúdo mínimo* das delegações legislativas, nomeadamente a obrigatoriedade destas fixarem o objecto e os termos da delegação, está, por via da resolução que concede a delegação legislativa, a exercer um controlo preventivo sobre a lei delegada.

b) Apreciação do projecto de lei delegada pelo Congresso Nacional

Por outro lado, como já referimos, há duas modalidades de delegações no direito constitucional brasileiro: as típicas e as atípicas. No primeiro caso, o Parlamento aprova a delegação legislativa a favor do Presidente da República sem reservar para si o direito de apreciação do projecto de lei delegada. Não há aqui um controlo parlamentar sobre o momento de formação da lei[733].

No caso previsto no artigo 68.°, § 3.°, pode o Congresso Nacional, na resolução que concede ao Presidente da República autorização para legislar, determinar a apreciação do projecto de lei. Nesta modalidade, o Con-

---

[733] Neste sentido, LEOMAR AMORIM DE SOUSA, *A Produção Normativa ..., ob. cit.,* pág. 83.

gresso não se demite do poder de examinar o conteúdo da lei delegada com o fito de aferir a observância dos termos de utilização definidos na resolução de delegação, sobretudo pela sensibilidade política das matérias envolvidas.

Neste caso, o Parlamento pode adoptar um de dois comportamentos: aprovar *in totum* o projecto submetido pelo Presidente da República (não é permitida a apresentação de emendas), caso em que este promulga o diploma e determina a sua publicação, ou rejeitar integralmente o projecto de lei, caso em que será arquivado, podendo voltar a ser apresentado na mesma sessão legislativa, mediante proposta da maioria absoluta dos membros de qualquer uma das Casas do Congresso (artigo 67.°).

Para MANOEL GONÇALVES FERREIRA FILHO, o processo previsto pela Constituição brasileira para as delegações atípicas é uma "previsão inútil ou quase". Segundo o seu entendimento, "para estabelecer o texto de um projecto, o Presidente não precisa de delegação, tem iniciativa ampla. Assim, nessa segunda forma de legislação delegada presidencial, a principal inovação é a proibição de emenda, «vantagem» largamente compensada pela ausência de prazo para a manifestação do Congresso e, sobretudo, pela necessidade de habilitação prévia"[734].

2.2. O CONTROLO POLÍTICO SUCESSIVO

Não se reservando o direito de apreciação do projecto de lei delegada, resta ao Congresso o controlo político sucessivo.

Nos termos do artigo 49.°, V, compete exclusivamente ao Congresso Nacional sustar os actos normativos do Poder Executivo que exorbitem os limites de delegação legislativa. Não se trata aqui de um verdadeiro direito de veto, na medida em que o diploma em causa já está em vigor[735].

Estão abrangidos por este poder apenas os actos normativos que exorbitem os limites definidos pela resolução de delegação. Assim, extrapolando o Presidente da República os limites fixados, pode o Congresso sustar a respectiva lei delegada. A sustação, note-se, produz efeitos *ex nunc*, operando apenas a partir da publicação do decreto legislativo, uma vez que

---

[734] *Curso ..., ob. cit.,* págs. 207 e 208.

[735] Assim, OMAR KADRI, *O Executivo Legislador ..., ob. cit.,* págs. 129 e 130.

não houve declaração de nulidade da lei delegada[736]. O acto legislativo delegado vê a sua eficácia suspensa até a entrada em vigor de um diploma legislativo, parlamentar ou governamental, que discipline a matéria[737].

3. SÍNTESE COMPARATIVA

Da análise feita em torno do instituto do controlo parlamentar dos actos legislativos autorizados podemos retirar as seguintes conclusões comparativas:

a) Os actos legislativos autorizados são passíveis, tanto em Portugal quanto no Brasil, de fiscalização parlamentar;

b) O regime de controlo parlamentar instituído pela Constituição brasileira apresenta-se mais simplificado do que o português, uma vez que permite apenas a apreciação para efeitos de suspensão em caso de extrapolamento dos limites materiais;

c) No sistema português a apreciação parlamentar dos decretos-leis autorizados é feita para efeitos de cessação de vigência ou de alteração;

d) O sistema previsto pela Constituição brasileira permite a intervenção parlamentar antes da aprovação do diploma (sobre o projecto de lei delegada) e depois da sua entrada em vigor; e

e) Ambos os modelos admitem a apreciação parlamentar de diplomas autorizados que já estejam a vigorar;

---

[736] Neste sentido, ALEXANDRE DE MORAES, *Direito Constitucional* ..., *ob. cit.*, pág. 619.

[737] Cfr. OMAR KADRI, *O Executivo Legislador* ..., *ob. cit.*, pág. 130.

SECÇÃO II
O Controlo Parlamentar do Decreto-Lei Autorizado em Angola

1. O CONTROLO PARLAMENTAR DA ACTIVIDADE LEGISLA-TIVA AUTORIZADA NA HISTÓRIA CONSTITUCIONAL. BREVE APONTAMENTO

Por razões facilmente perceptíveis, ligadas essencialmente ao "sistema de governo" instituído pela Lei Constitucional de 1975, com as sucessivas revisões que foi sofrendo, não há referências de existência de mecanismos de controlo parlamentar de actos legislativos autorizados, aliás, figura jurídico-constitucional então inexistente.

Como ficou visto, a Lei Constitucional de 1975 estabeleceu um regime de repartição da competência legislativa que permitia a sua *delegação* pelo Conselho da Revolução, titular primário, ao Governo. A função legislativa delegada do Governo era exercida sem qualquer limitação, excepto as directamente resultantes da Constituição, não havendo, por isso, qualquer mecanismo institucional de controlo parlamentar.

Na medida em que estabelece um regime de competência legislativa concorrencial entre o Conselho da Revolução e o Governo, para além de um domínio material exclusivamente reservado àquele, a Lei Constitucional de 1978, não prevendo a competência autorizada ou delegada, não dispunha, em conformidade, de mecanismos parlamentares de controlo da actividade legislativa governamental, a qual é, aliás, independente.

Daí para frente, primeiro com a Lei Constitucional de 1980 e depois com a Lei Constitucional de 1991, foi instituído um modelo de monopólio da Assembleia do Povo em relação ao exercício da competência legislativa. O Governo não tinha competência legislativa, não sendo admissíveis autorizações ou delegações legislativas. Não faz sentido falar-se aí, por consequência, em controlo parlamentar da actividade legislativa do Governo.

286 _Autorizações Legislativas e Controlo Parlamentar do Decreto-Lei Autorizado_

Por outro lado, do ponto de vista meramente formal, a figura jurídica do decreto-lei, enquanto forma típica de actos normativos, apenas foi instituído pela Lei Constitucional de 1992. Antes disso, a função legislativa do Governo, enquanto existiu, era exercida por decreto[738].

2. O CONTROLO PARLAMENTAR DO DECRETO-LEI AUTORI-ZADO NA LEI CONSTITUCIONAL DE 1992

O poder governamental de elaborar normas jurídicas com força de lei – envolvendo este o poder de revogar leis aprovadas pela Assembleia Nacional – está sujeito a certos limites (atrás assinalados) sendo, por isso, passível de fiscalização parlamentar, para além da fiscalização jurisdicional, matéria que não constitui objecto de tratamento no presente estudo.

O controlo parlamentar dos decretos-leis, feito através da apreciação parlamentar (para efeitos de alteração ou de recusa de ratificação) insere-se no âmbito da competência de fiscalização política da Assembleia Nacional que se funda no facto de o Governo ser perante ela politicamente responsável.

Na medida em que a apreciação parlamentar incide sobre decretos-leis, enquanto actos primários, ela deve ser vista como o exercício de uma competência secundária, aliás, a fixação do objecto da apreciação é feita pelo Governo no momento da aprovação do decreto-lei. Por outro lado, o Governo pode a qualquer momento provocar o termo da apreciação parlamentar, bastando para tal que revogue o decreto-lei objecto da apreciação[739].

Como atrás ficou demonstrado[740], a Lei Constitucional de 1992 considera a existência de três tipos de competência legislativa governamental, a qual deve ser exercida sempre mediante decreto-lei. Assim, são considerados os decretos-leis autónomos ou independentes, os decretos-leis complementares ou de desenvolvimento e os decretos-leis autorizados.

Os decretos-leis autónomos, previstos na alínea a) do n.º 1 do artigo 111.º e no n.º 2 do mesmo artigo, incidem sobre a composição, organiza-

---

[738] Cfr. o artigo 42.º da Lei Constitucional de 1975 e o artigo 42.º, n.º 2 da Lei Constitucional de 1978.

[739] Cfr. o artigo 252.º do RIAN.

[740] Cfr. Parte II, 2.3.2.

ção e funcionamento do Governo. Nesta matéria, em homenagem ao princípio da *auto-regulação*, o Governo dispõe de ampla liberdade e discricionariedade, estando apenas limitado pela Constituição.

Os decretos-leis de desenvolvimento, admitindo, como defendemos, a existência de um domínio de competência legislativa complementar, resultam da necessidade constitucional de desenvolvimento das leis de bases aprovadas pelo Parlamento. No exercício desta competência o Governo encontra-se naturalmente condicionado pelos termos definidos pelas "bases" aprovadas pela Assembleia Nacional[741].

Finalmente, a intervenção fiscalizadora do Parlamento sobre a actividade legislativa do Governo resulta directamente da Constituição, não estando dependente de qualquer referência expressa, por exemplo, no acto de autorização. A Assembleia Nacional não precisa, pois, de estabelecer na autorização legislativa a possibilidade de intervenção fiscalizadora.

2.1. O OBJECTO DA APRECIAÇÃO PARLAMENTAR DO DECRETO-LEI

De acordo com o n.º 1 do artigo 94.º e com a alínea l) do artigo 88.º, são passíveis de apreciação parlamentar os decretos-leis aprovados pelo Conselho de Ministros, excepto os respeitantes à composição, organização e funcionamento do Governo, em relação aos quais, de acordo com o n.º 2 do artigo 111.º, o Governo possui competência legislativa absoluta.

Os decretos-leis aprovados no domínio da competência legislativa complementar[742] (de desenvolvimento das bases do regime jurídico de certas matérias definidas pela Assembleia Nacional), ou no âmbito da competência legislativa autorizada (no âmbito das matérias constantes do artigo 90.º e nos termos da respectiva autorização) estão sujeitos à apreciação parlamentar para efeitos de alteração ou recusa de ratificação.

Discute-se ainda a questão de saber se os decretos-leis materialmente administrativos são ou não passíveis de apreciação parlamentar. Ao nível

---

[741] Exemplos de competência parlamentar para a definição das bases de certos regimes jurídicos podem ser encontrados nas alíneas g) e h) do artigo 90.º da Lei Constitucional.

[742] Neste sentido, admitindo a possibilidade de apreciação parlamentar dos decretos-leis de desenvolvimento, cfr. PAULO OTERO, *O Desenvolvimento das Leis de Bases ...*, *ob. cit.*, págs. 54 ss.; cfr. ainda JAIME VALLE, *A Participação ...*, *ob. cit.*, págs. 269 e 270.

288 *Autorizações Legislativas e Controlo Parlamentar do Decreto-Lei Autorizado*

da doutrina portuguesa, por exemplo, as posições não são convergentes. Por um lado, encontram-se autores que, assentando sobre uma base essencialmente formal, entendem não haver razões para a não submissão destes decretos-leis ao regime constitucional da apreciação parlamentar. Outros, encontrando defeitos nesta posição, entendem não haver vantagens na submissão do mesmo acto simultaneamente aos regimes da apreciação parlamentar e do contencioso administrativo, para além de tal significar uma violação ao princípio da separação de poderes. Outros ainda defendem uma posição intermédia, admitindo a apreciação parlamentar para efeitos de cessação de vigência, mas negando a possibilidade de alteração[743].

Do nosso ponto de vista, os decretos-leis, independentemente do seu aspecto material, são passíveis de apreciação pela Assembleia Nacional, excepto, naturalmente, os aprovados no exercício da competência legislativa absoluta do Governo. A apreciação parlamentar não deve estar dependente da natureza normativa do decreto-lei, bastando a sua natureza legislativa formal[744]. Aliás, "a utilização abusiva da forma de lei não pode ser premiada com a impunidade"[745].

A apreciação parlamentar dos decretos-leis, note-se, não incide apenas sobre decretos-leis já em vigor. De acordo com o n.º 1 do artigo 94.º, basta que os mesmos tenham já sido publicados em *Diário da República*, mesmo que, por estar a correr o período de *vacatio legis*, o mesmo ainda não esteja a produzir os seus efeitos. E esta intervenção parlamentar, convém realçar, incide tanto para efeitos de alteração, como para efeitos de recusa de ratificação. Neste segundo caso, se o Parlamento recusar a sua ratificação, o decreto-lei não chega sequer a entrar em vigor. De igual modo, parece ser possível efectivar o pedido de suspensão, apesar de a Constituição referir-se a ele como meio de fazer cessar a vigência de um decreto-lei. Nada obsta, salvo melhor opinião, que se suspenda um decreto-lei ainda não em vigor.

---

[743] Cfr., para uma síntese das principais posições, JAIME VALLE, *A Participação* ..., *ob. cit.*, págs. 270-273.

[744] Assim, J. J. GOMES CANOTILHO e VITAL MOREIRA, *Constituição* ..., *ob. cit.*, 3.ª edição, pág. 696.

[745] Neste sentido, BERNARDO DINIZ DE AYALA, *O (Défice de) Controlo Judicial* ..., *ob. cit.*, pág. 50.

Os decretos-leis que já não estão em vigor não parecem ser, logicamente, passíveis de apreciação parlamentar. Não faz sentido alterar um decreto-lei que já cessou a sua vigência, aliás, é impossível fazê-lo. Por outro lado, a sua ratificação é inútil, na medida em que não produz efeitos *ex tunc*.

2.2. O Procedimento da apreciação parlamentar

A apreciação parlamentar dos decretos-leis, já o dissemos, incide apenas sobre diplomas aprovados e publicados no *Diário da República*, não sendo necessário que esteja já a produzir os seus efeitos. A publicação marca o início do prazo para o desencadeamento do processo, o qual pode ser feito até à décima reunião plenária da Assembleia Nacional (artigo 94.º, n.º 1).

Considerando a nossa prática parlamentar, no que respeita à realização de sessões plenárias, julgamos ser bastante longo o prazo para a apresentação do requerimento, tendo em conta que os decretos-leis precisam, no nosso sistema constitucional, de ser ratificados[746]. Com efeito, num sistema desta natureza, em que os decretos-leis possuem inicialmente eficácia provisória[747], a existência de um prazo longo para a passagem de um decreto-lei de provisório a definitivo gera perigosas situações de incerteza e insegurança jurídicas.

A iniciativa para a apresentação do requerimento de apreciação parlamentar do decreto-lei é privativa dos deputados, em número mínimo de dez (artigo 94.º, n.º 1) e não doutros órgãos como os Grupos Parlamentares ou o Governo.

A Assembleia Nacional pode determinar a suspensão, total ou parcial, do decreto-lei autorizado se, requerida a suspensão, forem apresentadas propostas de alteração. A suspensão faz cessar a vigência do decreto-lei (ou impedir a sua entrada em vigor) até à publicação da lei que o vier alterar ou até à rejeição de todas as propostas. Só é possível a suspensão, note-se, se tiverem sido apresentadas propostas de alteração. A razão de ser

---

[746] Nos termos da alínea l) do artigo 88.º, compete à Assembleia Nacional "ratificar os decretos-leis".

[747] Neste sentido, Rui Chancerelle Machete, *Ratificação de Decretos-Leis ...*, *ob. cit.*, pág. 284.

desta restrição pode ser encontrada na celeridade do procedimento destinado apenas à ratificação (ou à sua recusa), contrariamente à morosidade típica do processo de apresentação de propostas de alteração[748]. Por outro lado, a suspensão é limitada no tempo. De acordo com a parte final do n.º 2 do artigo 94.º, a suspensão pode ir até à publicação da lei que alterar o decreto-lei ou até à rejeição de todas as propostas de alteração apresentadas. Pode acontecer que a publicação da lei de alteração não coincida com a sua entrada em vigor. Daí pode resultar, como bem nota JORGE SIMÃO, que a referência da suspensão até ao momento da publicação, havendo *vacatio legis*, faça com que se coloque em vigor o decreto-lei – na versão original – entre os dois momentos: o da publicação e o da entrada em vigor, a menos que a própria lei disponha em contrário, fazendo com que os dois momentos coincidam[749].

Não se estabelece na Lei Constitucional um prazo máximo para a conclusão deste processo parlamentar. Contudo, nos termos do n.º 2 do artigo 246.º do RIAN, a suspensão caduca decorridos 45 dias sem que a Assembleia Nacional se tenha pronunciado sobre a ratificação.

Nos termos do n.º 6 do artigo 92.º, a suspensão reveste a forma de resolução.

2.3. OS EFEITOS DA APRECIAÇÃO PARLAMENTAR

A apreciação parlamentar dos decretos-leis faz-se, de acordo com o artigo 94.º, n.º 1, para efeitos de alteração ou de recusa de ratificação.

2.3.1. A apreciação parlamentar para efeitos de alteração do decreto-lei

Para efeitos de alteração do decreto-lei, a apreciação parlamentar desencadeia um processo legislativo específico previsto no artigo 251.º do RIAN. Assim, não tendo sido recusada a ratificação e tendo sido apresen-

---

[748] Para mais sobre a questão, cfr. JORGE SIMÃO, *Da Ratificação dos Decretos-Leis ..., ob. cit.,* pág. 27.

[749] Cfr. *Da Ratificação dos Decretos-Leis ..., ob. cit.,* pág. 28.

tadas propostas de alteração, estas são discutidas e votadas na especialidade, salvo se a Assembleia Nacional deliberar a análise em Plenário (n.º 1). A discussão e votação na especialidade, caso tenha sido deliberada a suspensão do decreto-lei, deve fazer-se no prazo máximo de 20 dias.

Da análise e discussão sobre as propostas de alteração pode resultar a aprovação das alterações propostas ou a sua rejeição. No primeiro caso, aprovadas as alterações, o decreto-lei fica modificado nos termos da lei que aprova as alterações (n.º 5). Caso as propostas de alteração sejam rejeitadas e a vigência do decreto-lei esteja suspensa, é aprovada uma resolução que determina o termo da suspensão.

2.3.2. A apreciação parlamentar para efeitos de recusa de ratificação

Pode ainda a apreciação do decreto-lei visar a recusa de ratificação. Em termos práticos, a não ratificação traduz-se na revogação do decreto-lei[750]. Nada obriga, como referem J. J. GOMES CANOTILHO e VITAL MOREIRA, a que os Deputados requeiram a revogação (não ratificação), podendo limitarem-se a propor a alteração[751].

A recusa de ratificação é aprovada mediante resolução (artigo 94.º, n.º 3 da LCA e artigo 248.º, n.º 2 do RIAN), a qual implica a cessação de vigência do decreto-lei desde o dia em que a resolução for publicada no *Diário da República*. Não tem, por isso, eficácia retroactiva. Porém, deve merecer tratamento especial, para este efeito, a apreciação parlamentar de decretos-leis que incidam sobre matéria penal. Aqui, de acordo com as orientações definidas nos n.ºs 3 e 4 do artigo 36.º, vigora, como regra, a não retroactividade, sendo esta excepcionalmente admitida caso seja mais favorável.

O decreto-lei cuja ratificação é recusada não pode voltar a ser publicado na mesma sessão legislativa. Tal solução não se apresenta inteiramente satisfatória. Por um lado, porque parece-nos insuficiente limitar os efeitos da recusa de ratificação apenas à mesma sessão legislativa. Por

---

[750] Assim, J. J. GOMES CANOTILHO e VITAL MOREIRA, *Constituição ..., ob. cit.,* 3.ª edição, pág. 697.

[751] *Idem.*

outro, a proibição de repetição, mesmo na mesma sessão legislativa, é bastante relativa, uma vez que o Governo não está impedido de promover iniciativa legislativa sobre a mesma matéria, isto é, de transformar o decreto-lei em proposta de lei, nem a Assembleia Nacional de a aprovar.

Não esclarece a Constituição a questão de saber se a recusa de ratificação do decreto-lei determina ou não a repristinação das normas que este tenha eventualmente revogado. O sentido do RIAN aponta, contudo, para uma solução casuística, devendo ser a própria resolução a determinar a recusa de ratificação e a especificar, caso a caso, se esta implica ou não a repristinação das normas revogadas[752].

A Lei Constitucional admite, no n.º 4 do artigo 94.º, a ratificação tácita dos decretos-leis, a qual acontece se durante as dez primeiras sessões subsequentes à publicação do decreto-lei não for requerida a sua apreciação parlamentar.

Por fim, parece-nos pertinente introduzir alguns elementos a respeito da muito discutida questão da ratificação de decretos-leis organicamente inconstitucionais. A ratificação parlamentar de um decreto-lei organicamente inconstitucional determina a sanação do vício? Eis a questão principal.

No domínio da ratificação expressa[753], RUI CHANCERELLE DE MACHETE entende que o poder de ratificar insere-se na competência de fiscalização da Assembleia, sendo esta uma função simultaneamente política e jurídica. Assim, "se a Assembleia pode «ex-ante» autorizar o Governo a fazer decretos-leis em matérias da sua exclusiva competência, compreende-se mal que lhe não seja permitido aprovar «ex-post», ratificar, uma iniciativa do Governo que, depois de devidamente ponderada, mereceu a sua concordância"[754]. Não hesita, por isso, em conferir à ratificação expressa uma natureza de *ratificação-sanação* de decretos-leis organicamente inconstitucionais. A ratificação dos decretos-leis organicamente inconstitucionais equivale, para si, a "uma habilitação legislativa «ex-post» da mesma natureza de autorização legislativa"[755].

---

[752] Cfr. artigo 250.º RIAN.

[753] Para RUI CHANCERELLE MACHETE, não se pode considerar a ratificação tácita como uma habilitação *a posteriori*; cfr. *Ratificação de Decretos-Leis ..., ob. cit.*, págs. 288-290.

[754] *Ratificação de Decretos-Leis ..., ob. cit.*, pág. 286.

[755] *Idem*, pág. 287.

Esta posição é contrariada por vários autores. JORGE MIRANDA, por exemplo, considera, antes de mais, que a ratificação não tem que ver com a fiscalização jurídica, mas sim com uma fiscalização de mérito, de oportunidade e de conveniência política[756]. Por outro lado, considera não existir correspondência entre as autorizações e a ratificação. Não deve por isso ter efeito de sanação nem de confirmação a ratificação (expressa ou tácita) dos decretos-leis organicamente inconstitucionais. Admiti-lo seria permitir ao Governo sentir-se livre de invadir a reserva da competência legislativa da Assembleia da República, contando com a posterior ratificação da maioria parlamentar que o apoiasse[757].

A mesma posição é partilha por LUÍS NUNES DE ALMEIDA que, partindo igualmente da ideia de que está em causa uma função de fiscalização política e não de fiscalização jurídica, entende que "a Constituição não encara a ratificação como uma forma de absolvição do Governo pela Assembleia, na sequência da invasão por aquele da esfera de competência a esta reservada"[758].

Do nosso ponto de vista, a ratificação ou a alteração de um decreto-lei organicamente inconstitucional não produz qualquer efeito sobre o vício de inconstitucionalidade resultante da sua invasão à esfera da competência legislativa relativa da Assembleia Nacional. Desde logo, porque a fiscalização parlamentar dos decretos-leis não é uma fiscalização jurídico-constitucional, mas uma fiscalização política. Por outro lado, a ratificação parlamentar não pode ser vista como uma autorização "ex post". Não se pode confundir ou fazer equivaler o exercício autorizado de uma competência, feito com base nos limites definidos pelo acto autorizante, e exercício não autorizado de competências doutro órgão. Por fim, como realça JORGE MIRANDA, a ratificação produz efeitos *ex nunc* e não *ex tunc*. O decreto-lei recusado deixa de vigorar desde o dia da publicação da respectiva resolução – o que implica uma total irrelevância da vontade política manifestada pelo Parlamento relativamente a esse decreto-lei no período da sua vigência[759].

---

[756] Cfr. *A Ratificação* ..., *ob. cit.,* pág. 612.

[757] *Idem*, pág. 615.

[758] Cfr. *O Problema da Ratificação Parlamentar* ..., *ob. cit.,* págs. 623 e 624.

[759] Cfr. *Manual* ..., *ob. cit.,* tomo V, pág. 341.

3. BREVE APONTAMENTO SOBRE A PRÁTICA CONSTITUCIONAL

Na prática constitucional angolana, o instituto da apreciação parlamentar dos decretos-leis para efeitos de alteração ou de recusa de ratificação anda distante da intenção do legislador. Não há memória de desencadeamento desde expediente na nossa dinâmica parlamentar.

Não é, contudo, uma situação surpreendente. Em contextos de maiorias parlamentares favoráveis ao Governo tal expediente, salvo em situações muito excepcionais, transforma-se em "letra morta", não sai da Constituição para a prática constitucional.

4. SÍNTESE CONCLUSIVA

Da análise do regime jurídico-constitucional em vigor sobre o controlo parlamentar da actividade legislativa do Governo resultam, em síntese, as seguintes conclusões:

a) A Assembleia Nacional exerce, nos termos da Constituição, poderes de fiscalização sobre a actividade legislativa do Governo;

b) A existência desse poder de fiscalização funda-se no facto de o Governo ser politicamente responsável perante a Assembleia Nacional;

c) A fiscalização parlamentar sobre os decretos-leis do Governo é apenas política e não jurídica, tendo uma natureza de competência secundária;

d) São passíveis de apreciação parlamentar todos os decretos-leis do Governo, excepto os aprovados no domínio da sua composição, organização e funcionamento;

e) São igualmente passíveis de apreciação parlamentar os decretos-leis materialmente administrativos;

f) A apreciação parlamentar incide não apenas sobre os decretos-leis em vigor, mas também sobre os decretos-leis que ainda não estão em vigor. Não são passíveis de apreciação parlamentar os decretos-leis que já não estão em vigor.

g) A apreciação parlamentar pode ser requerida a partir da publicação do decreto-lei no *Diário da República*, devendo o requerimento ser feito até à décima reunião plenária da Assembleia Nacional subsequente à publicação;

h) Têm iniciativa para requerer os deputados à Assembleia Nacional, devendo o requerimento ser apresentado por um mínimo de dez deputados;
i) Quando o pedido de suspensão é acompanhado da apresentação de propostas de alteração, pode a Assembleia Nacional determinar a suspensão (total ou parcial) do decreto-lei;
j) A suspensão da vigência do decreto-lei pode ir até à publicação da lei que o altera ou até à rejeição de todas as propostas de alteração apresentadas;
k) No sistema constitucional angolano, a apreciação parlamentar visa um de dois objectivos: a alteração do decreto-lei ou a recusa de ratificação.
l) A recusa de ratificação de um decreto-lei determina o fim da vigência deste a partir da publicação da resolução;
m) A recusa de ratificação não produz efeitos retroactivos;
n) O decreto-lei cuja ratificação for recusada não pode voltar a ser publicado no decurso da mesma sessão legislativa;
o) A recusa de ratificação do decreto-lei não determina automaticamente a repristinação das normas que este tenha eventualmente revogado;
p) A Lei Constitucional admite ainda a ratificação tácita dos decretos-leis; e
q) A ratificação (expressa ou tácita) dos decretos-leis organicamente inconstitucionais não determina a sanação do vício de inconstitucionalidade.

CONCLUSÕES FINAIS

I – A Lei Constitucional angolana de 1992, apesar de ser uma Constituição de transição (enquanto não é aprovada a Constituição definitiva), introduziu com bastante consistência uma disciplina jurídica fundamental que significou uma inquestionável ruptura com a ordem constitucional anterior. Mau grado a continuidade formal, ela determinou a abertura material de um novo momento constitucional, embora de transição.

Para além da institucionalização de um Estado democrático de direito e das reformas política e económica, a Lei Constitucional de 1992 consagra um sistema de governo semipresidencial de caracterização algo complexa. São criados três órgãos de soberania de essência política (Presidente da República, Assembleia Nacional e Governo) e um domínio inter relacional bastante flexivo.

O semipresidencialismo angolano caracteriza-se, antes de mais, pela partilha da função executiva entre o Presidente da República e o Governo (bicefalia), havendo uma notória proeminência do primeiro. O Presidente da República define a orientação política do país, cabendo ao Governo a sua execução.

Noutro domínio, permanece, num estrito olhar sobre a Constituição formal, a indefinição sobre a assunção da chefia do Governo. Trata-se de uma questão não de caracterização do sistema de governo, mas de aferição da sua variante funcional. Sendo um sistema de *geometria variável*, está dotado de elasticidade suficiente para permitir uma oscilação no comando do Governo em função da correlação de forças entre o Presidente da República, o Primeiro-Ministro e a maioria parlamentar. No contexto político actual, contudo, não oferece dúvidas a conclusão de que tudo joga a favor da assunção presidencial da coordenação directa e efectiva da acção governativa. E isto, note-se, não resulta tanto do acórdão do Tribunal

Supremo (nas vestes de Tribunal Constitucional), mas da dinâmica própria do sistema.

II – A quantidade e a qualidade das responsabilidades constitucionais assumidas pelo Estado social, densificadas pela dimensão programática da Lei Constitucional, determinaram a opção constitucional de organização e distribuição de determinados meios para alcançar os fins determinados, nomeadamente da repartição constitucional da função legislativa.

No quadro do Estado unitário integral constitucionalmente previsto, a repartição da competência legislativa é feita entre dois órgãos de soberania: a Assembleia Nacional e o Governo. O exclusivismo legislativo parlamentar típico da Estado liberal não tem respaldo entre nós. Pelo contrário, vai-se assistindo a um crescimento gradual do espaço de intervenção legislativa do Governo e, concomitantemente, a um recuo parlamentar. Tal não retira, ainda, a primazia parlamentar. A Assembleia Nacional é o órgão legislativo por excelência.

O espaço constitucionalmente reservado ao Governo permite-nos falar na existência de uma verdadeira partilha. Para além de um domínio exclusivo, o Governo possui uma área complementar e uma área autorizada. Nestas duas últimas, reitera a Constituição a necessidade de interdependência como aspecto estruturante da relação entre a Assembleia Nacional e o Governo.

III – A competência legislativa autorizada do Governo, vista numa perspectiva global (da competência legislativa em geral), vai-se tornando num meio de equilíbrio no exercício da competência legislativa. Uma análise isolada do fenómeno, contudo, permite aferir a tendência de *desparlamentarização* do exercício da função legislativa, na medida em que sobre as matérias de reserva legislativa relativa da Assembleia Nacional mais legisla o Governo do que o seu titular com prerrogativas de exercício primário.

Apesar de se tratar de exercício de uma competência própria, e não de uma competência alheia transferida pelo acto de autorização legislativa, a aprovação de decretos-leis autorizados pelo Governo não é insusceptível de controlo parlamentar. Pelo contrário, o facto de o Governo responder politicamente perante a Assembleia Nacional, por um lado, e o de tratar--se de exercício de uma competência condicionada, por outro lado, legitima e obriga a existência da possibilidade de controlo parlamentar. Aliás,

Conclusões finais 299

no contexto angolano, a eficácia e a estabilidade plenas dos decretos-leis autorizados do Governo só são conseguidas com a sua ratificação parlamentar, ainda que tácita. É o reafirmar de um modelo de repartição da competência legislativa que reserva ao Parlamento uma posição de órgão legislativo por excelência (ora a fazer leis, ora a fiscalizar politicamente determinados actos legislativos do Governo).

BIBLIOGRAFIA

ALMEIDA, LUÍS NUNES DE – *O Problema da Ratificação Parlamentar de Decretos-Leis Organicamente Inconstitucionais*, Estudos Sobre a Constituição, vol. III. Lisboa, 1979.

AMARAL, DIOGO FREITAS DO – *O Governo e os Ministérios*, Revista de Ciência Política, Lisboa, 1986, n.º 3.

– *Governos de Gestão*, 2.ª edição, Principia, 2002.

– *O Estado*, Estudos de Direito Público e Matéria Afins, Volume I, Almedina, 2004.

– *Curso de Direito Administrativo*, Vol. I, 3.ª Edição, Almedina, 2006.

AMARAL, MARIA LÚCIA – *Reserva de Lei*, Enciclopédia Polis – Verbo, vol. 5.

– *Responsabilidade do Estado e Dever de Indemnizar do Legislador*, Coimbra, 1998.

– *A Forma da República*, Coimbra Editora, 2005.

ANDRADE, JOSÉ CARLOS VIEIRA DE – *Grupos de Interesse, Pluralismo e Unidade Política*, Coimbra, 1977.

– *Pluralismo*, POLIS, Verbo, 4, 1986.

– *Os Direitos Fundamentais na Constituição Portuguesa de 1976*, 2.ª edição, Almedina, 2001.

ANTUNES, MIGUEL LOBO e TORRES, MÁRIO – *A Promulgação*, Boletim do Ministério da Justiça, n.º 405, Lisboa, 1991.

ARAÚJO, RAUL – *Os Sistemas de Governo de Transição Democrática nos PALOP*, Coimbra Editora, 2000.

– *Comentário ao Acórdão do Tribunal Supremo de 21 de Dezembro de 1998*, ROAA, n.º1, 1998.

– *A Problemática do Chefe de Governo em Angola*, RFDUAN, n.º 2, Luanda, 2002.

– *As Perspectivas da Futura Constituição Angolana*, A Constituição Angolana – Temas e Debates, Universidade Católica de Angola, 2002.

– *Semipresidencialismo em Angola: Uma Tentativa Falhada de Modelo de Governo*, RFDUAN n.º 7, Luanda 2007.

ASCENSÃO, JOSÉ DE OLIVEIRA – *O Direito – Introdução e Teoria Geral. Uma Perspectiva Luso-Brasileira*, 11.ª edição, Almedina, 2001.

AYALA, BERNARDO DINIZ DE – *O (Défice de) Controlo Judicial da Margem de Livre Decisão Administrativa*, Lex, 1995.

BARROSO, ALFREDO e BRAGANÇA, JOSÉ VICENTE DE – *O Presidente da República: Função e Poderes*, Portugal O Sistema Político e Constitucional 1974/1987, Mário Baptista Coelho (Org.), Lisboa, 1989.

BELEZA, MARIA PIZARRO – *Forma Externa dos Actos Normativos do Governo*, Lisboa, 1989.

BOBBIO, NORBERTO – *Teoria do Ordenamento Jurídico* (tradução), 10.ª edição, Editora Universidade de Brasília, 1999.

BONAVIDES, PAULO – *Curso de Direito Constitucional*, 17.ª Edição, Malheiros Editores, 2005.

BURDEAU, GEORGES – *O Estado* (tradução), Martins Fontes, 2005.

CAETANO, MARCELLO – *Manual de Ciência Política e Direito Constitucional*, tomo I, Livraria Almedina, 6.ª Edição, 1996.
– *Manual de Direito Administrativo*, vol. I, Almedina.

CANAS, VITALINO – *O Sistema de Governo Moçambicano na Constituição de 1990*, Lex.
– *Sistema Semi-Presidencial*, DJAP, 1.° Suplemento, 1998.
– *Reler Duverger: O Sistema de Governo Semi-Presidencial ou o Triunfo da Intuição "Científica"*, Revista dos Negócios Estrangeiros, 11.4 número especial (o Semi-Presidencialismo e o Controlo da Constitucionalidade na África Lusófona), Outubro 2007.

CANOTILHO, JOSÉ JOAQUIM GOMES – *Governo*, DJAP, Volume V, Lisboa 1993.
– *Direito Constitucional e Teoria da Constituição*, 7.ª edição, Almedina, 2003.

CANOTILHO, JOSÉ JOAQUIM GOMES e MOREIRA, VITAL – *Fundamentos da Constituição*, Coimbra Editora, 1991.
– *Os Poderes do Presidente da República*, Coimbra Editora, 1991.
Constituição da República Portuguesa Anotada, 3.ª Edição, Coimbra Editora, 1993.

CENEVIVA, WALTER – *Direito Constitucional Brasileiro*, 2.ª Edição, Editora Saraiva, 1991.

CLÈVE, CLÈMERSON MERLIN – *Actividade Legislativa do Poder Executivo no Estado Contemporâneo e na Constituição de 1988*, Editora Revista dos Tribunais, 1993.

COOLEY, THOMAS M. – *Princípios Gerais de Direito Constitucional nos Estados Unidos da América* (tradução), Russel, 2002.

CORDEIRO, ANTÓNIO MENEZES – *Tratado de Direito Civil Português*, I, Parte Geral, tomo I, 2.ª edição, Almedina, 2000.

CORREIA, ADÉRITO e SOUSA, BORNITO DE – *Angola – História Constitucional*, Almedina, 1996.

CORREIA, JOSÉ MANUEL SÉRVULO – *Noções de Direito Administrativo*, vol. I, Editora Danúbio, 1982.

– *Legalidade e Autonomia Contratual nos Contratos Administrativos* (reimpressão), Almedina, 2003.

COSTA, JOSÉ MANUEL CARDOSO DA – *Sobre as Autorizações Legislativas da Lei do Orçamento*, Estudos em Homenagem ao Prof. Doutor J. J. Teixeira Ribeiro, III, Coimbra, 1983.

COSTA, NELSON NERY e ALVES, GERALDO MAGELA – *Constituição Federal Anotada e Explicada*, Editora Forense, 2002.

COSTA, PIETRO e ZOLO, DANILO (orgs.) – *O Estado de Direito – História, Teoria e Crítica*, Martins Fontes, 2006.

COTTA, MAURIZIO – *Parlamento*, Dicionário de Política, Org.: Norberto Bobbio, Nicola Matteucci e Gianfranco Pasquino, Editora UNB – Dinalivro, 12.ª Edição, 2004, (tradução).

COUTINHO, JOSÉ PEREIRA – *Autorização Legislativa*, Enciclopédia Verbo, Edição século XXI, vol. 3.

COUTINHO, LUÍS PEREIRA – *O Regime Orgânico dos Direitos, Liberdades e Garantias e Determinação Normativa. Reserva de Parlamento e Reserva de Acto Legislativo*, Revista Jurídica n.º 24, AAFDL, 2001.

DOURADO, ANA PAULA – *O Princípio da Legalidade Fiscal. Tipicidade, Conceitos jurídicos indeterminados e Margem de Livre Apreciação*, Almedina, 2007.

DUARTE, DAVID – *Lei-Medida e Democracia Social*, Scientia Ivridica, Janeiro – Junho de 1992.

DUVERGER, MAURICE – *Xeque Mate – Análise comparativa dos sistemas políticos semi-presidenciais*, (tradução), Edições Rolim, 1978.

– *Os Grandes Sistemas Políticos – Instituições Políticas e Direito Constitucional – I* (tradução), Almedina, 1985.

ELGIE, ROBERT – *What is semi-presidentialism and where is it found?*, Semi-presidentialism outside Europe – a comparative study, org. Robert Elgie e Sophia Moestrup, Routledge, 2007.

ENTERRIA, EDUARDO GARCIA DE – *Legislacion delegada, Potestad Regulamentaria y Control Judicial*, 2.ª Edição, Editorial Tecnos.

FEIJÓ, CARLOS – *O Sistema de Actos Legislativos e o Processo Legislativo Parlamentar*, Os Problemas Actuais do Direito Público Angolano, Principia, 2001.

– *O Semi-Presidencialismo em África e, em especial, nos PALOP*, RFDUAN, n.º 2, Luanda, 2002.

– *O Semi-Presidencialismo em Angola. Dos casos à Teorização da Law in The Books e da Law in Action*, Revista Negócios Estrangeiros, 11.4 número especial (O Semi-Presidencialismo e o Controlo da Constitucionalidade na África Lusófona), Outubro 2007.

304 *Autorizações Legislativas e Controlo Parlamentar do Decreto-Lei Autorizado*

FERREIRA, PINTO – *Curso de Direito Constitucional*, 5.ª edição, Editora Saraiva, 1991.

FERREIRA, RUI – *A Democratização e o Controlo dos Poderes Públicos nos Países da África Austral*, vol. II, 1995 (inédito).

FERRIZ, REMEDIO SÁNCHEZ – *El Estado Constitucional y su Sistema de Fuentes*, 3.ª Edição, Valência, 2005.

FILHO, MANOEL GONÇALVES FERREIRA – *Do Processo Legislativo*, Editora Saraiva, 3.ª Edição, 1995.
– *Aspectos de Direito Constitucional Contemporâneo*, Editora Saraiva, 2003.
– *Curso de Direito Constitucional*, 31.ª Edição, Editora Saraiva, 2005.

FINER, SAMUEL E. – *Governo Comparado* (tradução), Editora Universidade de Brasília, 1981.

FORURIA, EDUARDO VIRGALA – *La Delegación Legislativa en la Constitución y los Decretos Legislativos como Normas com Rango Incondicionado de Ley*, Publicaciones del Congreso de los Diputados, 1991.

GARCIA, MARIA DA GLÓRIA – *Da Justiça Administrativa em Portugal. Sua origem e evolução*, Universidade Católica Editora, 1994.

GOUVEIA, JORGE BACELAR – *Manual de Direito Constitucional*, Volume I, Almedina, 2005.
– *Manual de Direito Constitucional*, volume II, Almedina, 2005.
– *Sistemas Constitucionais Africanos de Língua Portuguesa: A caminho de um paradigma*, Themis, RFDUNL, Edição Especial, Almedina, 2006.

GUEDES, ARMANDO MARQUES – *Ideologias e Sistemas Políticos*, Instituto de Altos Estudos Militares, Lisboa 1981.
– *Teoria Geral do Estado*, AAFDL, 1981.

GUEDES, ARMANDO MARQUES; FEIJÓ, CARLOS *et. al.*, *Pluralismo e Legitimação. A Edificação Jurídica Pós-Colonial de Angola*, Almedina, 2003.

GUTIÉRREZ, IGNACIO GUTIÉRREZ – *Los Controles de la Legislación Delegada*, Centros de Estudios Constitucionales, 1995.

HODGES, TONY – *Angola – Do Afro-Estalinismo ao Capitalismo Selvagem*, Principia, 2002.

JÚNIOR, MANUEL – *Forças Armadas Populares de Libertação de Angola – 1.º Exercito Nacional (1975 – 1992)*, Prefácio, 2007.

JUSTO, A. SANTOS – *Introdução ao Estudo do Direito*, 2.ª edição, Coimbra Editora, 2003.

KADRI, OMAR – *O Executivo Legislador: o Caso Brasileiro*, STVDIA IVRIDICA – 79, Coimbra Editora, 2004.

KELSEN, HANS – *Teoria Geral do Estado* (tradução), Coimbra, 1938.

KOSTA, E. KAFFT – *Estado de Direito – O Paradigma Zero: Entre Lipoaspiração e Dispensabilidade*, Almedina, 2007.

Larenz, Karl – *Metodologia da Ciência do Direito* (tradução), 3.ª edição, Fundação Calouste Gulbenkian, 1997.

Lazzarini, José Luis – *El Poder Ejecutivo de Francia y su Influencia*, Estudios en Homenaje al Doctor Héctor Fix-Zamudio en sus Treinta Años com Investigador de las Ciencias Jurídicas, Tomo II, Universidade Nacional Autónoma de México, 1988.

Leitão, Alexandra – *Os Poderes do Executivo em Matéria Orçamental*, (inédito), 1997.

Loewesnstain, Karl – *Teoria de la Constitución* (tradução), 2.ª Edição, Editorial Ariel – Barcelona, 1976.

Lomba, Pedro – *A Responsabilidade do Governo Perante o Presidente da República no Direito Constitucional*, 2005 (inédito).

Machado, João Baptista – *Introdução ao Estudo do Direito e ao Discurso Legitimador* (13.ª reimpressão), Almedina, 2002.

Machete, Pedro – *Elementos para o Estudo das Relações Entre os Actos Legislativos do Estado e das Regiões Autónomas no Quadro da Constituição Vigente*, Estudos de Direito Regional (org. Jorge Miranda e Jorge Pereira da Silva), Lex, 1997.

Machete, Rui Chancerelle de – *Ratificação de Decretos-Leis Organicamente Inconstitucionais*, Estudos Sobre a Constituição, I, Lisboa, 1977.

Magalhães, José Luiz Quadro de – *Direito Constitucional,* tomo II, Mandamentos, 2002.

Martins, Afonso D'Oliveira – *Promulgação*, DJAP, vol. VI, Lisboa 1994.

Mayer, Dayse de Vasconcelos – *O Presidente da República em Portugal e no Brasil*, Perspectivas Constitucionais, Vol. I, (Org.: Jorge Miranda), Coimbra Editora, 1996.

Melo, António Barbosa de – *Discussão Pública pelas Organizações de Trabalhadores de Leis de Autorização Legislativa* (parecer), RDES, n.os 3 e 4, Livraria Almedina, 1989.

Miranda, Jorge – *Decreto*, Coimbra, 1974, (Separata do DJAP).

– *Actos e Funções do Presidente da República*, Estudos Sobre a Constituição, vol. I, Livraria Petrony, 1977.

– *O Programa do Governo*, Estudos Sobre a Constituição, vol. I, Lisboa, 1977.

– *A Competência do Governo na Constituição de 1976*, Estudos Sobre a Constituição, vol. III, Lisboa, 1979.

– *A Ratificação no Direito Constitucional Português*, Estudos Sobre a Constituição, vol. III, Lisboa, 1979.

– *A Posição Constitucional do Primeiro-Ministro*, Lisboa 1984.

– *O Sistema Semipresidencial Português entre 1976 e 1979*, RFDUL vol. XXV, 1984.

306 *Autorizações Legislativas e Controlo Parlamentar do Decreto-Lei Autorizado*

- *Autorizações Legislativas*, Revista de Direito Público, Vulgus Editora, 1986.
- *Sentido e Conteúdo da Lei como Acto da Função Legislativa*, Nos Dez Anos da Constituição, Lisboa, 1986.
- *A Competência Legislativa no Domínio dos Impostos e as Chamadas Receitas Parafiscais*, RFDUL, 1988.
- *Funções, Órgãos e Actos do Estado*, AAFDL, 1990.
- *Ciência Política – Formas de Governo*, Lisboa 1996.
- *Resolução*, DJAP, vol. VII, Lisboa, 1996.
- *A Autonomia Legislativa Regional e o Interesse Específico das Regiões Autónomas*, Estudos de Direito Regional (org. JORGE MIRANDA e Jorge Pereira da Silva), Lex, 1997.
- *O Interesse Específico das Regiões Autónomas*, Estudos de Direito Regional (org. JORGE MIRANDA e Jorge Pereira da Silva), Lex, 1997.
- *Manual de Direito Constitucional*, Tomo I, 6.ª Edição, Coimbra Editora, 1997.
- *Manual de Direito Constitucional*, Tomo III, 4.ª Edição, Coimbra Editora, 1998.
- *Manual de Direito Constitucional*, Tomo V, 4.ª Edição, Coimbra Editora, 1998.
- *Manual de Direito Constitucional*, tomo II, 4.ª edição, Coimbra Editora, 2000.

MIRANDA, JORGE e MEDEIROS, RUI – *Constituição Portuguesa Anotada*, Tomo I, Coimbra Editora, 2006.
- *Constituição Portuguesa Anotada*, Tomo II, Coimbra Editora, 2006.

MIRANDA, YARA – *Autorização Legislativa*, DJAP, 3.º suplemento, Lisboa, 2007.

MONCADA, LUÍS CABRAL DE – *Ensaio Sobre a Lei*, Coimbra Editora, 2002.

MORAES, ALEXANDRE DE – *Direito Constitucional*, 18.ª Edição, Editora Atlas, 2005.

MORAIS, CARLOS BLANCO DE – *A Autonomia Legislativa Regional – Fundamentos das relações de prevalência entre actos legislativos estaduais e regionais*, AAFDL, 1993.
- *As Leis Reforçadas Pelo Procedimento no Âmbito dos Critérios Estruturantes das Relações Entre Actos Legislativos*, Coimbra Editora, 1998.
- *As Metamorfoses do semipresidencialismo Português*, Revista Jurídica n.º 22, AAFDL, 1998.
- *Tópicos Sobre a Formação de Uma Comunidade Constitucional Lusófona*, AB VNO AD OMNES 75 Anos da Coimbra Editora 1920-1995, Coimbra Editora, 1998.
- *Justiça constitucional*, I, Coimbra Editora, 2002.
- *Manual de Legística. Critérios Científicos e Técnicos para Legislar Melhor*, Verbo, 2007.

– *Curso de Direito Constitucional*, tomo I, Coimbra Editora, 2008.
MORAIS, ISALTINO; ALMEIDA, JOSÉ MÁRIO FERREIRA DE e PINTO, RICARDO LEITE – *Constituição da República Portuguesa Anotada e Comentada*, Lisboa, 1983.
– *O Sistema de Governo Semipresidencial – o caso português*, Editorial Notícias, 1984.
MOREIRA, ISABEL – *A Solução dos Direitos, Liberdades e Garantias e dos Direitos Económicos, Sociais e Culturais na Constituição Portuguesa*, Almedina, 2007.
NADAIS, ANTÓNIO – *As Relações entre Actos Legislativos dos Órgãos de Soberania*, Cognitio, 1984.
NETO, MANOEL JORGE E SILVA – *Curso Básico de Direito Constitucional*, tomo II, Editora Lúmen júris, 2005.
NOVAIS, JORGE REIS – *Separação de Poderes e Limites da Competência Legislativa da Assembleia da República*, Lex, 1997.
– *Os Princípios Constitucionais Estruturantes da República Portuguesa*, Coimbra Editora, 2004.
– *Contributo para uma Teoria do Estado de Direito*, Almedina, 2006.
– *Semipresidencialismo – Teoria do Sistema de Governo* Semipresidencial, vol. I, Almedina, 2007.
OLIVEIRA, FILIPE FALCÃO – *Direito Público Guineense*, Almedina, 2005.
OTERO, PAULO – *A Competência Delegada no Direito Administrativo Português*
– *Conceito, Natureza e Regime*, AAFDL, 1987.
– *Autorizações Legislativas e Orçamento do Estado*, O Direito, 1992.
– *O Poder de Substituição em Direito Administrativo*, Vol. I, Lex, 1995.
– *O Poder de Substituição em Direito Administrativo*, vol. II, Lex, 1995.
– *Sistema de Actos Legislativos*, Legislação, 1997.
– *O Desenvolvimento de Leis de Base pelo Governo (O Sentido do Artigo 201.º, n.º 1, alínea c) da Constituição)*, Lex, 1997.
– *A «Desconstrução» da Democracia Constitucional*, Perspectivas Constitucionais, vol. II, Coimbra Editora, 1997.
– *A Competência Legislativa das Regiões Autónomas*, Estudos de Direito Regional (org. JORGE MIRANDA e Jorge Pereira da Silva) Lex, 1997.
– *A Democracia Totalitária*, Principia, 2001.
– *Legalidade e Administração Pública*, Almedina, 2003.
– *A Renúncia do Presidente da República na Constituição Portuguesa*, Almedina, 2004.
– *A Subversão da Herança Política Liberal: A Presidencialização do Sistema Parlamentar*, Estudos em Homenagem ao Professor Doutor Armando M. Marques Guedes, 2004.
– *Instituições Políticas e Constitucionais*, vol. I, Almedina, 2007.

OTTO, IGNACIO DE – *Derecho Constitucional. Sistemas de Fuentes*, Ariel Derecho, 1997.

PACA, CREMILDO – *A Compreensão do Sistema de Governo Angolano a partir da Prática Constitucional*, Luanda, 2006 (inédito).

PASQUINO, GIANFRANCO – *Curso de Ciência Política*, Principia, 2002.

– *Sistemas Políticos Comparados* (tradução), Principia, 2005.

– *The Advantages and Disadvantages of Semi-presidentialism – A west european perspective*, in Semi-presidentialism Outside Europe – A comparative study, Routledge, 2007.

PEREIRA, ANDRÉ GONÇALVES – *Da Delegação de Poderes em Direito Administrativo*, Coimbra Editora, 1960.

PEREIRA, VIRGÍLIO DE FONTES – *Subsídios para o Estuda do Direito Eleitoral Angolano*, Estudos Vários de Direito Eleitoral, Lisboa 1996.

– *O Poder Local: da Imprecisão Conceptual à Certeza da Sua Evolução em Angola – Contributos para a Hipótese de um Modelo*, Dissertação de Mestrado (inédita), 1997.

PIÇARRA, NUNO – *A Separação de Poderes na Constituição de 76. Alguns Aspectos*, Nos Dez Anos da Constituição, Lisboa, 1986.

– *A Separação dos Poderes como Doutrina e Princípio Constitucional*, Coimbra Editora, 1989.

PINHEIRO, ALEXANDRE DE SOUSA – *O Governo: Organização e Funcionamento, Reserva Legislativa e Procedimento Legislativo*, Revista Jurídica, n.º 23, AAFDL, 1999.

PINHEIRO, ALEXANDRE DE SOUSA e FERNANDES, MÁRIO JOÃO DE BRITO – *Comentário à IV Revisão Constitucional*, AAFDL, 1999.

PINTO, CARLOS ALBERTO DA MOTA – *Teoria Geral do Direito Civil*, 4.ª edição, (por António Pinto Monteiro e Paulo Mota Pinto), Coimbra Editora, 2005.

PINTO, RICARDO LEITE / CORREIA, JOSÉ DE MATOS e SEARA, FERNANDO ROBOREDO – *Ciência Política e Direito Constitucional*, 3.ª Edição, Universidade Lusíada Editora, 2005.

PIRES, FRANCISCO LUCAS – *Conselho de Ministros*, DJAP, II.

– *O Problema da Constituição*, Coimbra, 1970.

– *Teoria da Constituição de 1976 – A Transição Dualista*, Coimbra 1988.

PIRES, RITA CALÇADA – *Da Supremacia Funcional da Lei Parlamentar. Contributo para a sistematização da teoria geral da lei no sistema de fontes do direito constitucional português*, Estudos de Direito Público, Âncora Editora, 2006.

POULSON, LAZARINO – *Quem é o Chefe de Governo em Angola? É o Presidente da República ou o Primeiro-Ministro?* Pensar Direito, Casa das Ideias, 2007.

QUADRA-SALCEDO, TOMÁS – *La Delegación Legislativa en la Constitución*, Estudios Sobre la Constitución Española – Homenaje al Professor Eduardo Garcia de Enterria, vol. I, Editorial Civitas, Madrid.

Bibliografia 309

QUEIRÓ, AFONSO RODRIGUES – *Lições de Direito Administrativo*, vol. I, Coimbra, 1976.

QUEIRÓS, CRISTINA *O Sistema de Governo Semi-Presidencial*, Coimbra Editora, 2007.

RANGEL, PAULO CASTRO – *Sistemas de Governo Mistos – o Caso Cabo-Verdiano*, Juris et de Jure (Nos vinte anos da Faculdade de Direito da Universidade Católica Portuguesa – Porto), Porto 1998.

RAPOSO, MÁRIO – *O Exercício da Função Legislativa*, BFDUC, vol. LVIII, 1982, Homenagem aos Professores M. Paulo Merêa e G. Braga da Cruz.

RIVERO, JEAN – *Direito Administrativo* (tradução), Livraria Almedina, 1981.

ROQUE, MIGUEL PRATA – *Sociedade Aberta e Dissenso – Contributo para a Compreensão Contemporânea do Princípio do Pluralismo Jurídico*, Estudos em Homenagem ao Prof. Doutor André Gonçalves Pereira, Coimbra Editora, 2006.

ROYO, JAVIER PEREZ – *Las Fuentes del Derecho*, 3.ª edição, Tecnos, 1986.

SÁ, LUÍS – *Assembleia da República*, DJAP, 1.º Suplemento, Lisboa 1998.

SALEMA, MARGARIDA – *Autonomia Regional*, Estudos de Direito Regional (org. JORGE MIRANDA e Jorge Pereira da Silva), Lex, 1997.

SANJUAN, TERESA FREIXES – *La Legislacion Delegada*, REDC, n.º 28, Centro de Estúdios Constitucionales, 1990.

SARTORI, GIOVANNI – *Engenharia Constitucional*, (tradução) Editora UNB, 1996.

SCHWARTZ, BERNARD – *Direito Constitucional Americano* (tradução), Forense, 1955.

SILVA, ANÍBAL CAVACO – *Autobiografia Política*, vol. II, Temas e Debates, 2004.

SILVA, CARLOS ALBERTO BURITY DA – *Teoria Geral do Direito Civil*, Colecção da Faculdade de Direito da UAN, 2004.

SILVA, JOSÉ AFONSO DA – *Curso de Direito Constitucional Positivo*, 25.ª Edição, 2005.

SILVA, MÁRIO RAMOS PEREIRA DA – *Grupos Parlamentares e Partidos Políticos: Da Autonomia à Integração*, Coimbra, 2006.

SILVA, PAULO N. NOGUEIRA DA – *Curso de Direito Constitucional*, 3.ª Edição, Editora Forense, 2003.

SILVA, VASCO PEREIRA DA – *Em Busca do Acto Administrativo Perdido*, Almedina, 1996.

SIMÃO, JORGE – *Da Ratificação dos Decretos-Leis*, Cognitio, 1984.

SOARES, ROGÉRIO – *Direito Público e Sociedade Técnica*, Atlântida Editora, Coimbra, 1969.

– *Sentido e Limites da Função Legislativa no Estado Contemporâneo*, A Feitura das Leis, vol. II, Instituto Nacional de Administração, 1986.

SOUSA, LEOMAR AMORIM DE – *Medidas Provisórias – A experiência brasileira*, Estudos de Direito Parlamentar, AAFDL, 1997.

310 *Autorizações Legislativas e Controlo Parlamentar do Decreto-Lei Autorizado*

– *A Produção Normativa do Poder Executivo*, Brasília Jurídica, 1999.
SOUSA, MARCELO REBELO DE – *Direito Constitucional, I – Introdução à Teoria da Constituição*, Livraria Cruz, Braga, 1979.
– *Os Partidos Políticos no Direito Constitucional Português*, Livraria Cruz – Braga, 1983.
– *O Sistema de Governo Português antes e depois da revisão constitucional*, 3.ª edição revista e actualizada, Cognitio, 1984.
– *10 Questões Sobre a Constituição, o Orçamento e o Plano*, Nos Dez Anos da Constituição, org. JORGE MIRANDA, Imprensa Nacional – Casa da Moeda, 1986.
– *A Decisão de Legislar*, Cadernos de Ciência e Legislação, n.º 1, 1991.
– *Lições de Direito Administrativo*, I, Lisboa, 1994/95.
– *O Sistema de Governo Português*, in ESC, vol. III, Livraria Petrony, 1997.
SOUSA, MARCELO REBELO DE e ALEXANDRINO, JOSÉ DE MELO – *Constituição da República Portuguesa Comentada*, Lex, 2000.
SOUSA, MARCELO REBELO DE e MATOS, ANDRÉ SALGADO DE – *Direito Administrativo Geral – Introdução e Princípios Fundamentais*, tomo I, 2.ª edição, Dom Quixote, 2004.
TAVARES, ANDRÉ RAMOS – *Curso de Direito Constitucional*, 2.ª Edição, Editora Saraiva, 2003.
TINY, N'GUNU – *Teorizando o Semi-Presidencialismo – Angola e S. Tomé e Príncipe*, Revista dos Negócios Estrangeiros, 11.4 número especial (O Semi-Presidencialismo e o Controlo da Constitucionalidade na África Lusófona), Outubro 2007.
VALLE, JAIME – *A Participação do Governo no Exercício da Função Legislativa*, Coimbra Editora, 2004.
VAZ, MANUEL AFONSO – *O Conceito de Lei na Constituição Portuguesa – Uma Perspectiva de Reflexão*, Direito e Justiça, vol. III, 1987/1988.
– *Lei e Reserva da Lei – A causa da lei na Constituição portuguesa de 1976*, Porto, 1992.
VITAL, FÉZAS – *Autorizações Legislativas*, BFDUC, Coimbra, 1920 – 1921.
VITORINO, ANTÓNIO – *As Autorizações Legislativas na Constituição Portuguesa*, (inédito), Lisboa, 1985.
– *O Controlo Parlamentar dos Actos do Governo*, Portugal. O Sistema Político e Constitucional 1974-1987, Coord. Mário Baptista Coelho.
– *Os Poderes Legislativos das Regiões Autónomas*, Estudos de Direito Regional (org. JORGE MIRANDA e Jorge Pereira da Silva), Lex, 1997.
WOLFF, HANS J.; BACHOF, OTTO e STOBER, ROLF – *Direito Administrativo* (tradução), vol. I, Fundação Calouste Gulbenkian, 2006.
WRIGHT, GEORGE – *A Destruição de Um País – A política dos Estados Unidos para Angola desde 1945*, Editorial Nzila, 2000.

XAVIER, ANTÓNIO LOBO – *Enquadramento Orçamental em Portugal: alguns problemas*, Revista de Direito e Economia, 1983.

ZIPPELIUS, REINHOLD – *Teoria Geral do Estado*, 2.ª edição, Fundação Calouste Gulbenkian, 1997.

ÍNDICE GERAL

Prefácio	7
Nota prévia	9
Plano de trabalho	11
Principais abreviaturas	15
Introdução	17

PARTE I
CARACTERIZAÇÃO
DOS SISTEMAS DE GOVERNO

CAPÍTULO I
Generalidades

1. Sistemas de Governo. Os nomes e os conceitos	23
2. Traços Gerais dos Principais Sistemas de Governo. O Parlamentarismo, o Presidencialismo e o Semipresidencialismo	27
2.1. O Sistema Parlamentar (*o modelo britânico*)	29
2.2. O Sistema Presidencial (*o modelo americano*)	31
2.3. O Sistema Semipresidencial (*o modelo francês*)	33

CAPÍTULO II
O Sistema de Governo no Direito Constitucional Comparado

1. O Sistema Semipresidencial Português	37
1.1. A problemática em torno do nome do sistema. *Uma falsa questão?*	37
1.2. Caracterização do sistema	39
1.2.1. Caracterização Geral	39
1.2.2. A posição constitucional do Presidente da República	41
1.2.2.1. *Eleição e mandato presidenciais*	41
1.2.2.2. *Substituição interina e renúncia*	41
1.2.2.3. *Competências do Presidente da República*	43
1.2.2.3.1. *Dissolução da Assembleia da República*	43
1.2.2.3.2. *Nomeação do Primeiro-Ministro*	44

314   *Autorizações Legislativas e Controlo Parlamentar do Decreto-Lei Autorizado*

1.2.2.3.3. *Demissão do Governo*..	45
1.2.2.3.4. *Exercício do direito de veto político*	45
1.2.3. O Estatuto Jurídico-Constitucional do Governo	46
1.2.3.1. *Estrutura, Composição e Organização do Governo*	46
1.2.3.2. *A Posição Constitucional do Primeiro-Ministro e dos demais Membros do Governo*	48
1.2.3.3. *A responsabilidade política do Governo*	50
2. O Sistema Presidencial Brasileiro...	52
2.1. Considerações Gerais	52
2.2. A posição constitucional do Presidente da República.............................	54
2.2.1. Eleição, reeleição e mandato presidenciais......................................	54
2.2.2. Substituição e sucessão do Presidente da República	55
2.2.3. Competências do Presidente da República	56
2.2.3.1. *Chefia do Estado*	56
2.2.3.1.1. *A Sanção, a Promulgação e o Veto*	56
2.2.3.2. *Chefia do Governo*	58
2.2.4. Responsabilidade do Presidente da República............................	58
2.2.5. Os Ministros de Estado	59
2.2.6. O Relacionamento inter-orgânico entre o Presidente e o Congresso	60
3. Síntese comparativa	62

CAPÍTULO III

O Direito Constitucional Angolano. Passado e presente

1. O Sistema de Governo na História Constitucional Angolana	68
1.1. A Lei Constitucional de 11 de Novembro de 1975 (LC/75)........................	68
1.1.1. Órgãos do Poder Político	69
1.1.1.1. *O Presidente da República*	69
1.1.1.1.1. *Preliminares*...	69
1.1.1.1.2. *Competências do Presidente da República*	70
1.1.1.2. *A Assembleia do Povo*..	71
1.1.1.3. *O Conselho da Revolução*..	71
1.1.1.4. *Governo*..	72
1.1.2. Relacionamento inter-orgânico	73
1.2. As metamorfoses da Lei Constitucional de 1975	75
1.2.1. A primeira revisão constitucional. A Lei n.º 71/76, de 11 de Novembro	75
1.2.2. A segunda revisão constitucional. A Lei n.º 13/77, de 16 de Agosto	77
1.3. A Lei Constitucional de 1978	78
1.4. A revisão constitucional feita pela Lei n.º 1/79, de 16 de Janeiro............	80
1.5. A Lei Constitucional de 1980	80
1.6. A Alteração pela Lei n.º 1/86, de 1 de Fevereiro...................................	81
1.7. A Alteração pela Lei n.º 2/87, de 31 de Janeiro...................................	82

Índice geral

1.8. A Lei Constitucional de 1991 (Lei n.º 12/91, de 6 de Maio).....................	82
1.8.1. Generalidades	82
1.8.2. O Sistema de Governo na Lei Constitucional de 1991.....................	84
2. O Sistema de Governo na Lei Constitucional de 1992	87
2.1. Perspectiva de análise	87
2.2. Traços Gerais	89
2.3. Caracterização do sistema semipresidencial angolano	91
2.3.1. Bicefalia no executivo e preeminência do Presidente da República .	91
2.3.2. A questão da chefia do Governo. A oscilação é ou não uma probabilidade?	95
2.3.2.1. *Perspectivas de análise* (uma vez mais)............................	95
2.3.2.2. *O Acórdão do Plenário do Tribunal Supremo e o desenvolvimento normativo infraconstitucional subsequente*...........	96
2.3.2.3. *Os pronunciamentos da doutrina angolana*	101
2.3.2.4. *A nossa posição*..	104
2.3.3. Outras notas caracterizadoras do sistema semipresidencial angolano	106
2.3.3.1. *O Presidente da República*	106
2.3.3.1.1. *Estatuto Constitucional do Presidente da República*..	106
2.3.3.1.2. *Poderes do Presidente da República*.................	108
2.3.3.2. *A Assembleia Nacional*	113
2.3.3.2.1. *Caracterização Geral*	113
2.3.3.2.2. *Principais Funções da Assembleia Nacional*	114
2.3.3.3. *O Governo*	117
2.3.3.3.1. *Estrutura e composição do Governo*	117
2.3.3.3.1.1. *O Governo como órgão de soberania complexo*	117
2.3.3.3.1.2. *O Conselho de Ministros*	119
2.3.3.3.1.3. *O Primeiro-Ministro*......................	121
2.3.3.3.1.4. *Os Ministros e Secretários de Estado*	123
2.3.3.3.2. *As principais funções do Governo*	124
2.3.3.3.3. *A responsabilidade política do Governo*	125
2.3.3.3.3.1. *Responsabilidade política do Governo perante o Presidente da República*	126
2.3.3.3.3.2. *Responsabilidade política do Governo perante a Assembleia Nacional* ..	127
2.3.3.4. *Os Governos de gestão*	129
3. Síntese conclusiva	130

316 *Autorizações Legislativas e Controlo Parlamentar do Decreto-Lei Autorizado*

PARTE II
A FUNÇÃO LEGISLATIVA

CAPÍTULO I
Generalidades

1. O Princípio da Separação de Poderes e o Estado de Direito. Do Estado Liberal ao Estado Social 137
2. A Função Legislativa no Quadro da Teoria das Funções do Estado 140

CAPÍTULO II
A Função Legislativa no Direito Constitucional Comparado

1. A Função Legislativa no Direito Constitucional Português 143
   1.1. A ideia de lei na Constituição Portuguesa de 1976 143
     1.1.1. Lei em sentido formal e lei em sentido material 143
     1.1.2. O sentido da lei e as categorias de actos legislativos na CRP 145
       1.1.2.1. *O sentido da lei* 145
       1.1.2.2. *As categorias de Actos Legislativos* 147
   1.2. A competência legislativa na Constituição Portuguesa de 1976 151
     1.2.1. A Constituição e a reserva de lei 151
     1.2.2. A fixação da competência legislativa 152
       1.2.2.1. *A Competência legislativa da Assembleia da República*..... 153
         1.2.2.1.1. *Competência legislativa absoluta da Assembleia da República* 153
         1.2.2.1.2. *Competência legislativa relativa da Assembleia da República* 154
         1.2.2.1.3. *Competência legislativa concorrencial* 155
       1.2.2.2. *A Competência Legislativa do Governo* 155
         1.2.2.2.1. *A competência legislativa reservada do Governo* 155
           1.2.2.2.1.1. A competência legislativa exclusiva do Governo 155
           1.2.2.2.1.2. O desenvolvimento das leis de bases 156
         1.2.2.2.2. *A competência legislativa autorizada do Governo* 157
         1.2.2.2.3. *A competência legislativa concorrencial do Go-verno* 158
       1.2.2.3. *A Competência Legislativa das Assembleias Legislativas Regionais* 159
2. A Função Legislativa Federal no Direito Constitucional Brasileiro 163
   2.1. A actividade legislativa do Congresso Nacional 164
     2.1.1. Emendas à Constituição 164
     2.1.2. Lei Ordinária 165
     2.1.3. A Lei Complementar 166
   2.2. A actividade legislativa do Executivo 167

Índice geral 317

2.2.1. A lei delegada. Breves referências 167
2.2.2. A medida provisória 168
2.2.3. O Decreto Legislativo 171
2.2.4. A Resolução 172
3. Síntese Comparativa 172

CAPÍTULO III
A FUNÇÃO LEGISLATIVA
NO DIREITO CONSTITUCIONAL ANGOLANO

1. A Função Legislativa na História Constitucional Angolana 175
   1.1. Considerações Gerais 175
   1.2. A repartição da competência legislativa na Lei Constitucional de 1975 176
   1.3. A Lei 71/76, de 11 de Novembro 178
   1.4. A Lei 13/77, de 16 de Agosto 178
   1.5. A Lei Constitucional de 7 de Fevereiro de 1978 178
   1.6. A Lei Constitucional de 1980 181
   1.7. A Lei Constitucional de 1991 183
2. A Função Legislativa na Lei Constitucional de 1992 185
   2.1. Sentidos da lei na LC/92 185
   2.2. Reserva de lei e reserva do Parlamento. Mais do que uma questão terminológica 186
   2.3. A distribuição constitucional da competência legislativa 188
      2.3.1. A competência legislativa da Assembleia Nacional 188
         2.3.1.1. *A competência legislativa absoluta. Entre a regulamentação exaustiva e a definição dos princípios vectores. A intervenção legislativa governamental sobre as matérias de competência parlamentar absoluta* 189
         2.3.1.2. *A Competência legislativa relativa e o desenvolvimento de leis de bases* 191
         2.3.1.3. *A competência legislativa genérica* 193
      2.3.2. A competência legislativa do Governo 195
         2.3.2.1. *A competência legislativa exclusiva do Governo. Entre a exclusividade e a interferência presidencial* 195
         2.3.2.2. *A competência legislativa autorizada do Governo. Uma competência derivada ou hibernada?* 198
         2.3.2.3. *A competência legislativa complementar* 201
3. Síntese conclusiva 202

318 *Autorizações Legislativas e Controlo Parlamentar do Decreto-Lei Autorizado*

PARTE III
AS AUTORIZAÇÕES LEGISLATIVAS
E O CONTROLO PARLAMENTAR
DO DECRETO-LEI AUTORIZADO

CAPÍTULO I
Autorizações Legislativas

SECÇÃO I
Introdução e Conceitos Gerais

1. A competência legislativa autorizada do executivo e as autorizações legislativas.
   Relação 207
2. As autorizações legislativas. Noção e distinção de figuras afins 209

SECÇÃO II
As Autorizações Legislativas no Direito Constitucional Comparado

1. As Autorizações Legislativas no Direito Constitucional Português 217
   1.1. Natureza jurídica 219
   1.2. Objecto 220
   1.3. O autor e o destinatário 221
   1.4. A forma e os limites 223
        1.4.1. A forma do acto autorizante 223
        1.4.2. Os limites do acto autorizante 223
               1.4.2.1. *Os limites materiais* 223
               1.4.2.2. *Os limites temporais* 225
   1.5. Cessação das autorizações legislativas 227
   1.6. Autorizações legislativas orçamentais 228
2. As Delegações Legislativas no Direito Constitucional Brasileiro 231
   2.1. Natureza da delegação 232
   2.2. Autor e destinatário 233
   2.3. A forma e os limites 234
        2.3.1. A forma da delegação legislativa 234
        2.3.2. Os limites da delegação legislativa 235
               2.3.2.1. *Limites materiais* 235
               2.3.2.2. *Limites temporais* 236
   2.4. Cessação das delegações legislativas 237
3. Síntese comparativa 238

SECÇÃO III
As Autorizações Legislativas no Direito Constitucional Angolano

1. As Autorizações Legislativas na História Constitucional 241
   1.1. A Lei Constitucional de 1975 241
   1.2. A Lei Constitucional de 1978 242
   1.3. A Lei Constitucional de 1980 242
   1.4. A Lei Constitucional de 1991 243
2. As Autorizações Legislativas na Lei Constitucional de 1992 243
   2.1. Natureza formal ou material? 243
   2.2. Natureza jurídica 244
   2.3. Sujeitos 246
       2.3.1. A Assembleia Nacional 247
       2.3.2. O Governo 247
   2.4. A forma e o tempo 250
       2.4.1. A forma 250
       2.4.2. O tempo 251
   2.5. O objecto e os limites materiais 253
   2.6. Efeitos da autorização legislativa 255
   2.7. A cessação das autorizações legislativas 257
   2.8. Momentos da competência autorizada face à autorização legislativa 267
   2.9. As autorizações legislativas orçamentais e sua inadmissibilidade no direito
        constitucional angolano 268
       2.9.1. A inadmjssibilidade formal 268
       2.9.2. A inadmissibilidade material 269
3. Síntese conclusiva 272

CAPÍTULO II
Controlo Parlamentar do Decreto-Lei Autorizado

SECÇÃO I
Controlo Parlamentar do Decreto-Lei Autorizado
no Direito Comparado

1. O controlo parlamentar do decreto-lei autorizado em Portugal 275
   1.1. A configuração constitucional da apreciação parlamentar do decreto-lei
        autorizado 275
   1.2. O objecto da apreciação parlamentar 277
   1.3. O procedimento constitucional da apreciação parlamentar 279
   1.4. Os efeitos da apreciação parlamentar 280
2. O controlo parlamentar da lei delegada no Brasil 281
   2.1. O controlo político preventivo 281
   2.2. O controlo político sucessivo 282
3. Síntese comparativa 283

320 *Autorizações Legislativas e Controlo Parlamentar do Decreto-Lei Autorizado*

SECÇÃO II
O Controlo Parlamentar do Decreto-Lei Autorizado em Angola

1. O controlo parlamentar da actividade legislativa autorizada na história constitucional. Breve apontamento 285
2. O controlo parlamentar do decreto-lei autorizado na Lei Constitucional de 1992 286
   2.1. O objecto da apreciação parlamentar do decreto-lei 287
   2.2. O Procedimento da apreciação parlamentar 289
   2.3. Os efeitos da apreciação parlamentar 290
         2.3.1. A apreciação parlamentar para efeitos de alteração do decreto-lei ... 290
         2.3.2. A apreciação parlamentar para efeitos de recusa de ratificação 291
3. Breve apontamento sobre a prática constitucional 294
4. Síntese conclusiva 294

CONCLUSÕES FINAIS 297
BIBLIOGRAFIA 301
ÍNDICE GERAL 313